U0918666

武汉“黄鹤英才”入选人才资助项目

中国人养老模式的变迁与选择

——基于武汉市的个案研究

黄红云◎著

GMSKWK

光明社科文库 GUANG MING SHE KE WEN KU

光明日报出版社

图书在版编目（CIP）数据

中国人养老模式的变迁与选择：基于武汉市的个案研究 / 黄红云著. --北京：光明日报出版社，2018.9
（2022.9 重印）

ISBN 978-7-5194-4695-6

Ⅰ.①中… Ⅱ.①黄… Ⅲ.①养老—社会服务—服务模式—调查研究—武汉 Ⅳ.①D669.6

中国版本图书馆 CIP 数据核字（2018）第 230583 号

中国人养老模式的变迁与选择——基于武汉市的个案研究

ZHONGGUOREN YANGLAO MOSHI DE BIANQIAN YU XUANZE——JIYU WUHANSHI DE GEAN YANJIU

著　　者：黄红云

责任编辑：刘兴华　　特约编辑：万　胜

责任校对：赵鸣鸣　　封面设计：中联学林

责任印制：曹　净

出版发行：光明日报出版社

地　　址：北京市西城区永安路 106 号，100050

电　　话：010-63131930（邮购）

传　　真：010-67078227，67078255

网　　址：http://book.gmw.cn

E - mail：gmrbcbs@gmw.cn

法律顾问：北京市兰台律师事务所龚柳方律师

印　　刷：三河市华东印刷有限公司

装　　订：三河市华东印刷有限公司

本书如有破损、缺页、装订错误，请与本社联系调换，电话：010-67019571

开　　本：170mm×240mm

字　　数：261 千字　　印　　张：16

版　　次：2018 年 9 月第 1 版　　印　　次：2022 年 9 月第 2 次印刷

书　　号：ISBN 978-7-5194-4695-6

定　　价：75.00 元

代 序

这本奉献给读者的《中国人养老模式的变迁与选择》一书终于脱稿了。1974 年至 1984 年的 10 年,我走过了下乡、读大学、在华中科技大学留校任教的历程,1984 年又从华中科技大学调入武汉市社会科学院,直到 2015 年退休。我的职业历程总共 41 年,在市社科院工作的 30 多年中,致力于老年问题的观察和研究,至今已达 33 年。回想这漫漫岁月,真是感慨万千。从 1985 年开始研究武汉市老年人问题至今,自己也从一个青年变成了老年人。在 30 多年的老年问题研究中,我没有间断对中国养老问题的关注,先后对老年人自杀、犯罪、心理、家庭及社区服务与老年人、贫困老人、空巢老人、高龄老人、失能失智老人等问题投入了巨大精力,前后做了各级各类有关养老的课题几十项,公开发表或给政府提供调查报告和文章计几十万字。这里选取其中的一部分集结在本书里,以献给能读到这本书的朋友,了却自己的心愿。

我们作为改革开放过程中成长起来的一代人,是这个国家实行"一对夫妇只生一胎"国策的见证者、亲历者和实践者。同时,我作为社会学、人口学等领域的研究学者,又目睹了"一胎"政策所带来人口老龄化快速变化的过程。目前,中国已成为世界上老年人口最多的国家,据国家统计局最新统计,截至 2017 年,60 周岁及以上人口已达 2.4 亿,占总人口的 17.3%;其中 65 周岁及以上人口 1.58 亿,占总人口的 11.4%。预计到 2020 年,60 周岁以上人口将达到 2.43 亿,占 17.8%;2030 年将达到 25%,成为超老年型国家。如何应对如此严峻的老龄化问题,全社会都在探索。

一个社会的养老观念与养老制度紧密相连。改革开放近40年来的社会转型,使得中国人的养老观念发生了重大变化,传统的代际养老已被现实冲击和淡化,独立养老、多元化养老的观念正在进入人心。总之,中国人养老模式已经发生变迁,人们期望得到更多的制度支持。这既是经济社会环境深刻变化的反映,也是国家发展战略施实的要求。近年来,我国政府在完善社会养老保障体系方面进行了积极探索,在扩大制度覆盖面、提高保障水平等方面取得了较大进展。与此同时,也有部分举措,如以房养老、延迟退休等遭遇阻力,与预期相差甚远。伴随着40年社会转型过程,谁来养老,在哪里养老,如何养老等都面临重大转变。本研究将以武汉市为个案,对我国30多年的养老观念及社会养老实践进行回顾,梳理当下养老观念的新变化,探索个人、家庭、社会、政府四结合的养老模式建立的途径及对策,以应对老龄化的社会难题。

这里特别要强调的是,本人作为武汉课题组负责人,曾参加"七五"期间国家社会科学基金项目——1988年《全国九大城市老年人状况调查》,全程参与了当年的全部研究过程。为了探求当下武汉市民的养老观念及养老模式,本人在2017年又承担了武汉市民政局委托的《武汉市居民和社区养老需求调查及对策研究》。在这本书中,我将以我主持或参与的1985年《武汉市老年人生活状况调查》,1988年《中国九大城市老年人状况抽样调查》等研究为参照,并与2017年的调查结果做比较,以探寻30多年来中国养老模式的变迁与选择。在这个研究过程中,本人力图揭示如下几点:当下中国人的养老观念有哪些?中外的养老观念孰优孰劣?这些转变将对我国养老制度与养老模式的发展产生怎样的影响?哪些因素导致了这些转变的产生?个人、家庭、社会、政府四结合的养老模式是否可以成为切实可行的养老模式?

本着上述关于对养老问题30多年的比较研究,我对本书进行了如下谋篇布局:

上篇,我将2017年《武汉市居民和社区养老需求调查及对策研究》作为研究的出发点,并将调查结果与1985年、1988年的两次大型调查结果做比较,从老年人的基本状况、家庭变迁、养老观念、养老方式等方面,来系统梳理老年人养老观念和养老方式的变迁。

下篇，我将自己从事30多年老年问题的调查和研究成果进行一个汇集，时间跨度为1985年至2017年，有公开出版的文章，也有给政府做决策咨询的调查报告。其中的绝大部分是我独自的研究成果，也有少量为合作成果，主要是我作为课题负责人，或执笔人的合作成果。我本着忠实于原作的精神，采用原始的署名，不做改动；之所以汇集于此，本意是想让读者能从一个历史的角度来观察和理解老年人问题的发展过程。

尽管我想对改革开放40年的社会转型，特别是对在这个转型过程中的养老观念和养老方式做出历史的、逻辑的、全面的梳理和描述，以便对未来的养老方式进行预判和有针对性的应对，但由于养老本身是一个复杂而艰难的课题，所以我的一孔之见就显得很微不足道，只不过是30多年来的一点感悟和理解，敬请读者批评和指教，以便促进我们对中国老年人养老观念及养老方式的理解和支持。

2018年4月12日于上海金色雅筑

目　录

CONTENTS

上篇 01

中国老年人养老模式的变迁

为了观察和研究中国老年人养老观念和养老模式的变迁，我们将以武汉市为研究的个案，在时间跨度为1985年至2017年的30多年中加以分析。研究的数据与资料大多来源于1985年的《武汉市市区老年人情况调查》、1988年的《中国九大城市老年人状况抽样调查》、2014年的《武汉市常青花园社区养老服务需求调查》和2017年的《武汉市居家和社区养老需求调查》。这些调查为我们从横纵两个维度，梳理和研究我国城市老年人的养老观念和养老模式提供了丰富的资料。本书将以2017年的调查为出发点，以上述四次调查为主要依据，对我国的养老问题做回溯、描述和比较研究。

第一章　老年人的基本状况及特点比较

一、调查对象的选择及研究方法的比较

(一)2017年《武汉市居家和社区养老需求调查》简介

2017年5月,武汉市民政局、武汉市社会科学院联合开展了《武汉市居家和社区养老需求调查》。调查在全市范围内,选取了13个城区内24个社区的1000名60岁及60岁以上老年人为调查对象,采取整群抽样方式,分别在武昌区、黄陂区各抽取100个样本,在江岸区、新洲区各抽取90个样本,在江汉区、硚口区和青山区各抽取80个样本,在汉阳区、洪山区、江夏区、蔡甸区各抽取70个样本,在东西湖区和汉南区各抽取50个样本。样本数量及结构的选取比例与武汉市现有老年人口数量的分布比例保持一致,同时以武汉市现有户籍人口总量近1000万的万分之一作为抽样概率,共发放问卷1000份,完成1000份,回收率100%;其中有效问卷955份,有效率为95.5%。调查问卷从老人现状、养老观念、养老行为、健康水平四个维度设计,共有26个调查题目、152个选项变量。其调查问卷运用SPSS20.0系统进行数据录入和统计分析。同时,我们又选取武汉市24个社区居家养老服务中心的40多名养老专员和社区书记作为调查对象,采取实地考察、现场座谈,个体访问等方式,深入分析和研究现阶段老年人的基本状况,以及社区居家养老服务的现状、问题与困境,以寻找社区居家养老服务发展的突破口和对策。

(二)2014年《武汉市常青花园社区养老服务需求调查》简介

武汉市常青花园社区为20世纪90年代中期兴建的大型新型住宅区,经过20年的建设发展,现已成为汉口北部集居住、商务、金融、行政、娱乐、教育、卫生、交通、通讯、高科技为一体的多功能综合性新型社区。至2014年上半年,定居在该

社区的总人口已增长到6万余人,其中60周岁及以上老年人有10369人,占总人口的18%(注:以上数据不含武汉工业学院人口)。至今,常青花园社区老龄化程度已超过同期武汉市平均老龄化水平。如何科学地构建政府、单位、社会、家庭、老年人"五位一体"的养老服务模式,从而为老年人提供最需要的养老服务,已成为常青花园社区全体居民和管理者共同关注的民生话题。为此,武汉市社会科学院,武汉市东西湖区常青花园管理委员会联合开展了"老年友好社区可及可托付可持续"课题研究。这是常青花园社区20年来首次的大型老龄问题调查。

根据研究需要,问卷结构设计分为老年人基本状况、老年人养老需求与意愿,以调查和评估辖区内养老服务设施和服务功能、企业和社会组织的养老服务能力,分析当前养老问题中的主要矛盾和问题,并以此为依据推出养老服务、企业经营和社区管理相结合的发展模式,以期早日实现"居家养老、服务到家"的"常青花园老人梦"。

(三)1985年《武汉市市区老年人情况调查》简介

1985年,在当时武汉市政府的支持下,以市政府办公室、市社会科学研究所、市老龄问题委员会三个单位的名义,由武汉市社会科学研究所社会学研究室具体组织实施,于1985年4月,在武汉市市区进行了一次关于老年人生活状况的调查。本人为这项课题的主要参与者,是报告的主要执笔人。

这次调查的对象是武汉市市区60岁及以上的600名老年人。样本数量及结构的选取比例与武汉市当时老年人口数量的分布比例保持一致,同时以武汉市当时户籍人口总量600多万的万分之一,来抽取600名老年人为调查对象。调查采取整群聚类抽样调查为主,同时结合访问调查的方法。在选取调查点时,我们考虑到在不同地区之间存在着地理环境差异和居民身份差异等客观因素,在市区的六个城区中,选了具有典型特征的三个居民区作为调查点。这三个居民区分别为:退休工人集中的工业区——青山区红卫路街;老知识分子集中的文教区——武昌区珞珈山街;一般居民集中的居民区——江汉区前进街。在这三个街区中,又分别确定了三个居委会,并在这三个居委会中对所有年满60岁及以上的老人都进行问卷调查。我们共发放了600个样本,实际收回598个问卷,其中废卷7份,有效问卷591个。我们聘请了武汉大学、江汉大学的数十名学生担任调查员,在抽样调查中,采取两种不同的问卷填写方法,对有能力自填问卷的老人,我们把问卷发给他们自填,并由调查员送问卷上门给老人讲解调查目的、填写方法和规则,老人填好后,再由调查员负责检查和回收问卷;对大多数不能独立填写问卷的老人,由调查员对每一个老人进行访问,根据问卷的内容对老人进行提问,得到准确回答后由调查员代为填写。

调查问卷内容共有 82 项,除了 6 项采用开放式外,其他都是封闭的。问卷资料采用电子计算机处理,在统计上运用社会统计的方法,包括总体次数分布、单项描述、交互分类、相关分析等统计项目。调查的内容主要包括以下几大项:

第一:城市老人的基本构成,包括性别、年龄、民族、宗教信仰、文化程度、职业状况等。

第二:老人的家庭生活,包括老人的家庭结构、居住方式、家庭的关系、家庭成员之间的感情联系,老人的经济生活,老人在家庭中的地位和作用等。

第三:老人的精神生活,包括老人心理、老人社会活动和社会交往,兴趣爱好,文化娱乐等。

第四:老人的社会管理,包括老人的医疗保健、社会福利、社会服务等问题。

(四)1988 年《中国九大城市老年人状况抽样调查》简介

1988 年 4 月,哲学社会科学国家重点课题《中国城市老龄问题及调查研究》课题组,进行了全国九大城市(北京、上海、天津、武汉、西安、成都、兰州、哈尔滨、贵阳)老年人状况抽样调查。全国共调查 60 岁及以上老年人 7000 名,武汉作为九大城市之一,调查了 600 名老年人,调查方法与武汉市 1985 年老年人调查基本一致。因为这是首次全国性老年人状况调查,城市多,规模大、调查内容丰富,其成果影响至今。本人作为武汉市的课题负责人,参与全部调查和研究任务。

以上四次调查,我都是主持人或主要参与者,为了研究的需要,我后面的研究中所引用的数据大多来源于此,只有少部分数据和资料来源于我们所做的其他调查。

二、老年人基本状况及特点的比较(总量、比例、发展速度)

对于这些调查资料的分析,可以让我们清晰地观察武汉市老年人数量、年龄、性别、发展速度等方面的基本状况。

(一)老年人口总量的变化特征

为了观察老年人口总量变化的特征,我们选用的时间跨度是从 1984 年到 2016 年的 32 年。武汉市 60 岁及以上的老年人口总量从 30.12 万增长到了

172.75万(市公安局提供数据),32年间,共增长了142.63万人,平均每年增长4.457万人。老年人占总人口的比例从9%增长到了20.72%,年均增长0.367%。从这个增长速度可以看出,武汉市已经从一个刚进入老年化的城市变成了高度老年化城市。

我们还可以从另一个角度看这个变化过程。见下图:

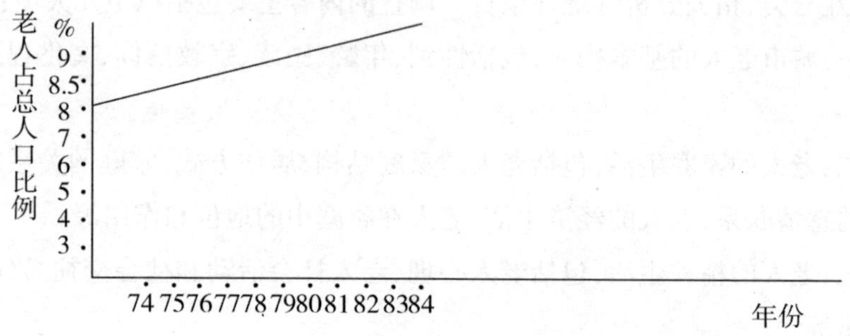

上图1 武汉市1974至1984年老龄化趋势图

从统计数据上看,在1974年至1984年的10年间,武汉市的老年人口从20.06万增长到了30.12万人,年均增长1万人左右;而从1985年到2016年,年均增长4.457万人,老年人占总人口的比例也从9%增长到了20.72%。在一些特殊年份,老年人的增长数据更是惊人。如下图:

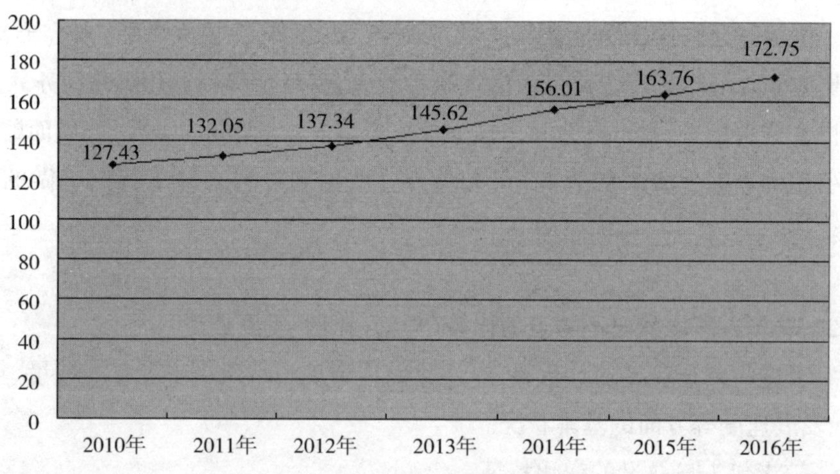

图2 武汉市2010年至2016年老龄化趋势图

以上数据表明,武汉市老年人基数呈逐年递增态势,"十二五"以来,老年人口平均每年以5万人左右的速度增长,特别是2014年至2017年,4年分别增加了10万、8万、9万、11万老年人;至2017年底,老龄化程度已达21.75%。这些数据充分显示武汉市正处于人口老龄化快速发展期。从以上统计数据我们已经看出,1974年至1984年,武汉全市老年人以每年1万人的增长速度发展;而2017年一年增长了11万人,是1985年以前老年人年增长数据的10倍以上。与此同时,武汉市的户籍总人口从1985年的600多万增长到了2017年接近1000万。这就是说,这个时期,武汉市的总人口大约增长了0.6倍;而老年人口则从30.12万增长到172.75万人,共增长了5.76倍。从另一个角度我们也可以观察到一个事实,2010年以来,进入老年人行列的老年人口几乎都是新中国成立后的出生人口,即50年代出生的人。他们既是当代的老年人,也是20世纪80年代进入婚龄阶段的独生之女的父母。他们进入老年化阶段既是人口老龄化的结果,也是"一对夫妇只生一胎"计划生育政策的必然结果。随着人口老龄化程度加剧和老年人口数量大幅增加,老龄问题对城市经济的发展和管理提出了许多新的更大、更多的挑战,同时也使老年群体的养老需求问题更加凸显。所以,中国的老龄化问题既是老年问题,也是计划生育问题。这些问题叠加在一起,造成中国的老年问题比其他任何国家都更加复杂、艰难和严重。

(二)性别和年龄结构

老年人口女性多于男性,这是个普遍现象。年龄越大,男女性别比例相差就越悬殊。

1985年的抽样调查数据表明:从年龄结构来看,最高年龄为87岁,最低年龄为60岁,69岁以下的低龄老年人占67%;而“古稀之年”的70岁以上老年人有193人,占全部人数的33%;80岁以上的老人则有24人,占4%。从1982年人口普查的结果看,武汉市70岁以上的老人约占全市总人口的15%。这次调查的结果同人口普查的情况大致相似。

下图是2017年的抽样调查数据:

在955份有效问卷中,69岁以下的低龄老人占45.87%;70岁以上老年人占54.13%;80岁以上的高龄老人占18%。其中,男性363人,占38%;女性592人,占62%。女性数量超过男性,中低龄老人超过高龄老人,这个状况与武汉市老年人群现状相吻合。

另据武汉市统计数据,2016年全市60岁以上老年人共有172.752万,其中男

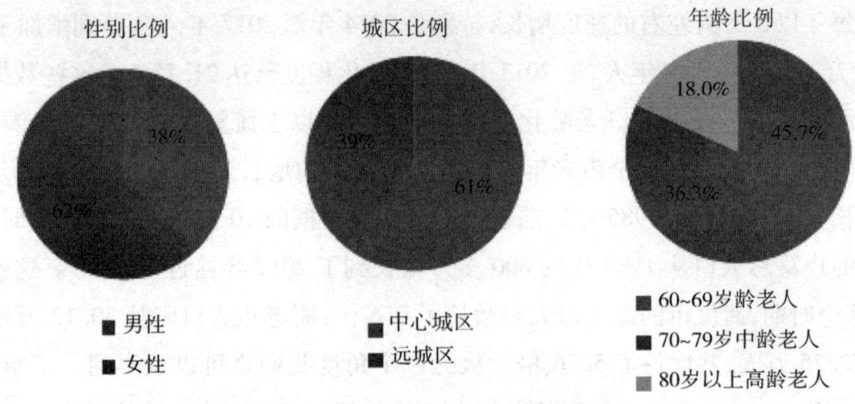

图3 2017年《武汉市居家和社区养老需求调查》数据

性83.057万人,女性89.694万人,分别占总数的48.08%和51.92%;70岁以上老年人70.724万,其中男性32.639万人,女性38.085万人,分别占总数的18.89%和22.05%;80岁以上高龄老人24.485万,其中男性10.362万人,女性14.123万人,分别占总数的6%和8.18%;90岁以上长寿老人3.158万人,男性1.076万人,女性2.082万人,分别占老年人总数0.62%和1.21%;女性老人比男性老人多1万多人。在全市432名百岁老人中,女性人数远远多于男性人数,男性为115人,仅占百岁老人总数的24.62%,女性317人,占百岁老人总数的75.38%。30多年来的人口老龄化发展历程表明:30多年前被称为“古稀之年”的老年人现在成了“七十小弟弟”,那时罕见的百岁老人现在也已不再“稀奇”。

从以上老年人性别和年龄的相关性看,中国老年问题的重点和难点在于妇女的老有所终。也就是说,老年问题实质上是一个妇女问题,这个观点是我在多年的研究中所坚持的结论。这一结论在本书后面的相关讨论中会进一步得到佐证。

(三)高龄老人快速增长显著

从32年的发展历程看,高龄老人快速增长已成为显著特征。在1985年的调查中,80岁以上高龄老人占4%;从2017年的调查看,80岁以上的老年人占18%。从2016年统计数据看,当年武汉市高龄老人有24.485万人,占老年人口的14.17%;同期,武汉市的老年人比上一年增长了5.49%,而高龄老人同比增长了7.84%。

与此同时,90岁以上长寿老人同比增加。2016年武汉市90岁以上长寿老人总数为31583人,比上年的27840人增加了3743人,同比增长了13.44%。

百岁老人持续增加。2016 年,武汉市有百岁老人 433 人,比上年增加了 39 人。其中男性 116 人,占百岁老人总数的 26.79%;女性 317 人,占百岁老人总数的 73.21%。百岁老人中年龄最大的是东西湖区 108 岁的王高氏(女,1908 年 2 月 9 日出生),其次是同岁的武昌区的朱兰英(女,1908 年 2 月 15 日出生)。全市 16 个区中都有百岁老人,百岁老人最多的区是黄陂区和武昌区,均是 73 人。

这些都表明高龄化的发展态势提速明显,高龄老人往往与空巢、寂寞、失能失智、贫困、多病等相伴,生活照料等问题非常突出,特别需要呵护和关爱应引起党和政府及全社会与每个家庭的高度重视。

三、老年人家庭结构与家庭生活的变迁

在 1985 调查的 583 个样本中,老人的婚姻状况如下:

老伴尚健在的有 472 人,占样本数的 73.2%,老伴已去世的有 148 人,占 26%,离婚的有 2 人,占 0.3%,未婚有 6 人,占 1%。单身老人约占 2%。在本调查中,在老伴尚健在的老人中,属于再婚的老人有 29%,占全部人数的 4%;若从性别来看,未婚的主要是男性老人,男女比例为 5∶1,再婚的也多是男性老人,男女比例为 2∶1。这说明妇女独身的少,寡居的多。

在 1988 年的《中国九大城市老年人状况抽样调查》中,老年人的婚姻状况与武汉市 1985 年的调查状况基本相似,其中,从未结婚的单身老人占 1.4%;原配婚姻加再婚的老年人占 62.7%;鳏寡孤独的老年人约占 30%。

从 2014 年《武汉市常青花园社区养老服务需求调查》的 10369 名老年人状况看,结过婚的老年人占 99%;没结过婚的老年人仅占 1%。

这些数据表明,中国老年人的婚姻状况基本是稳定的,绝大多数老人有过或正过着正常的婚姻家庭生活。从婚姻的角度看,最显著的特点是鳏寡孤独老人的占比达 30% 左右,其中以高龄、寡居的女性老人为多数,年龄越大,女性老人越多。所以,从年龄与婚姻的相关性看,我国老年问题的重点和难点是高龄女性老人的养老问题。从婚姻状况看,她们处于丧偶寡居的时期长于男性,因而婚姻提供的保障期也短于男性。白头到老的婚姻大多在男性老人身上实现,女性老人中有一半的人处于丧偶状态,她们如果没有再婚,就会以独居状态走向终点。因此寡居的老年女性如何走完人生的最后一段是老年问题中的重点和难点。

在笔者调查的老年人家庭中有这样一个个案,这家中的老父亲在 1970 年就

中风卧床不起,直到 1992 年去世,22 年中前后三次中风,由老伴专职侍候和五个子女安慰照料,走完了人生,至今,老母亲已 91 岁了,年弱体衰,疾病增多。现在儿女们也都逐渐进入老年了,其中有一个儿子已过世。儿女们正在为孙子女这代人忙碌,实在难以顾及年迈的老母亲,最后将老母亲送进了养老院。老母亲生病后没有得到像当年老父亲那样周到的照料,这种状况可能会延续下去。因此,如何对老年寡居的女性提供更多的服务和保障,寡居的老年女性如何走完人生的最后一段,是老年问题的重点和难点。

随着独生子女的父母这代人步入老年,这个问题会越来越突出。这个问题在后面分析老人与子女的状况时也会得到印证。

第二章　老年人居住模式与社区养老需求

一、老年人居住方式的变迁

(一)“四二一”格局成为家庭结构的主体。

伴随着“一对夫妇生育一胎”国策的推进,我国家庭亲属关系的“四二一”格局已成为家庭结构的主体。在这种情况下亲属关系被大大简化,但是,由此带来的赡养关系的超负荷状况,直接影响了已婚子女与其父母的同居率。中国传统意义上的家庭养老方式,在很大程度上失去了存在的基础。

20 世纪 80 年代,我国城市家庭的结构状况是核心家庭占 66.4%,主干家庭占 24.3%,联合家庭占 2.3%,单身家庭占 2.4%,其他家庭占 4.6%。1988 年的《全国九大城市老年人状况抽样调查》数据表明:我国城市中的老年人大部分和子女生活在一起,当时占比高达 60.3%,独居或以其他方式居住的只占 17.3%。

30 多年后,家庭结构与子女数量都发生了极大变化,2014 年的《武汉市常青花园社区养老服务需求调查》数据表明:与子女们住在一起的老年人占 54.1%;和老伴生活在一起的空巢家庭的老年人占 36.4%;一个人单独居住的空巢家庭的老年人占 9.5%。2017 年的《武汉市居家和社区养老需求调查》数据也表明:在 955 份样本中,与晚辈同住的老年人占 39.6%,和老伴居住在一起的占 43.1%,以其他方式独居的老人占 17.3%。

(二)老人年龄与子女数量、空巢的比例成正相关。

2017 年调查结果显示:37.7% 的高龄老人(80 岁以上)拥有 3 个子女,35.9% 的拥有 4 个及以上子女。老人拥有更多的子女,表明将获得更多的亲情支持和经济补贴;相反,因受独生子女政策影响,69.8% 的低龄老人(80 岁以下)只拥有 1—

2个子女,拥有4个及以上子女的低龄老人比例仅占8.4%。未来低龄老人的家庭养老功能会持续弱化,更多需要依靠社会化养老。

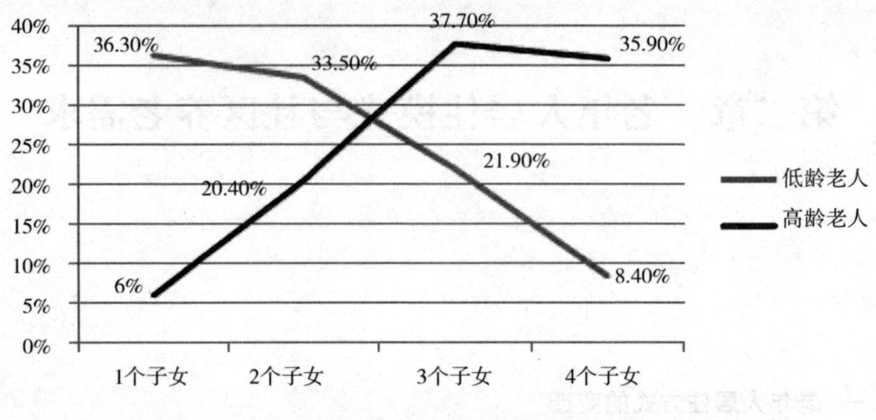

上图4 高低龄老人的子女数量对比图

从以上这组数据可以看出:30多年来,与子女共同居住的老年人比例下降了20个百分点;反之,处于夫妻共同居住或独居的空巢老年人的家庭比例则上升了20个百分点。

二、空巢成为现代老年人家庭的显著特征

老年人"空巢""独居"现象增多是30多年来的发展趋势,也是一个广受关注的老年问题。2017年的调查结果显示:高龄老人独居空巢多。相对于低龄老人40.1%与子女同住、46.7%与配偶居住、10.8%独居的比例,26.3%的高龄老人处于独居状态,3.1%是与雇佣的保姆同住,只有26.3%与配偶同住,36.9%与子女同住。高龄老人虽然拥有众多子女,但是独居、空巢的数量也多。低龄老人与子女同住多于高龄老人,有一个原因可以解释,即低龄老人与子女同住的初衷,更多的是为了照料孙子女;当孙子女进入中小学后,老人的家务负担减轻,可以获得更多时间,过另一种相对清闲的生活后,老年人可能又会回到独居的状态。值得注意的是,这种状态的独居是老年人主动选择的独居,在1985年的调查中也有数据显示,当时有37.8%老人表态说:"都分出去单过,住得近些,经常来往。"还有12.8%的老人说:"好的一起过,不好的分开过。"现阶段高龄老人的独居却是被动和无奈,是一种真正意义上的空巢和独居。

空巢独居老人越来越多的事实表明:随着医疗科技的发达,人们的平均寿命

越来越长，高龄老人越来越多，高龄单身或寡居老人也越来越多。同时，也包含着一个不可否认的现象，即独生子女这一代人，已经不是30多年前"父母在，不远游"的那代人了，他们选择的是哪里最适合发展，就奔向哪里；而今的父母，也不再是那个时代的观念了，子女愿意去哪里，就支持他们去哪里，哪怕是异国他乡，天涯海角。由此也带来越来越多的父母和子女处于分离状态，越来越多的老人生活在空巢家庭。

为了深入研究空巢老人的状况，武汉市老龄办和武汉市社会科学院联合开展了武汉市空巢老人专题调查。此次界定的空巢老人是指年满60周岁、未与子女（晚辈）同住、家中只有一个和几个老人共同居住生活的家庭。调查动用千名调查员，采用入户统计和问卷调查的方式，调查区域总人口为396821人，其中老年人口55236人，抽取空巢老人样本数11155人。7个中心城区抽查了空巢老人7480人，占所在区域老年人口的比例为18%；6个远城区抽查了空巢老人3675人，比例为25.9%，高于中心城区7个多百分点。

通过对11155名空巢老人问卷调查，比较集中的问题表述如下：

一是约30%的空巢老人生活比较贫困。调查显示，月收入在220元以下的空巢老人为3065人，占27.5%；其中远郊农村月收入220元以下的空巢老人达2571人，占这次被调查农村空巢老人的70%。许多农村空巢老人没有固定收入来源，经济状况令人担忧。生活保障问题是农村空巢老人、城市低收入保障家庭、特别是高龄特困空巢老人家庭最担心的问题。农村许多80岁以上的高龄老人还在种地干活，自谋生计。城市许多空巢老人还要用仅有的退休金去倒贴子女。如黄陂区建安村张西湾71岁的空巢老人张明顺与94岁的老母相依为命，生活没有保障，靠邻里救济度日；又如，江夏区山坡乡曙光村70岁的夏明利老人，独子去世，3个年幼的孙子和2位老人5口人每月仅靠政府低保金维持简单的生活，处境艰难。

二是约20%的空巢老人身体较差且缺钱看病。调查显示，有2490位空巢老人身体状况较差，占22.3%。他们患有多种老年性疾病和慢性病，低微的收入和昂贵的医疗医药费形成了尖况的矛盾。第一种情况是部分空巢老人本来收入就少，维持最简单的生活都成问题，根本就不敢看病。如江汉区新华街江北社区78岁的汪珍珠太婆疾病缠身，老伴去世后独居，女儿瘫痪在床且远住武昌，太婆每月仅靠172元"低保金"和80元抚恤金生活，根本无钱看病吃药。第二种情况是月收入尚可的老病号,难以支付自己多种慢性疾病和重大疾病的医疗费用。如江岸区车站街辅仁社区的聂耀华老人靠800多元的退休金生活,因为慢性疾病每月医药费要花去70%的退休金,由中等生活水平逐渐拖成了生活困难户。第三种情况是因为没有固定的收入来源和医疗保障,许多空巢老人有病拖着扛着不敢看、不能看的现象比较普遍,而且农村身体状况差的空巢老人和患有慢性疾病的空巢老人远远高于城区,是目前农村空巢老人的"心病"和"忧患"所在。例如黄陂区上张村刘柏树湾66岁的空巢老人刘后保,因中风无钱治疗而双腿瘫痪;如汉阳区晴川街汉汽社区70岁的空巢老人周丽华,退休工资低,且其子下岗不在身边,没有办理医保,因此患肠癌做手术的钱都是凑借来的。很多老人因病致贫,或有病看不起,把小病拖成了大病。

三是有5%左右的空巢老人生活照料问题突出。"子女们不在身边,生活真的不方便啊!"家住汉口台北二村81岁的高惠珍空巢老人想起自己的孤独生活就辛酸,10多年没怎么下楼,想下楼和老街坊唠唠嗑竟成了老人家的心愿。许多高龄空巢老人,特别是独居、高龄、多病的老人,连日常起居、生活照料都是一件忧心忡忡的事,很多在常人眼里最普通不过的事对他们来说都是一道坎。而空巢老人得病后的护理问题也是让人担忧和无奈的事。72岁的刘老和69岁的老伴与子女分开独处,老伴病了,子女没来陪伴,他只好扶着老伴去医院挂号、检查、取款、取药、办理住院手续,一天走了10多里路,还要回家买菜、做饭、送饭,自己都快累病了。如果是单身空巢老人情况还要糟糕得多,有的发生意外竟无人援手,到了凄惨的地步。

四是约15%的空巢老人生活空虚,渴望精神慰藉。目前,大部分空巢老人生活比较孤独、空虚,休闲娱乐方式比较单一,仅限于读书、看报、看电视等室内活动,很少有参与社区文体活动或健身的,"自闭症"现象比较普遍。有4000位空巢老人因为未婚、离异和配偶去世而独居,占35.9%;另有17.2%的空巢老人偶尔才有子女探望或打电话,有的老人因为小孩出国,可能几年不得相见,苦楚更多。空巢老人"出门一把锁,进门一盏灯"的寂寞生活让人担心,有的情绪低落、消沉,还有的患上了痴呆症。例如青山区新沟桥街的空巢老人吴老,原为公务员,生育两女都已出嫁,吴老寝食无忧就是孤独,而两女很少回家探望,思女思孙心切的吴老给女儿打电话:"你们再不回家,我就上法院告你们。"又如汉阳区琴断口街桃花岛社区的空巢老人王桂英,今年70岁,早年守寡,两个儿子在外地工作,由于孤寂,经常犯迷糊，曾一度情绪失控，身体健康每况愈下。刘芹茂老人是空巢家庭，女儿虽然离她就一个小时的车程，但因为工作忙三周才回一次，每次在家待不到2小时。她感到女儿是“近在眼前，却远在天边。”社会、家庭等各方面对空巢老人的精神慰藉还不全面、不系统、不深入，常态性慰问和长效机制的建设还比较匮乏。

三、老年人收入与消费特征

观察老年人的消费变化及其特征，我们可以从收入、支出及需求来分析。

（一）老年人家庭收入比较

从1988年九大城市老年人状况抽样调查结果看，老年人及老年人家庭人均月收入情况如下表所示：

上表1　老年人平均月收入与其家庭人均月收入比较　　单位：元，%

	老年人平均月收入分布		老年人家庭人均月收入分布	
无收入及不详	20.7	7.8（低档）	7.3	25.8（低档）
30元以下	2.5		7.5	
31－50元	5.3	55.1（中档）	18.3	61.9（中档）
51－70元	9.6	16.4（高档）	23.1	5.0（高档）
71－100元	23.6		27.2	
101－150元	21.9		11.6	
151－200元	10.0		2.5	
201元及以上	6.4		2.5	

把老年人个人与老年人家庭的平均月收入进行比较，一个引人注目的问题就是老年人个人的平均月收入高于老年人家庭的人均月收入。从收入的三个档次看，处于低档收入的老人数占7.8%，而老年人家庭数占总数的25.8%。处于中档收入的老人数与其家庭数基本持平，但后者略高一些。而处于高档收入的老人数为16.4%老年人家庭数为5.0%。如果撇开中档收入不谈，处于低档和高档两个档次的老人数和老年人家庭数，其间的差距是明显的。这说明老年人的平均月收入似乎要高于老年人家庭的人均月收入。九大城市老年人状况调查表明，全部调查对象的平均月收入的平均值为96元，中位值为89元。据武汉市统计局对当时400户居民月生活消费情况追踪调查，1989年上半年，这些家庭人均月收入为100元左右。由此看来，当时城市老年人的平均月收入与城市居民家庭的人均月收入基本持平，甚至可能略低。

30 多年后的 2017 年调查显示：老年人家庭平均月收入在 1000 元以下的占 10.4%，1000 元—2000 元以下的占 29.4%，2000—3000 元的占 41.5%，3000—5000 元的占 17.0%，5000 元以上的占 1.8%。如果将这个数据分为三档，我们把 2000 元以下的分为低档，3000—5000 元分为中档，5000 元以上为高档，可以看出，当代老年人绝大部分的家庭月人均收入处于中低档水平。如果同武汉市居民的月收入做比较，这种差距则更加明显。据武汉市统计局发布的数据，2017 年武汉市城市居民人均可支配月收入为 3311 元，人均月消费为 2211 元。从以上数据比较我们可以看出，80%左右的老年人月收入没有达到居民的平均收入水平。以武汉市 2017 年城市居民最低生活保障的 670 元为参照，调查中的老年人收入在 1000 元以下的占 10.4%，有 40% 的人处于 2000 元以下。从一定意义讲，这些老人都是比较困难的群体。

2017 年的调查还有一个数据显示：高龄老人收入高。在月收入选项中，31.8% 的低龄老人月收入在 1000—2000 元之间，40.3% 的在 2000—3000 元之间，16.5% 的在 3000—5000 元之间，而高龄老人的月收入在 1000—2000 元之间只有 18.3%；46.7% 的高龄老人月收入在 2000—3000 元之间，19.5% 的高龄老人月收入在 3000—5000 元之间，月收入在 5000 元以上的高龄占 3.6%，比低龄的 1.4% 高出两倍多。

30 多年的前后比较，总体上说，老年人的收入水平在总体人群中都处于中低下水平，他们当中的低收入群体是这个城市困难群体的现象并未从根本上改变。从收入水平看，老有所养仍然是他们关注的首要问题。

（二）老年人的月支出水平

老年人的收入固然是影响老年人消费水平的重要因素，但还不能决定老年人实际消费水平的高低。为了探讨老年人实际的消费水平，还必须分析老年人的月支出。从 2017 年的调查结果看，在养老支出方面，老年人人平均月支出在 670 元以下的占 11.7%，这些老人的月支出就是武汉市目前的最低生活保障水平；在老年人中，月支出为 670—1500 元的占 42.7%，1500—2500 元的占 34.9%，2500—3500 以上的占 10.8%。这里有一个现象，即高龄老人和低龄老人每月消费大多都在 2500 元以下，并无显著差异，可见，在老龄阶段，高收入并不意味着一定会高消费。从老年人“目前最需要解决的困难”的选择上看，他们把增加经济收入排在了第一位，这个答案和 30 多年前相比没有差别。可见，老有所养仍然是他们的首要需求。

以上的数据分析,从收入和支出两个方面勾勒出了老年人经济保障的现状,如果单从收入和支出看,老年人的自我养老也不会有太大的问题。但是,从另一个层面看,老年人的老有所养,最大的问题是家庭的赡养义务。也就是说,一对中年夫妇在抚养子女的同时,还要承担赡养两对老年夫妻的义务。这种超量的赡养负担,显然是现代独生子女家庭无力承受的。面对当今老年人老有所养的现实需求和问题,我们必须对老年经济保障制度及其体系进行更加周密的思考和安排。

四、老年人身体状况及医疗需求

(一)老年人身体状况

1988 年的九大城市老年人调查数据显示:认为身体一般的老年人占 41.0%,健康良好的老人占 49.5%,很不好的老人占 9.5%。30 年后的调查显示:认为身体一般的老年人占 52.9%,身体健康没什么疾病的老年人,占 14.4%,身体不好患有高血压糖尿病等老年性疾病的老年人占 27.8%,身体健康没什么疾病的老年人,占 14.4%同,身体很不好患有严重疾病的老年人占 4.9%。从这一组数据可以看出,当今老年人对自已的身体状况的评价与 30 多年相比有了有很大差距,有近二分之一的老年人认为自己身体有疾病。对这个现象的理解,我们可以从两个方面来分析。一方面当今的老年人与 30 多年前相比,高龄、体弱多病、鳏寡孤独的更多,其身体状况更差;另一方面看,如今老年人的医疗知识更多,保健意识更强,对自己的身体状况更关注,因而对身体状况的评价更保守了。这些都给社区居家养老服务的建设和布局提供了更多提示,即我们可以为老年人提供更多的医疗服务。调查数据还显示:认为生活能够自理的老年人占 86.1%,半自理的老年人占 12.3%,不能自理的老年人占 1.5%。这组数据显示,绝大部分老年人能够生活自理,但也有少部分老年人处于不能自理和半自理的状况。所以,社区养老服务应该按照这些不同的比例,设计出不同类型、不同层次的服务内容,让生活自理能力不同的老人均可以得到相应的养老服务。

为了详细了解老年人的身体状况,在 2017 年调查时,我们对老年人的疾病状况做了细致分析,其结果表明:

老年人患慢性疾病的比例较高,半数以上的老人患有高血压。心脑血管疾病(高血压、心脏病、冠心病)、关节炎(颈、腰椎、类风湿)、糖尿病、眼病(青光眼、白

内障)是武汉市老人发病率最高的五大慢性疾病。具体的统计数据见下表:

上表2 高发慢性疾病的年龄、城乡数据比例(%)

	疾病类型	中心城区	远城区	低龄	高龄	均值
1	高血压	55.4	51.6	53.5	56.1	53.9
2	心脏病、冠心病	30.2	25.0	27.4	32.2	28.2
3	颈、腰椎疾病	25.2	26.6	26.4	22.2	25.8
4	关节炎、类风湿	23.3	25.8	24.7	22.2	24.3
5	糖尿病	15.6	21.0	17.5	18.1	17.7
6	青光眼、白内障	12.7	23.9	18.1	12.9	17.1
7	骨质疏松	18.4	12.9	16.9	13.5	16.2
8	胃肠炎、消化系统疾病	12.7	18.3	16.0	9.4	14.9
9	脑血管病(含中风)	8.2	12.4	10.0	9.4	9.8
	慢性支气管炎	8.6	11.8	10.6	5.8	9.8
10	耳聋	8.7	8.9	7.9	12.3	8.8

在955名老人中,有37.9%的老人患有3种以上慢性疾病,25.4%的患有2种以上慢性疾病,32.5%的只患1种慢性疾病,仅有2.8%的老人表示没有慢性疾病。对于疾病的排查,62.1%的老人是通过医院看病诊断的,43%的老人是体检时发现的,8.6%是自我诊断,1.8%是药店推断,1.5%是亲友判断,2.9%是其他途径。

(二)老年人的医疗需求

2017年的调查表明:老人平时看病主要是到市级三甲医保医院(73.0%),其次是社区卫生服务中心(21.4%),也会选择自费到同济、协和等大医院(11.3%),较少会选择私人诊所(4.2%),还有少数老人会用其他方式看病(4.9%)。40.4%的老人看病是由老伴陪同一起去,33.5%的老人是自己单独去,31.6%的老人是子女陪同一起去,1.0%是保姆护工陪同去,6.0%是其他方式去。调查中,老人对看病的频率没有固定时间,都是有病就看,没病不看,没有定期保健、按时复查的说法。大部分老人的退休金,除去"吃饭",就是"吃药"。受访老人表示:"钱多的吃好药、进口药,钱少的吃便宜药。宁可不吃饭,不能不吃药。年纪大了保命还是最重要的。"

在这些老年人中,绝大部分是享受社会医疗保障的。他们当中享有商业医疗保险的只占6.8%,其中5.9%的老人有重大疾病险,3.2%的有意外险,享有长期护理保险的仅占0.2%。

五、老年人居家与社区养老需求

(一)社区环境和社区养老服务的变迁

老年人养老模式的变迁,一方面是由于个人生活空间的变化,另一方面则与老人相关公共空间的变迁有关。个人空间即自己的住宅,公共空间即老人进行活动的公共场所。对他们来说,最密切的公共场所,应该是与他们的日常生活最密切的社区环境;而老年人最需要的社区环境就是社区养老服务。

相对于农村老人来说,我国城市老年人所居住的社区生活服务设施应该比较齐全,这也是他们对社区环境比较满意的一个重要原因。但同时我们也应看到问题的另一面,即老年人对社区养老服务状况有诸多不满意的地方。

1985年的调查表明,许多老人认为社区生活服务设施不够完善。例如,在离老年人住宅1公里范围内没有百货店的占6.4%,没有医院、卫生院的占10.8%,没有公共汽车站的占5.2%。这些都给老年人的生活带来了不便,尤其是对高龄、身体不好的老人来说,困难会更大。相对于日常生活服务设施来说,文化生活服务设施显得更加不足。在老年人居住社区中,没有图书馆的占52.8%,没有影剧院的占18.2%,没有公园或街心花园的占34.0%。许多老年人长年只能待在家里看电视、听收音机,终日无所事事,寂寞难熬。当时调查的时候,当问到:"在您的生活中,急需解决的问题是什么"时,回答很需要和比较需要"开设文化活动场所"的分别是11.1%和18.5%,两项合计接近三分之一。随着家庭结构的变化,家庭越来越难以承担对老年人生活服务的全部功能,30多年的发展证实了这个趋势。

时隔30多年后,我国社区养老服务取得了长足发展,社区养老服务功能得到明显提升,社区养老服务效果良好,得到了老年人的充分肯定。从2017年老年人参与调查的积极性看,45.9%的老人经常享受社区提供的居家养老服务,41.6%的老人偶尔享受,12.5%的老人从未体验过居家养老服务;从社区养老服务的供需满意度看,68.5%的老年人觉得社区养老服务基本能满足自己的养老需求,22.8%的老人觉得完全能够满足需求,只有8.7%的老人表示社区不能满足养老需求;从社区服务内容满意度来看,68.2%的老人对免费体检项目非常满意,其次是健康讲座(42.7%)、证件年审(40.5%)和高龄补贴(36.8%);从养老机构的设置上看,有72.6%的老人希望能够在居住的社区内建立起老年人日间照料中心或养老院,以方便自己在熟悉的环境里养老。从老人获得居家养老服务的信息渠道可以发现,66.0%的老人是从社区工作员或宣传栏那里了解的居家养老服务,通过电视了解的是48.1%、报纸31.9%、家人朋友14.3%、网络(手机、电脑)9.3%、收音机6.8%。

(二)老年人对社区居家养老的需求

2017年的调查表明:老年人对社区居家养老需求充满期待。在我们问到"你希望什么方式养老"时,回答"自我养老"的占59%,"与儿女同住养老"的占22.8%,其他有说"入住养老院""聘请保姆""入住社区养老院或白天托管"等方式的占22.1%。

从以上数据可以看出,如果去掉明确希望和子女同住养老的老年人,有80%左右的老年人养老离不开社区居家养老服务。

那么,老年人对社区居家养老服务都有哪些意愿呢?用排序的方式看,调查表明,排在第一位的是"上门医疗巡诊",其次是"水电设施和电器维修",再次是"家政服务(做清洁、做饭)",后面依次是"康复训练""送餐上门服务""日常代购""对外联络、打电话"等。

从老年人表达的目前最需要解决的困难看,可观察出他们对社区居家养老服务需求的迫切性。"增加经济收入"的话题当然首当其冲,可以不讨论,因为这是必然的第一需求。其他困难问题的排序依次是:"邻里互助""上门家政服务""陪诊看病和开药""安装电梯""社区服务中心白天托管""法律援助或维权"等需求。

对目前社区居家养老服务状况的评价也可看出他们的需求。在回答"您居住的社区养老服务能满足您的养老需求?"一问时,表明"完全满足"的占22.8%,"基本满足"的占68.5%,"不能满足"的占8.7%。在回答"您是否享受过您所在社区提供的居家养老服务?"时,回答"经常享受"的占45.9%,"偶尔享受"的占41.6%,"从未享受"的占12.5%。这一结果说明,老年人对社区的居家养老服务的状况评价和满意度总体不高。从排序的结果看,老年人的需求和政府提供的服务之间还有很多的不协调或不同步。比如,有的地方把"老年人吃饭问题"作为政府解决老年人问题的重点思路,但是从这些调查结果看,老年人对送餐的需求并没有我们想象的那样急迫。

当我们问到“您在何种情况下会选择去养老院”时，回答“不能自理”的占44.5%，“严重老龄化”的占15.6%，“经济条件允许”的占14.0%，“子女要求”的占10.3%，“同伴相约”的占4.8%，“无住房”的占4.1%，“空虚寂寞”的占2.6%。

这些都说明，以老年人在宅内养老为中心，制定和完善社区服务设施，提升社区环境建设，是一种对社会、对国家、对家庭、对老人都有利的养老方式，可以保持家庭养老与社会养老相结合，减轻家庭照顾老人的负担，并能使老年人的需求得到充分满足。我们也可以将这种养老模式称为“四结合的养老模式”。

第三章　老年人养老服务业发展及其变迁

一、武汉市养老事业发展现状

武汉市养老事业起步于20世纪80年代中期，经过30多年的发展，已经具备了良好的基础，至今已初步建立起了以居家养老为基础、社区服务为依托，以公办、公助民办养老机构为示范，以社会办养老机构为主体、农村养老机构为延伸，各类养老服务机构协调发展、多种服务形式相互补充的“五位一体、城乡统筹”养老服务体系。

(一)养老事业发展迅速

“十二五”以来，全市紧紧围绕养老服务体系建设，依据老年人群养老需求变化和社会发展实际，明确任务目标、创新工作举措、加强政策投入，使养老床位总量、养老机构设施数量、养老服务质量持续提升，初步形成了“以信息化为手段对接居家养老、以社会化为支撑强化社区养老、以市场化为依托发展机构养老”的立体式多层次养老服务网络。

一是养老设施发展迅猛。完成了《武汉市养老设施空间布局规划(2012－2020年)》的编制，相继启动了公办养老机构新改扩建、社区养老院新改建、社区居家养老服务中心(站)、农村老年人互助照料中心、农村福利院提档升级等重点建设项目。在整个“十二五”期间，养老床位数以每年5000张的速度增长，截至“十二五”末，全市共拥有各类养老设施918处，其中城乡社区养老服务设施632处(包括社区居家服务中心及站512处、农村老年人互助照料中心120处)、养老机构286家(其中市区公办15家、社区养老院146家、社会办养老机构49家、农村福利院76家)，总床位达6.1万张，达到了每千名老人拥有床位37张的标准，养老机构和床位数在15个副省级城市中位居前列。

二是优待服务覆盖面广。全面建成并投入使用了社区居家养老服务信息呼叫系统,建立起了社区、街道、市区三级社区居家养老服务受理平台,有效覆盖中心城区和新城区建制镇的1126个社区;建立健全了覆盖80周岁以上人群的高龄津贴制度,累计发放高龄津贴4亿多元;投入资金近2亿余元,为全市特殊困难老人购买了上门居家护理服务;建立实施了每两年为65岁以上老年人免费体检制度以及老年人群在我市景点风景区参观游览、医疗机构就医就诊、乘坐公交等分类优待政策。

(二)社会力量参与积极

累计吸引社会资金40多亿进入养老服务领域。组建、培育、吸纳居家养老服务社会组织和服务团队5800余家,对接提供家政服务、助餐应急、康复护理、精神慰藉等综合性服务。由社会力量兴办的养老机构达217家、养老床位3万余张,社会力量正逐渐成为我市养老机构及养老服务提供的主体。另外,美国、日本、中国台湾等地的企业也在陆续进入武汉市养老服务市场。武汉首家嵌入式社区养老设施开始运营。嵌入式养老是一种创新养老模式,它将社区养老与居家养老相结合,在上海、北京等城市已被越来越多的人接纳。为了更好地促进养老服务行业健康有序的发展,不断提高社区养老服务质量,满足周边社区老年人丰富多样的养老需求,由武汉市东西湖区常青花园社区管理办公室投资建设的武汉市第一家社区嵌入式社区养老设施——常青花园长者照护之家已开始试运营,成为武汉市的首个试点。

"老人白天可以在这里做康复训练,晚上回家住。"这个试点项目的负责人介绍。为了帮助老年人实现有质量、有亲情的居家养老,长者照护之家就像一个"邻居",这里设有7个房间、18张短期照护床位和康复型日托以及治愈花园。它将依托"互联网+养老服务"新模式,通过信息技术等创新思维,打通居家和社区养老,还将实现共享设施,使社区老人既可享受社区照护,也可以把养老设施"搬"到自己家中。

(三)服务整合创新突破

在医养结合方面,武汉市充分发挥医疗和养老机构服务的资源优势,积极满足不同群体养老服务需求,在探索和实践中基本形成了三种医养结合模式:

一是"整体照料"模式。由单一机构为老年人提供医疗养老服务,如武汉市江汉区社会福利院创办的武汉市福惠医院，专门为入住老人提供医疗、护理和健康检查服务。又如武汉新江南医院，先通过建设医、养、护一体化病房，为老年患者提供医疗、养老、护理综合服务，在此基础上，经过2年多的有效探索和尝试，建立起了武汉市武昌区阳光福利院。

二是“联合运行”模式。即养老机构与医疗机构合作，由医疗机构到养老机构开展驻点服务，服务老人及周边，从而实现互利共赢。如武汉市中心医院与武汉市江岸区社会福利院建立合作关系，在福利院内设社区卫生服务站，为入住老人以及周边居民提供服务。

三是“支撑辐射”模式。即由社区卫生服务中心为居家老人提供基本医疗服务。近年来武汉市各社区卫生服务中心积极为辖区内65岁以上老年人提供免费体检，开设“老年号”，建立老年人健康档案，设立家庭责任医生等多种基本公共卫生服务。

武汉市通过完善设施促联合、制订政策讲整合、提升服务求融合的办法，有序地推进了养医结合的深化发展。目前，全市已有30家养老机构内设的医疗服务点纳入了医保范畴。在上级部门支持下，武汉市十一医院、武汉市江汉区福利院、东湖高新区佛祖岭福利院纳入了养老机构远程医疗政策试点单位，在远程医疗的操作规范、责任认定、激励机制、收费标准和医疗费用报销等方面，研究制定了适用于养老机构远程医疗的相关政策、机制、法规和标准，从而推动了全市养医结合工作。全市有32家养老机构内设了医疗服务机构（其中公办8家、社会办的24家），同时多家医疗卫生服务机构明确了建设意向，全市护理型床位已占养老总床位数的10%以上。全市养老机构内医院的床位使用率达90%，疾病治愈率达90%，危重病人抢救成功率达87%。全市80%以上的养老机构均与医院签订了定点合作协议，推行建立定期医疗坐诊、专家巡诊等长效机制，以保证入住老人在需要医疗服务时，能及时转到医疗机构接受治疗。医疗卫生服务与养老服务融合发展，将全市65周岁以上的老年人纳入了“家庭医生”优先签约对象，90%以上的养老机构与卫生服务机构签订了合作协议。作为全国首批养老服务业综合改革试点城市，个人税收递延型养老保险、以房养老等试点项目在我市成功破冰，养老设施“公建民营”、面向养老机构远程医疗政策试点等项目也在我市得以迅速推进。

(四)养老事业政策体系日趋完善

一是编制了养老规划和标准。武汉市先后制定了促进养老服务业发展、推进居家养老服务的政策和居家养老服务中心建设标准、农村福利院提档升级标准、护理人员规范等一系列文件,从而有力促进了养老事业发展的制度化、规范化。二是建立完善了政策扶持机制。先后制定实施了关于扶持养老事业发展的各项优惠政策,形成了一套对各类养老服务机构给予建设补贴、运营补贴、以奖代补、政策减免等政策扶持体系,有效激励了各类养老机构的快速发展。三是持续推进敬老优待工作不断加强。近几年,武汉市先后推出"五关爱一服务"敬老优待政策,惠及全市百万老人。

二、武汉市养老事业发展存在的问题与挑战

自1993年跨入老龄化城市以来,武汉市人口老龄化压力不断加重,养老事业发展面临着严峻挑战。中国政府提出了建设"9073"工程,即到2020年,90%的老年人能够在社会化服务协助下通过家庭照顾养老,7%的老年人可以通过政府购买社区服务照顾养老,其余3%的老年人入住养老服务机构集中养老。可见,不论在什么场所养老,都离不开社区服务的支持。如果以"9073"养老布局为依据,武汉市的居家养老服务还处在起步阶段,还面临着许多发展难题。特别在供需平衡、服务能力、产业规模上,呈现出了市场大、需求高、起步晚、消费低的主要矛盾。

(一)养老需求与供给失衡

预计到2020年,我市60周岁以上人口将达到200万,老年人口比重将接近21%,养老产品和服务的总需求急剧增加,对社会保障和民生改善提出了更高要求,也为拉动内需、扩大就业、促进经济转型升级提供了新机遇。

养老需求与供给失衡主要表现为以下几个方面:

(1)生活需求的失衡。2017年的调查发现,武汉老人最需要的生活需求排名第一是医疗上门巡诊,其次是水电设施和电器维修,接下来家政服务和康复训练分列三、四名,最后才是送餐上门服务、日常代购和对外联络。这个需求愿望与当前政府重点解决老人吃饭问题的政策思路不同步。

老人最大的精神需求排序是:子女探望、社会关怀、聚会娱乐、社区上门探访、外出旅游、单位组织的慰问、陪聊、电脑手机上网。"常回家看看"是老人对子女的亲情需求,老年群体的社会认同和归属感则希望通过社会关怀和社区上门探访来

实现。社区作为基层组织,代表的不仅是政府机构,也是邻里的守望与关爱,由社区提供养老服务比较容易获得老人信任,也能充分满足老年人的心理需求。

然而现行的养老供给政策和服务,与老人最迫切需求的医疗保障、居家养老、长期照护之间产生了矛盾,以致于形成了现阶段政府提供的服务老人用不上,老人需要的政府提供不了不协调的尴尬局面。

(2)医疗需求的失衡。老龄群体疾患多发且与年龄增长成正相关关系,越是高龄老人越是对医疗服务有着更高的需求。目前所实行的医疗报销比例,没有专门针对老年人患多种慢性疾病的报销标准,即便纳入了重症范畴,也仅限于一种病症。如果某老人是"心脏病"重症患者,每年可报销心脏病用药6000元,但他若同时患有高血压和糖尿病,则只能从个人医保卡中支付药费。但是每月近千元的自费药,老人往往负担不起,只能拣比较便宜的药吃,但是时间久了又会导致肝肾功能受损,于是便增添了新的病症,药费支出势必会再次增加。

调查中73%的老人会选择到市级三甲医保医院看病,21.4%的选择在社区诊疗。老人均表示对大医院有更高的信任度,但是对看病过程却非常恐惧。一方面是三甲医院人满为患,耗时费力;另一方面是看病程序异常繁琐,一楼挂号、二楼拿药、三楼看病、四楼检验,看一次病得往返收费处四五趟,要不停排队,还找不到治疗科室的位置。"如果子女有空陪同就好些,否则即便是老伴陪着一起去医院,同样也是晕头转向,连来回乘车都很困难,手机软件不会用,公汽不好转乘,出租车老人很难叫到。"许多老年人抱怨看病难,不仅是看病贵。

(3)弱势群体老人难以获得社区服务。目前武汉市的社区居家养老服务中心开展的居民活动主要有棋牌娱乐、唱歌跳舞、养生讲座、文艺汇演等,服务对象大多是健康、低龄的社区老人;社区建设的多功能活动室、图书(电子)阅览室、室外活动场地、日间休息室以及文化体育设施,也很少能惠及高龄、失能、失智和不能自理的老人。本次调查的80岁以上高龄老人有58.2%处于独居状态,19.4%属于半自理或不能自理状态,30.1%的月收入低于2000元。作为最应当重点关照的人群,41.8%的高龄老人很少或从未享受过社区提供的居家养老服务。现行的社区居家养老服务没有充分关注高龄群体增多的趋势和特殊老龄群体的需求,导致功能缺陷,最弱势的群体得不到应有关照,从而导致急需解决的问题没有及时解决,有限的资源没得到充分利用,社区尽力开展的活动和服务,困难人群并没有受惠。为弥补社区自身功能的缺陷,政府采取购买服务的方式来满足特殊老龄群体的需要。但一些项目也没有通过社区居家养老服务中心来实施,所提供的上门家政服务并没有全被高龄独居老人接受。

(4)长期照护制度缺乏政策支撑。越来越多不能自理的高龄独居老人需要长期照护服务。根据《第四次中国老年人生活状况调查》的数据,全国城乡失能、半失能老人超过4000万,占全国老人数量的18.3%。2016年我国人均预期寿命是76.5岁,65岁男性老人平均预期照料时间为4－5年,女性老人平均为7－8年。这些需要照料的高龄、独居、不能自理老人多倾向于家庭养老,一方面是个人意愿,另一方面也是经济能力决定的。他们的生存主要依赖家庭成员长期照顾,家庭负担沉重,照护矛盾突出。从这个现象看,"四结合"养老模式中的"家庭"依然是首要的不可替代的角色。目前武汉市没有建立老年人长期照护制度,缺乏老年人照护分级分类管理体系。

家庭的小型化、空巢化使社会养老需求大幅增加。随着社会经济发展、生育率下降和社会人口流动的加速,家庭呈现规模小型化、结构核心化、空巢化等明显特征。据统计,2011年武汉城镇人口的家庭规模平均为3.15,3人以下的核心家庭比重达到66.4%,家庭规模日益缩小,传统的家庭养老遭遇困难。老龄化进程与家庭小型化、空巢化相伴随,与经济社会转型期矛盾交织在一起,使得社会养老保障和养老服务需求大幅增加,养老事业由补缺型向适度普惠型转变已成为必然选择。本次专题调研中的问卷调查分析表明,有77%的老年人希望得到养老机构或居家养老服务中心提供的服务。

养老需求普遍化、分层化对养老事业提出了更高要求。家庭人口结构的变迁和老龄化社会的到来,使居民对社会化养老服务由特殊群体需求向普遍性需求转变,由以往重点追求经济供养向经济有保障、生活有照料、精神有慰藉、个性有发展的全方位需求满足阶段转变。由于老年人群内部经济水平和社会分层的多样化,老年人群内部的需求也表现出多层次特征,不同老年人之间养老需求的异质性正在扩大。养老需求的普遍化、分层化对养老事业的投资主体多元化、服务对象公众化、服务方式多样化和服务队伍专业化提出了迫切要求。如本次专题调研的问卷调查就表明,老年人希望得到养老机构专业服务的人数占被调查者的39.31%,有29.07%特别关注养老机构的服务档次和服务质量。

(二)社区养老服务迅速与基础设施能力薄弱并存

武汉市养老的基础设施建设已经取得了很大成绩,但与其所应对的人口老龄

化要求相比,还无法适应,还存在一些困难和问题,主要有以下几点:

(1)首先是居民型老旧社区多。武汉市居民型社区占78.9%,老旧社区占73.5%,老旧社区结构制约了养老服务功能的发展,76.5%的社区需加强硬件设施,信息平台不完善的占43.9%,缺乏合适场地的占49.5%。其次是工作人员少。在调查的社区中,3000—12000人的大中型社区达到87.5%,人口规模庞大,但绝大部分社区的工作人员在15人以下,75.4%的社区甚至仅有1-2名从事养老服务的工作人员,13.3%的社区根本没有专职养老服务工作人员。第三是养老经费少。一般社区年度包干经费不足20万元,而养老服务仅是社区工作中一小部分,"巧妇难为无米之炊"。有93.6%的社区要求根据社区高龄老人数量按年度划拨相应的经费。第四是专业化程度低。截至2016年底,教育部批准开设养老服务管理专业的院校已有150所,但其中一大半招生规模不到30人,还有三分之一院校招不到学生。一方面是毕业生供不应求,市场热盼,一方面是招生遇冷。武汉市84.7%的社区缺乏专业工作人员,在社区养老服务人员方面,83.2%的社区没有职业学校毕业生,75.1%的社区没有经专业培训合格并具备执业资质的人员。按照国家养老护理标准,武汉市专业养老护理人员的缺口至少为6000人。最后是服务内容缺位。直接关系老龄群体养老生活质量的服务项目,半数左右的社区没有开展;其中呼声最高的是生活照料服务、日常代购、送餐、家政服务和医疗上门服务等。

(2)养老服务组织发展不平衡,服务功能较弱。一是公办养老机构一床难求,社会办养老机构空置率高。从总体看,市、区公办养老机构在硬件建设、服务功能等方面都处于优势地位,导致供不应求,入住率高达95%以上;而占据半壁江山的社会办养老机构平均入住率却不到60%。公办和社会办养老机构在发展上处于不平衡状态,养老机构服务资源利用不充分。二是养老服务组织硬件设施有限,服务功能不强。受土地资源、投入成本等客观因素的限制,我市大部分居家养老服务中心是在租赁场地的基础上加以改造而成的,没有室外活动场所和康复设施,提供的养老服务有限。目前武汉市最大的居家老年活动中心只能容纳100位老年人开展活动,相当一部分养老机构只能解决入住老人基本的吃住问题,而对老年人的文化生活、医疗康复、精神慰藉等需求难以满足。大部分居家社会化养老中心因资金缺乏与人员不足,只能为老人提供一个简单的活动场所和午餐供应,文化娱乐、康复护理、家政服务等服务还有待下一步开展,更谈不上智能化养老服务了。

(3)养老服务专业化程度不高,服务队伍素质偏低。一是标准不细化,管理不精细。武汉市对养老机构和居家养老服务中心建设十分重视,制定了建设标准、工作流程和服务操作规范等指导意见,但由于养老服务业尚处于起步阶段,发展时间比较短,并未制定健全的具有规范性、指导性的行业服务评估体系和监管资助办法。目前尚无专门的养老服务技能培训、鉴定机构和统一的国家职业标准,所以现阶段养老服务业无论服务质量还是服务功能,都还处于中低水平,不利于整体养老服务业的健康和可持续发展。二是服务队伍不稳定,专业人员缺乏。目前,武汉市养老服务人才队伍建设严重滞后,专业素质不高,已成为突出的共性问题。养老机构服务人员多为农村妇女和城镇下岗人员,文化偏低、年龄偏大、服务素质不高,基本上只能提供饮食起居等简单照料服务。由于工资低、工作累、风险大等原因,导致养老机构护理人员招聘难、流动大,严重影响了行业的正常运行。如武汉化工区八吉府街农村福利院,共有入住老人 26 人,却只有 3 名工作人员,这 3 人要负责全院的一日三餐服务以及老人的护理和夜间值班等所有工作,而工资每月却只有 1100 元。此外,专业医护人员也非常缺乏,全市只有 277 人,其中黄陂区、蔡甸区都是空白,根本无法满足实际需要。三是志愿者队伍不规范。养老服务志愿者管理机制不完善,服务专业性差,服务往往流于形式,缺乏长期性。

(4)养老服务产业发展滞后。目前,我国 60 岁以上老年人口已达 2.4 亿,占总人口的 17.3%,但消费额不到 10%,老年人的消费水平远远低于社会平均消费水平。养老服务产业市场大、起步晚、需求高、消费低,发展速度大幅落后于老龄化的速度。老年保健品、老年旅游业、老年金融理财产品逐渐增多,但是尚未形成产业规模和有效产业链。比如“旅行养老”,只适合高收入的低龄老人,并不能被广泛接受,另一种参观养生基地或健康产品的购物游,专门吸引老人“健康消费”,这种低价陷阱团,屡屡造成老人的经济损失;银行推出的以“养老”为名目的理财产品缺乏专业权威的宣传推广,老年人并不买账,大多数依然选择定期存款或购买国债来储蓄养老金。

武汉的养老地产发展迅速,但多以房产销售为目的,缺乏后续的养老服务。比如我们调研的中华孝庄项目,是侨亚置业集团在武汉的第二个养老地产项目。其定位的是高端市场,入住的多为高校老教授或是退休公务员等高收入老人,人均月养老费用都在 3000 元以上,但武汉市能承受这种收费标准的老人并不多。

中华孝庄属于单体住宅式养老机构，只能提供300多间房源，现已入住的老人不足500人，之所以能保持正常运营，其中“会员制模式”起到了重要作用。即入住老人交纳一定的费用后便能成为会员，然后可以购买侨亚集团提供的收益率在10%左右的理财产品，而购买理财产品的金额决定入住收费的折扣，存10万可以享受孝庄养老收费标准的8折优惠，存20万享受7折，存30万享受6折。因此大多数的入住老人都购买了10—30万金额不等的高收益理财产品。然而这种民间融资的途径是否合理合法，在目前降准降息的背景下，老人对购买高收益理财产品伴随的风险是否足够知情并且能够承受，此项目是否经专业的风险评估机构进行评估管理，资金的使用渠道是否安全，国家在这个方面都没有明确的规定，开发商一旦资金链断裂，老人的养命钱将血本无归。养老资金保障水平总体较低，制约了养老服务支付能力的提升。一是养老金平均水平偏低。我市是老工业基地，由于社保起步水平较低，历史欠账多，基金积累少，养老保险负担率较高等多种原因，导致我市企业退休人员养老金平均水平不高，在全国15个副省级城市中仅位列第11位，与当前我市经济社会发展水平明显不相适应。二是养老保险参保率有待进一步提高。由于缴费政策与个人实际承受能力之间存在一定的矛盾，城镇老年居民基本养老保险参保率实际为96%，还有约4万城镇老年居民尚未参保，有待纳入城乡居民养老保障范围。三是养老待遇水平差距大。由于制度、历史及现实等多方面因素影响，社会群体之间的待遇水平差距比较大，各改革历史阶段退休人员之间待遇不平衡矛盾也较突出，中心城区与远城区退休人员养老金相差约300元/月，城镇与农村老年保障人口之间相差更多。四是高龄补贴受益面有限。目前我市对城乡80岁以上高龄老人的补贴只覆盖到困难老人，2011年惠及农村对象45631人，占全市16万高龄老人总数的28%。今年起开始实施的城镇高龄困难老人补贴也只涉及到3500人，离广州、深圳等市实行的普发政策还有相当大差距。养老资金保障总体水平偏低，客观上制约了老年人养老服务的支付能力，从而成为大量社办养老服务机构入住率低的一个重要原因。我们在问卷调查中也了解到，有86%的调查对象希望养老机构的月费用在1500元以下，这从侧面反映出多数老年人的支付能力非常有限。

(5)养老事业保障机制有待完善，扶持政策落实不够。一是资金投入渠道单一，总量不足。目前，武汉市养老机构扶助资金主要依赖福彩公益金，难以满足日益增长的营运补贴等资金支出。如居家养老中心每年运营成本在4万元以上，而每年政府资助的运营补贴只有 2 万元，因此多渠道、正常增长的扶助资金保障机制亟待建立。从我市“十二五”期间养老建设资金需求来看，资金缺口主要集中在市、区公办养老机构的建设上，缺口约 9.8 亿。二是发展空间受限。由于武汉市尚未制定养老事业发展的布局规划，也未制定在旧城改造和新区建设中配建相应养老服务设施的规定，导致缺乏有效的土地保障计划。特别是在中心城区，已经很难找到开设养老机构的场所，一些已建成的养老机构也因城中村改造或拆迁或停办。用地问题已成为制约养老机构发展的一个瓶颈。三是部分政策措施落实不到位。如水电费按民用标准执行的政策，使大部分社会办养老机构无形中增加了运营成本，以致于造成这些养老机构难以承担。《市人民政府办公厅关于促进我市养老服务业发展的意见》（武政办【2009】130 号）一文中规定，暂免非营利性养老机构车辆使用税，但从未落实。

（6）多部门管理养老事业，难以形成合力。养老事业工作内容广泛、牵涉面大，涉及的部门有老干局、民政局、人力资源与社会保障局、医疗卫生、老龄办、人口与计划生育委员会、农业局、司法局等多个部门，这些又涉及党委口和政府口等多个方面。长期以来，这些部门和单位的工作具有独立性，各自分别对当地政府或上级主管机关负责，在代表政府提供公共服务时，基本是各自为战，各自出台相关政策或规定，在管理过程中很难形成合力。由于部门分割，各部门都搞本系统的计划、政策，而人员安排、财务安排、工作责任几乎都落到了社区这个最没有实力的基层。公办的老年福利院也好，老年社区服务中心也好，社会兴办的老年服务机构也好，都对承担养老的社会需求感到力不从心，原因就是“小马拉大车”。

第四章　养老事业展望与对策

尽管我国的人口老龄化进程与中国特色的计划生育政策相关联，出现了与别国不同的迅猛发展，但就发展过程和结果看，中国人养老方式的变革最终是由中国经济社会发展水平决定的。

改革开放40多年来，中国人的养老模式从单一的“家庭是养老的责任主体”而向多形式、多元化的“中国式养老”的模式转变。随着老年人口的快速增长，家庭的养老功能日益被社会化、专业化的组织承接，人口的流动、社会保障制度的建立和完善的社会养老服务体系的建立等等，都影响着中国人养老方式的变革。时至今日，我们不得不承认，任何一种模式或者一套服务体系，即使是一套完整的互联网服务平台，都无法真正实现对老年人的日常关照。说到底，对老年人的服务或照料，最终是实现“上门服务”，实现“人对人的服务”。从我们所做的居家与社区养老需求的调查来看，一般老年人最需要的是“上门服务”。如果一个老年人能出门，他对别人的需求会少一些；如果他的生活能自理，他对别人的依赖也会少一些，而且这样的居家社区养老服务还能解决一些老年人的其他问题。如果他不能出门，生活不能自理，或者失能失智，那么即使他居住的社区周边有居家的养老服务，他也很难享受到这种服务。前面的调查结果也说明了这点。我们可以设想：如果没有可以落地的老年人服务平台和服务人群，“9073的养老格局”则只能是一个布局；如果没有“人对人的服务”，老年人还是只能由家庭和老年人个人背负养老的最终责任。所以，任何一种养老举措，只有注重细节、注重落地，才能真正做到老有所依、老有所养。

目前有三大难题制约着养老事业的发展：

第一、顶层设计有待优化。认为居家养老就是家庭养老，以致于提供服务不足。许多社区养老服务中心仅仅是一些为老人提供简单文化娱乐活动的场所,甚至沦落成了麻将室或长期闲置,对于广大老年人多层次、多元化养老需求难以满足。社区养老服务行政色彩浓厚,大部分工作由街道社区承担,政府直接充当市场主体,行政命令替代市场规律,从而导致"一键通",虽然市、区投入了大量人力物力财力,结果却并不令老年人满意,且后续工作难以科学推进。养老设施和服务供需不平衡,公办养老院一床难求,而民办养老机构的入住率却仅60%多,特别是新城区空置率更高,总体上看,还有待于调整发展思路,优化顶层设计。

第二、市场发育不充分。武汉市的养老服务企业多以健康管理为主,引导老年人消费保健品为其主要的盈利模式。养老产业规模不大,行业链条很短,经营业态单一,行业盈利能力普遍偏弱。家政、物业机构参与养老服务形式很好,但缺乏政策引导。老人消费能力不足、养老服务潜在需求转化为现实消费尚需时间过程等。这些因素在一定程度上也阻碍了市场发育。调研中我们还发现,多数公办养老机构和设施由于受体制机制束缚,服务质量普遍不高,且效率较低、财政负担很重,而民办养老机构由于投资高、风险大、回报慢、政策支持不落地,投资者不愿或不敢进入,远未成为我市社会养老的主体。按照失能老人一般占全部老人20%这个规律来推算,我市失能老人约29万人。大多数业内人士认为,护理人员与失能老人1:3的比例较为合适,由此需要的护理员约10万人;而目前仅有1万多人,缺口很大,平均一个护理员要照顾8位老人,有的民办养老院这一比例更是高达1:14,远远超出了1:4的国家养老护理标准。目前,我市护理人员多以农村中老年妇女为主体,其中45-64岁的约占80%,小学以下文化程度的占75%,没有经过岗前培训的占70%以上,月工资大多在1500元以下,待遇差、素质低、人难招、人难留已成为当下各类养老服务机构的共同难题。

第三、资金匮乏渠道单一。养老服务一开始就由政府主导,在资金投入方面政府也是主力军,爱心企业、个人、福利机构、慈善组织与养老事业之间的有效对接机制尚未建立。目前有近万名老人享受政府为其购买的每天1小时免费居家服务。这项惠民工程实施八年来深受好评,但政府购买价格是18元/小时,持续3年没有改变,而如今家政市场钟点工的价格早已升至25元/小时以上。市政府2010年起为入住养老院的老人购买了意外伤害保险,但对享受政府购买居家养老服务的老人还未覆盖,存在较大的风险隐患。随着老龄人口的快速攀升,资金不足和渠道单一问题将会更加突出。

四、对策建议

基于以上现实和分析，我们可以预判，需求“井喷”会催生发展机遇。为此我们提出以下对策和建议：

(一)推进养老服务供给侧改革，以平衡供需矛盾

(1)构建医养结合的医疗保障体系。从调研中反映最突出的“医疗上门巡诊”需求出发，居家养老服务建设的重点应该向医养结合方向调整。完善老年人群健康档案，将排序最高的高血压、心脑血管疾病、关节炎、糖尿病、眼病等五大老年慢性疾病纳入武汉医保报销单列，并扩大可报销药品的品类范围，增加报销比例。

特别要为患多种慢性疾病的高龄老年提供定期医疗上门巡诊服务；为养老院代养的老人办理长期护理保险；帮助民办养老院与社区卫生服务中心建立医养联合服务模式；推进社区卫生服务机构与医院技术协作关系，组织三甲医院中高级技术人员定期到社区卫生服务机构坐诊，逐步实现“小病在社区、大病到医院、康复回社区”的医疗护理格局，以缓解老年人看病难、看病贵的问题。

(2)保证“高失无”老人的养老服务供给。根据此次调研的结果分析，年龄因素对养老需求的影响最大。男女性别、职业收入、城乡差异对老年人养老需求的影响因子都不及年龄因素的关联度高。高龄化通常都伴有空巢、失能失智、贫困、疾病的增加，政府应当把养老服务的供给方向和重点放在高龄、三失(失能、失智、失独)三无(劳动能力、无生活来源、无赡养人和扶养人或其赡养人和扶养人确无赡养或扶养能力)等特殊老龄群体上，保基本、保急需、保底线，解决他们的生活照料、医疗护理、精神慰藉、紧急救助等问题，以提高老龄群体的生活质量。

在政府投资兴办的养老机构，应优先保障孤寡老年人以及低收入的失能、高龄老人的服务需求，再根据失能、失智程度，发放养老服务补贴或护理补贴。对“三无”老龄人，应依照有关规定予以供养或者救助，并建立城市“三无”老人供养标准自然增长机制，将农村“三无”老人全部纳入五保供养范围。

(3)建立特困老人的长期照护制度。完善老年人照护分级分类管理体系，建立武汉市特困老人长期照护制度。针对特困老人不同的困难形式，开展分类施保工作。研究制定失能老人等级标准和评估机制，对纳入范围的失能老人，通过本人或监护人向所在社区提出申请，由专业的第三方评估机构按规定程序进行失能

等级评估、公示、审查、审批，再依照相应政策发放护理补贴或报销护理费用。同时进一步对社区放权，让了解辖区居住老人现状的网格员、养老专员适时、及时地申报需要补贴的养老对象名单。对社区突发困难（疾病、丧亲）老人提供临时救助、关怀。

（二）提高社区养老服务能力，实现居家养老上门服务

按照国务院《关于加快发展养老服务业的若干意见》所提出的“到2020年，全面建成以居家为基础、社区为依托、机构为支撑的，功能完善、规模适度、覆盖城乡的养老服务体系”的要求，必须把社区养老服务能力建设作为重中之重，明确方向、集中力量、完善功能、创新服务，不断满足老龄群体持续增长的需求，以提升居民的幸福指数。

在本次调查中，84.3%的老人选择家庭养老，老龄群体居家养老服务需求的最高选项都属于上门服务，如医疗上门巡诊、水电维修服务、家政服务、送餐上门等，充分说明开展“居家养老，上门服务”的养老模式是最符合武汉老年人养老需求的服务模式。今后我们的养老服务方式应当由老人适应社区（社会）转变为社区（社会）适应老人；由老人到社区（社会）获取服务转变为社区（社会）到家庭为老人送上服务。以老人为主体的居家养老上门服务模式，实现了以人为本的主旨，沿袭了中国居家传统的优良元素，反映了社会进步的趋向，普惠面最大，适用效率最高。许多国家乃至发达国家的民众最为期盼与推崇的也是这种模式。

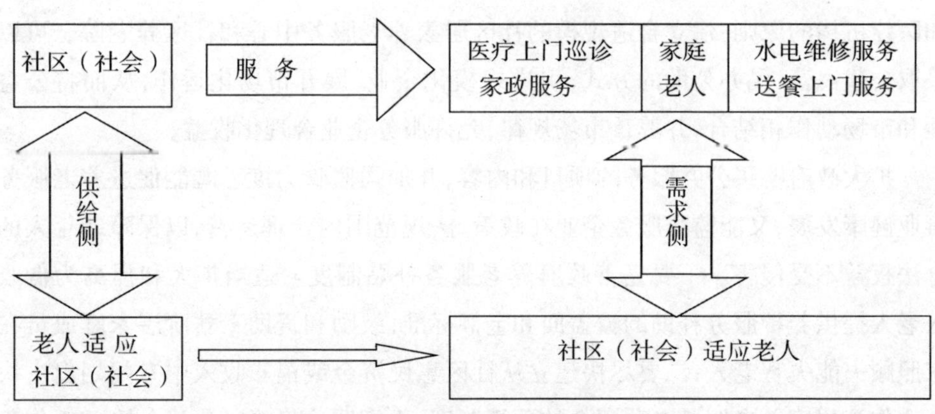

上图5　养老服务供需转变图

（三）加快养老人才建设，发展中国特色养老服务产业

（1）建设居家养老服务专业化队伍。要实现养老的“人对人的服务”，人才是

养老产业最关键的核心要素。随着老龄化社会的深度发展,养老人才的培养正变得越来越紧迫。养老服务队伍的专业化、职业化是增强养老服务能力的关键。社区可以把社区居家养老服务机构作为大学生和中学生德育教育及社会实践基地,从而引导学生从事社区养老服务工作,以提高专业认知。同时还应改善社区养老人员的工作条件,提高工资福利待遇,并解决大学生落户问题,以吸引更多专业毕业生投身到养老服务事业。

(2)调动居民积极性,建立志愿者服务机制。鼓励社区内的下岗失业人员从事居家养老服务工作。政府应免费提供养老护理、家政服务等相关职业技能培训,并对考核合格持证上岗的就业人员给予公益性岗位补贴和低保补贴待遇。鼓励健康老人参与社区互助服务,培育居民自治组织,开展高低龄老人的结对帮扶、网格式联系、爱心储蓄等邻里守望的志愿者服务。在农村可以按照村级主导、政府支持的思路建设老年人互助照料活动中心及养老服务互助协会,以开展互助养老服务。

(四)多合力突围发展具有中国特色的养老服务产业

根据我国老年人的特点,创新养老服务产业,推进具有中国特色的养老服务。积极探索以政府主导与支持、社区监管与协助、市场实施与运作、有偿服务与低偿服务相结合的社区居家养老服务模式。

尊重老年人"养老不离家"的意愿,在老年人聚居的老城区,按照靠近原居址和医疗机构的原则,建立合适规模的社区居家养老服务中心和社区养老院。可以采取公建民营、民办公助的方式,引进规模化企业,展开市场化运作,从而将公益性和市场动作相结合,并尊重市场规律,允许服务企业合理化收益。

扩大政府购买公共服务的项目和内容,并加强监管力度。既能促进养老服务事业健康发展,又能监督服务企业在政策、法规范围内合理运营,以保障老年人的合法权益不受侵害。一要完善政府养老服务补贴制度。适当扩大和提高为低收入老人提供养护服务补助的覆盖面和金额标准,鼓励和资助工薪阶层家庭成员在家照顾失能失智老人;二要尽快建立从社区惠民资金或福彩收入中专门划出一块资金作为居家养老服务专项资金的预算制度(上海明确将福彩公益金的60%作为政府购买养老服务基金),要切实落实税收、土地等优惠政策,特别是对非营利养老机构加大优惠扶持力度,探索爱心企业、个人、宗教与慈善组织向养老事业捐赠款项和物资的对接机制和途径。

在这方面,许多发达国家的经验很值得我们借鉴和学习,例如:英国的“保护式”住房,日本的“五个同心圆空间结构”的设想,荷兰的对 65 岁以上老年人实行住房租金补贴法等。许多国家老人之家、老人住宅、老人街区的出现,充分体现了方便老年人的理念。目前我国一些专家学者也提出了类似构想,这些都应该引起各有关部门的重视。

为了满足老年人日常生活需要,尤其是对那些高龄老人、身体不好出门不方便的老人,社区服务的项目和形式都应该有一个高水平发展。在这方面很有必要学习国外的经验。例如:老人住宅附近的短期护理机构;家庭访问;照顾卧床、痴呆老人的技术指导;为老年人文化娱乐场所配备辅导员、服务员等。在社区服务项目中,特别应注意发展文化生活方面的服务。随着我国老年人文化素质的提高,他们的文化生活需求范围越来越广、数量越来越大、质量越来越高。因此对老年文化生活服务必须有一个长远的高质量的发展规划。在建设住宅区时,必须考虑老年人的这种需求,力求能使之成为老年人在家中养老的可靠依托和重要补充。

完善落实扶持优惠政策。一要完善政府养老服务补贴制度,适当扩大和提高为低收入老人提供养护服务补助的覆盖面和金额标准,鼓励和资助工薪阶层家庭成员在家照顾失能失智老人;二要尽快建立从社区惠民资金和福彩收入中专门划出一块资金,作为居家养老服务专项资金的预算制度。

整合资源形成合力。一是稳步推进居家养老服务信息平台的建设,吸引养老企业和社会组织加盟,使老人得到体现“政府信誉”、得到监控、价格优惠适度的专业化服务;二是为各类志愿者提供助老服务平台,科学构建“银发劳务储蓄”制度,为高龄、失能、失智老人提供义务服务;三是一方面要通过加大扶持力度降低养老机构运营成本,提高养老护理员待遇,另一方面应利用老年大学、社区学校、职业学校等免费或低收费项目培训养老护理人员;四是探索第三方评估机制,评估结果与政府补贴挂钩,以确保政府资源能公平合理地分配。

下篇 02

武汉市老年人状况调查与研究30年文集

武汉市市区老年人情况调查

老年人的问题是关系到社会发展和人民生活福利的一个重大问题。随着老年人口的增多,二十一世纪人类社会将成为高龄人口的社会。老龄问题越来越引起全世界的重视。

老龄问题,归结为一句话,就是老年人口在社会人口中的比重越来越大,由此给社会经济、政治和人口规划等带来了一系列的问题。按照联合国统计司的定义,若一个国家65岁以上老人在总人口中的百分比达到7%,这个国家即可被称为"老年型国家"。据统计,全世界老年人数1950年为2.1亿,1975年为3.5亿,2000年为5.9亿,2025年将升至11.2亿,这与1950年相比,增长了五倍多。在此期间,世界总人口将由25亿增加到82亿,增长三倍多。老年人口的迅速增长,引起了各国人口结构的变化,许多国家已经或即将出现不同程度的人口老化问题。正如一个人口史学家所预言,一个波及全球的白发浪潮即将来临。

随着世界人口的老化,我们国家也进入了世界长寿国的前十名,从我国60岁以上的老年人统计来看,1950年为4000万人,1980年为8000万人,2000年为1亿3000万人,2025年为2亿8000万人。1950年到2025年,我国人口由5亿多增长到14亿多,增长2.6倍,而老年人数由4000多万增加到2亿8000多万,增长6.7倍。我国老年人在总人口中的比重由7.6%上升到了20%,这说明我国老年人的增长速度快于世界老年人增长的速度。我国人口发展的这种趋势,将会给人民生活带来一系列的问题,并给我国的社会发展带来极为深刻的影响。

武汉是一个拥有600万人口(城区人口300多万)的特大中心城市,是全国人口最为密集的地区之一,根据1984年底的人口统计资料,武汉市市区60岁以上的老年人口占全市区总人口的比重达9.03%,市区人口老龄化趋势十分明显。

下表1 武汉市市区1974—1984年老人增长情况统计表

年份	60岁以上人口数	占总人口%	60岁以上性比例		60岁以上人口数	占总人口%
			男性%	女性%		
1974年	200,628	7.8	42.2	57.8	118,692	4.6
1975年	200,645	8	42.2	57.8	122,411	4.6
1976年	220,309	8.1	42.7	57.3	123,151	4.8
1977年	228,388	8.2	43.2	56.8	134,516	4.9
1978年	237,051	8.3	43.6	56.4	140,732	4.9
1979年	250,796	8.4	44	56	152,736	5
1980年	259,884	8.5	44.2	55.8	161,229	5.2
1981年	269,552	8.5	44.65	55.4	168,071	5.3
1982年	277,209	8.6	44.9	55.1	175,291	5.4
1983年	287,405	8.8	45.1	54.9	182,423	5.6
1984年	301,244	9	45.4	54.6	190,097	5.7

为了全面准确掌握我市老年人的基本情况，了解、研究和解决老年人生活中存在的问题，发挥老年人在社会中的作用，推动全社会关心老年人、尊敬老年人，并为市委和市政府制定有关老龄问题政策提供资料，我们在市政府的支持下，以市政府办公室、市社会科学研究所、市老龄问题委员会三个单位的名义，由武汉市社会科学研究所社会学研究室具体组织实施，于1985年4月，在武汉市市区进行了一次关于老年人生活状况的调查。

这次调查的对象是武汉市市区60岁以上的老年人。调查采取整群聚类抽样为主，同时结合典型访问的方法。在选取调查点时，我们注意了在不同地区之间存在着地理环境差异和居民身份差异等客观因素，在市区的六个城区中，选了具有典型特征的三个居民区作为调查点。三个居民区分别为：退休工人集中的工业区——青山区红卫路街，老知识分子集中的文教区——武昌区珞珈山街，一般居民集中的居民区——江汉区前进街。在这三个街区中，又分别确定了三个居委会，对这三个居委会中所有年满60岁以上的老人都进行问卷调查。除了外出人员外，我们发放了600个样本，实际收回598个，其中废卷7份，有效问卷591个。我们聘请了武汉大学、江汉大学的数十名学生担任调查员，在抽样调查中，采取了两种不同的问卷填写方法,对有能力自填问卷的老人,我们把问卷发给他们自填,并由调查员送卷上门,给老人讲解调查目的,填写问卷的方法和规则,老人填好后,调查员负责检查和回收问卷。

对大多数不能独立填写问卷的老人,由调查员对每一位老人进行访问,根据问卷内容对老人进行提问,在得到准确回答后再由调查员代填问卷。

调查问卷内容共有82项,除了6项采用开放式,其他都是封闭的。问卷资料的整理,采用电子计算机处理,在统计上运用社会统计的方法,包括总体次数分布、单项处述、交互分类、相关分析等统计项目。

调查的内容主要包括以下几大项:

第一:城市老人的基本构成,包括性别、年龄、民族、宗教信仰、文化程度、职业状况等。

第二:老人的家庭生活,包括老人的家庭结构、居住方式、家庭的关系、家庭成员之间的感情联系,老人的经济生活,老人在家庭中的地位和作用等。

第三:老人的精神生活,包括老人的心理、老人的社会活动和社会交往,兴趣爱好,文化娱乐等。

第四:老人的社会管理,包括老人的医疗保健、社会福利、社会服务等问题。

下面是我们对这次调查情况所做的初步分析。

一、城市老龄人口的基本构成

从这次调查的591个样本资料中,可以粗略地看出武汉市市区老年人年龄、性别、身体、文化程度、收入、家庭、工作和娱乐等方面的基本状况。

(一)性别和年龄结构

在589个样本中,60岁以上的男性老人317人,占样本数的58.3%,女性老人272人,占样本数的46.2%。这个结果说明男性略多于女性。

从年龄结构来看,最高年龄为87岁,最低年龄为60岁,处在60岁到65岁之间的老人为280人,占全部人数的47%;处在66至70岁之间的老人为145人,占25%;处在71到75岁之间的老人为102人,占17%;处在76到80岁之间的老人有40人,占7%;而80岁以上的老人有24人,占4%;从统计看,在“古稀之年”的老人就有193人,占全部人数的33%。从这个数字上可以看出,武汉市60岁以上的老年人,处在古稀之年的数字是不小的,从1982年人口普查的结果看,我市70

岁以上的老人占全市总人口数的15%。这次调查的结果同1982年人口普查的情况相似。因此我们说我市老年人寿命延长,长寿老人越来越多,反映了我国医疗技术的提高正在使老人的死亡率愈来愈低,是社会主义制度优越性的具体表现。

(二)民族、政治面貌、宗教信仰分布

下表2　老人民族状况分布表

类别	汉	回	满	蒙古	壮	朝鲜	其他	总计
人数	583	2	3	1	0	1	1	591
%	98.6	0.3	0.5	0.2	0.0	0.2	0.2	100

在591个样本中,主要是汉族,其他民族仅占2.4%。

下表3　老人政治面貌分布表

类别	人数	%
中共党员	113	19.7
民主党派成员	47	8.2
无党派	414	72.1
总计	574	100

从政治面貌看,在574位老人中,中共党员占19.7%,民主党派成员占8.2%,无党派群众是绝大部分,占72.1%。

下表4　宗教信仰分布表

类别	伊斯兰教	天主教	基督教	佛教	无宗教信仰	其他
人数	2	1	7	5	518	9
%	0.4	0.2	1.3	0.9	95.6	1.7

从宗教信仰来看,无宗教信仰的老人所占比重很大,计占95.6%,有宗教信仰的老人只占4.4%。在这类老人中,信仰基督教的人多一点、其次是佛教、伊斯兰教、天主教。

(三)文化程度构成

老人文化程度分布比例与1982年人口普查比照表:

下表5　老人文化程度分布比例与人口普查数比照表

类别	不识字	小学	初中	高中	大学	总计
这次调查人数	242	88	49	56	155	590
%	41.0	14.9	8.3	9.5	26.3	100
82年普查60岁以上人口的文化程度分布%	58.5	25.0	8.0	6.0	2.5	100

把两次调查结果从数据的比例结构上加以比较,可以明显看出两者的比例分配基本上是一致的。需要指明的是老人中具有大学以上文化水平的比例有很大差别,这是因为我们这次调查点有一个是武汉大学居委会,这是知识分子比较集中的地方。如果撇开武大这个点,把青山区和江汉区这两个点与1982年人口普查数比较,就能说明变化趋势相近。

下表6　老人文化程度与82年普查对照表

类别	不识字或识字少	小学	初中	高中	大学	总计
江汉区%	59.0	20.5	13.0	4.0	3.5	100
青山区%	62.4	19.6	8.5	7.4	2.1	100
82年普查%	58.5	25.0	8.0	6.0	2.5	100

以上数字说明,在我市老年人口中,文盲或识字很少的人口比较大。这种现象是我国当前老年人口中特有的现象,它反映了新中国成立前人们文化程度较低,尤其是妇女识字上学的机会更少。

(四)婚姻状况

在有答案的583个样本中,现有婚姻状况如下:

老伴尚健在的有472人,占样本数的73.2%;老伴去世了的有148人,占26%;离婚的有2人,占0.3%;未婚有6人,占1%。单身老人约占2%。在本调查中,在老伴尚健在的老人中,属于再婚的老人有29%,占全部人数的4%;若从性别来看,未婚的主要是男性老人,男女比例为5∶1。再婚的也多是男性老人,男女比例为2∶1。这说明妇女独身的少,寡居的多。

从老人的初婚年龄来看:

下表7 老年人初婚年龄表

年龄	15	16	17	18	19	20	21	22	23	24	25	26	27
人数	13	14	43	46	38	74	43	30	36	20	28	20	16
%	2.4	2.6	8.0	8.6	7.1	13.8	8.0	5.6	6.7	3.7	5.2	3.7	3.0
年龄	28	29	30	31－35	36－40	41－45	46－50	51－55	56－60	61－65	66以上	总计	
人数	23	15	21	35	12	5	0	0	1	2	0	535	
%	4.3	2.8	3.9	6.5	2.2	0.9	0.0	0.0	0.2	0.4	0.0	100	

从此表可以看出,处在15－20岁结婚的人数有228人,占填写人数的43%。这说明老年人中,早婚是比较多的,尤其在妇女中,表现更为明显、严重。这是中国封建社会的一大特点。

(五)职业状况

在本次调查中,原来有职业的人数428人,占总数的81.8%;无职业人数107人,占总数的18.2%。在有职业的人数中,目前仍在职的有127人,占全部人数的21.6%,离休40人,占6.8%,退休296人,占50.3%,退职12人,占2%。这些统计说明、我们调查的这些老人中,除在职以外,其他绝大部分是退休工人。从有关部门的统计看,截至1984年底,在武汉市市区的老龄人口中,离休老干部占1.15%,退休干部占11.65%,退休工人占65.71%,无职业居民占21.4%,这与我们调查所统计的结果是靠近的。调查表明,城市的老龄人口绝大部分有固定收入,他们的晚年生活是安定的、有保障的。当然还有五分之一的老人现在没有固定收入,其中还有相当一部分需要家属的赡养。

(六)老人离退休时间:

下表8 老人离休、退休退职的时间

年份	65	66	67	68	69	70	71	72	73	74	75
人数	20	1	0	3	0	3	0	8	7	8	78
%	5.9	0.3	0.0	0.9	0.0	0.9	0.0	2.3	2.1	2.3	22.9
年份	76	77	78	79	80	81	82	83	84	总计	
人数	12	5	12	43	46	12	28	26	29	341	
%	3.5	1.5	3.5	12.6	13.5	3.5	8.2	7.6	8.5	100	

从上表可以看出,大多数离退休老人是在1975—1984年间退休的,尤其是在1979—1984年这一时间段,离退休人数占退休总人数的53%,6年间退离的人数比前14年的总和还要多,这一方面说明我市人口迅速老化,另外一方面也是近年来推行干部职工离退休制度的结果。大量老年职工迅速加入退休人员行列,势必会给退休人员的管理工作提出许多新课题。

二、老年人的家庭结构和家庭生活

家庭是微观社会,最能显示出老年人生活的特点及老年人在家庭的地位和作用,也最能反映老人的社会地位,以及社会对老年人的态度和道德风尚。

(一)家庭结构

据调查统计,在有答案的583个样本中,有73.2%的老人现在和老伴生活在一起;有25%的老人老伴去世,还有1.3%的老人属于未婚或离婚状态。在全部调查对象中,同已婚子女共同生活的老人有339人,占总数的57%,同已婚子女分开生活的老人有252人,占43%。从数字比例上看,与已婚子女共同居住的老人,情况是各种各样的。

下表9　同已婚子女共同生活的老人的家庭情况

类别	人数	%
儿子婚后留在身边	172	50.7
住儿子家	52	15.3
女儿招婿来家	19	5.6
住女儿家	25	7.4
儿、女婚后都留在身边	14	4.1
儿女家轮住	7	2.1
其他	50	14.7
合计	339	100

从这个统计看,和儿子生活在一起的老人占66%,和女儿生活在一起的占13%,和儿女一起生活的占4.1%,在儿女家轮住的占2.1%。

是什么原因使这些老人同已婚的子女生活在一起呢?

下表 10 您同子女共同生活的原因

类别	人数	%
依靠子女的赡养	59	21.1
经济上帮助子女	16	5.7
需子女照顾	61	21.9
帮助子女料理家务	31	11.1
享受天伦之乐	30	10.8
没有房子、分不开	76	27.2
其他	6	2.2
合计	279	100

如果把以上原因进行排序的话,可以看出,因为“没有房子,分不开”是第一,占27.2%;“需要子女照顾”是第二,占19.2%;“依靠子女的赡养”是第三,占21.1%;“帮助子女料理家务”是第四,占11.1%;“享受天伦之乐”是第五,占10.8%;“经济上帮助子女”是第六,占5.7%。从这些原因顺序的排列可以看出,这些同已婚子女共同生活的老人,并不都是为了安享天伦之乐的,而是有许多客观因素。如果不是住房困难等原因的限制,大概会有更多的老人愿意同自己的子女分开居住。

是什么原因使43%的老人与已婚子女分开生活呢?

下表 11 您同已婚子女分开生活的原因

类别	人数	%
有点矛盾	11	3.8
怕产生矛盾	18	6.2
图清静	35	12.1
怕自己受累	4	1.4
怕累赘子女	3	1.0
房子窄	105	36.2
上班不方便	24	8.3
子女婚后应独立生活	69	23.8
其他	21	7.2
合计	290	100

在老人同已婚子女分开生活的原因中,“房子窄”是第一位,占总数36.2%;第二位的原因是老人认为“子女婚后应该独立生活”,比重是23.8%;第三位是“图清静”,占12.1%;第四位是“上班不方便”,占8.3%;第五是“怕生产矛盾”。有36%的老人因住房困难而不得不同子女分开居住,又有27%的老人由于住房困难的原因勉强同已婚的子女挤在一起,这反映了住房困难、居住条件差已成为城市老人一个十分突出的问题。

以上这些原因集中表现为主观和客观两方面。“房子窄”“上班不方便”这些原因属于客观因素,它体现了对某些愿意与已婚子女共同生活的老人的客观限制,反映了住房条件方面的问题。“子女婚后应该独立生活”和“图清静”两个原因,主要反映出老人思想的变化。这种观念与过去“四世同堂”“热热闹闹”的想法是不一样的,说明了老人生活观念的新变化。

从老年人家庭生活意愿来看,也可以看出这种新观念。那么,老年人现在理想的家庭结构或养老的居住方式究竟怎样呢?

下表12　您认为和子女是一起生活好,还是分开为好?

类别	人数	%
儿女婚后都在一起过	88	18.6
只留一个结婚的儿子一起过	95	20.0
只留一个结婚的女儿一起	43	9.1
儿女婚后都分出去单过	218	46.0
其他	30	6.3
合计	474	100

从这个统计来看,赞同“儿女婚后都分出去单过”的老人数,占填写人数的46%,居第一位;赞同“留一个结婚的儿子一起过”的老人,占20%,居第二位;赞同“儿女婚后都在一起过”的老人占18.6%,居第三位;赞同“留一个结婚的女儿一起过”的老人,占9.1%。这个调查结构说明,将近半数的老人赞同与已婚子女分居生活。

(二)老人居住方式

下表13 老人目前居住方式表

类别	人数	%
独居一室	401	70.4
与老伴居一室	78	13.7
与子女居一室	36	6.3
与孙子女、外孙子女居一室	44	7.7
与老伴、子女居一室	11	1.9
与老伴、孙、外孙居一室	0	0
与子、媳或女、婿同居一室	0	0
三代人同居一室	0	0
其他	0	0
合计	570	100

从此表看出,第一类独居一室,401人,占填写人数的70.4%;第二类是与老伴居住一室,占13.7%;第三类是与子女居住一室,占6.3%;第四类是与孙子女、外孙子女共居一室,占7.7%;第五类是与老伴、子女共居一室,占1.9%。这些统计说明,老人的居住条件是比较好的,有84%的老人有独居一室或与老伴居一室的条件。这是因为我们的调查点除了江汉区前进街以外,另外两个点都属于家属宿舍区,因此会有这么多比例的老人有较好的住房条件,是正常的。这样的住房条件为老年人的晚年生活提供了比较安静的环境。当然也有近20%以下的老人没有单独的住房,这些人除了与子女、孙子女、外孙子女共居一室的各种状况外,还有的老人住在临时盖的小屋、厨房、过道和暗楼等等地方。这些情况给老人的晚年生活带来了很大不便。

住房问题不仅影响老人的晚年生活,也影响着老人与子女的共同生活,是其他一系列影响的重要因素,应该引起有关部门的重视。

(三)老人的经济生活和家庭经济关系

(1)老人的经济生活。调查资料可以看出,有80%的老人在职、离休、退休,因此他们有固定收入,生活有保障;而另有20%的老人没有正当职业,没有固定收入,对这些老人来说,就有一个依靠的问题,与家属之间存在赡养关系。

472位有固定收入的老人,具体收入情况如下:

下表14　老年人月收入情况

收入(元)	30	31－40	41－50	51－60	61－70	71－80	81－90	91－100	101－130	131－160
人数	19	59	74	63	49	25	19	18	49	31
%	4.0	12.5	15.7	13.3	10.4	5.3	4.0	3.8	10.4	6.6

年份	161－190	191－220	221－250	251－280	281－310	310以上	总计	无收入的老人
人数	20	37	6	0	1	2	472	119
%	4.2	7.8	1.3	0.0	0.2	0.4	100	

从表中可见,每月收入在30元及30元以下的老人有19人,占填写人数的4%;40元以下的有59人,占12.5%;50元以下的有74人,占15.7%;50元至70元之间的有112人,占23.7%;70元至90元之间的有44人,占9.3%;100元以下的有18人,占3.8%;100元以上的有146人,占38%。在这146人中,有127人是在职的,而且都是武大的教师,而绝大多数退休工人的工资并不高。从以上的统计看,退休工资在50元以下的有152人,占退休人员的51%;50元以上的有144人,占退休人数的49%;根据武汉市市区的生活水平,收入在50元左右,只能够保障自己的生活,而40元以下的老人就有点“吃紧”了,而30元就更困难了。

下表15　您没有收入,主要靠什么生活?

类别	人数	%
靠老伴的收入	45	38.8
靠子女赡养	57	49.1
靠孙、外孙赡养	1	0.9
靠亲友接济	2	1.7
靠积蓄	1	0.9
其他	10	8.6
合计	116	100

从这个统计看,“靠子女赡养的”有57人,占填写人数的49.1%,这是第一;“靠老伴的收入”有45人,占38.8%。这二者合计占近80%,这就是说,在没有收

入的老人中，主要依靠老伴和子女赡养，其他的老人则只能靠亲友接济、个人积蓄、社会救济等等。

在我们问到“您现有的收入能否安排生活”的问题时，有62.7%的老人回答“基本够用”，有22.8%的老人回答“有结余”，回答“不够用”的老人占14.5%，有82位老人没有填写这个问题。这些数字说明，武汉市市区老人的收入，属于基本够用或者有结余的是大多数，因此老人的生活是安定的。

(2)老人的家庭经济关系。老人的家庭经济关系主要是指老年夫妇以及老人与子女在经济上的相互依赖关系。根据调查资料，从老人的角度看，有两方面要依靠子女，一是那些没有收入的老人，靠子女赡养的占无收入老人数的41%，这是无收入的老人回答“依靠什么生活”的问题时比例最高的一项，它反映了老人对子女在经济方面的依赖关系；二是对患病或身体不好的老人来说，他们需要子女照顾。因此在回答“您生病时，主要靠谁照顾”的问题时，在老人的回答中，除了“老伴”以外，选择子女媳婿的最多，这也反映了老人对子女的依赖。

如果从子女的角度来看，子女对老人的依赖也是多方面的。从老年人承担家务劳动的情况来看，老年人在离开工作岗位后，有相当一部分人在家中料理家务，而在经济上帮助子女也是一个重要方面。据统计，在老人与子女合居的家庭中，大多数是子女只交生活费，老人的收入全部放在了家庭开支里。在分居的家庭中，老人对子女补贴是常事。补贴的形式有给子女和孙子女、外孙子女购买东西，子女媳婿吃住不交钱等，这说明老人在经济上给子女支持较大，或者说子女对老人的经济依赖较大。除以上两点外，老人对子女的帮助还表现在一个重要方面，即抚养和教育他们的第三代。

在591位老人中，帮助抚养和教育孙子女、外孙子女的老人有287人，占总数的40%。这说明，除了目前没有孙子女或外孙子女的老人外，大部分老人都看管和教育过孙子女、外孙子女；其中，有30%的老人照看过三至四个孙子女。在我们问“您照看孙子女、外孙子女的主要原因是什么”时，有41%的老人回答是“因为我不上班，看孩子自然成了我的事。”25%的老人是认为“自己看比别人放心”，还有34%的老人由于其他种种原因而照看孩子，在这些人中，只有8.7%的老人是因为无收入、靠子女赡养，只得帮助带小孩。这些统计表明，照看小孩，主要是老人为子女帮忙。

（四）老年人在家庭中的地位和作用

老年人在家庭中一般都具有举足轻重的作用。从这次调查来看，在有答案的506个样本中，在“家庭经济支配”中具有“决定作用”的老人占54.2%。这一般是指有固定收入的老人，特别是收入较高的老人。选择“有发言权，但不起决定作用”的老人占29%，“不起作用”的占13.8%，同时还存在其他情况的占3.2%。在家庭经济支配中，不起作用的多是没有固定收入而只能依靠或子女的经济收入生活的老人。

日常开支由老人自己管的占46%，由老伴管的占34.3%，两项相加达80%以上。至于老人自己的收入，主要是由老人本人（占50%）和老伴（占30.3%）支配。

在家庭遇见大事方面，具有“决定作用”的老人占46.8%；有发言权，但不起作用的老人占34.8%；不起作用的老人占14.6%，“其他”情况为3.8%。

在有答案的449个样本中，对子女婚姻起决定作用老人占19.6%；有发言权，但不起决定作用的老人占47%；不起作用的占29.2%；“其他”情况为4.2%。

以上统计说明，老人在家庭经济支配方面，在处理家庭大事方面，大部分老人都能起决定作用或提出参考意见，在这两方面不起作用的只19%左右。但在子女婚姻方面，老人起的作用却是不同的，起决定作用的只占19%，不起作用的占30%，有发言权，但不起决定作用的占47%。这些表明老人对子女婚姻问题完全改变了旧社会“父母之命，媒妁之言”的观念。

（五）老人与家庭成员之间的感情联系

在我们提出“在您的亲属中，您最疼谁”的问题，回答疼儿女的是第一位，占51.3%；回答疼老伴的占21.5%，回答疼孙子女、外孙子女的占26.3%。在回答“在您的亲属中，谁最疼您”的问题，回答“儿女”的是第一位，占55.1%；回答“老伴”的占31.2%，回答“孙子女、外孙子女”的是第三位，占13.7%。

从这个统计看，在回答这两个问题时，都是“儿女”占第一位。这说明父母和子女之间的关系是非常和谐的，互相疼爱，表现一致。老人对孙子女、外孙子女的疼爱却超过了孙子女、外孙子女对老人的疼爱。

在问到“您的家庭乐趣是什么”时，大多数老人填写“家庭和睦、合家团聚”，其次回答与孙子女、外孙子女一起逗玩。这些回答都说明了老人与家庭成员之间的感情是密切的、和睦的，同时也说明老人期望过那种和谐美好的家庭生活。

总的说来，现在的老人家庭成员之间的关系是比较好的，这种说法并不意味着两代人之间在生活习惯、兴趣爱好等方面没有矛盾,只是说这些矛盾一般还不至于导致家庭关系的紧张甚至破裂。当然,在一般情况之外,也有个别现象存在。在我们的调查中,子女和父母关系较紧张,家庭破裂的也还是存在的,尤其是婆媳关系紧张的,占了不小的比例。

三、老人精神生活

精神生活包括的内容很广,在这里我们从老人的身体状况、心理状况社会活动和社会交往及兴趣爱好等方面进行调查。

(一)身体状况

老人的精神生活是否愉快,与身体状况有直接影响。

在有答案的579个样本中,无病且身体很好的老人有124人,占21.4%;无大病但体质差的老人165人,占28.5%;有病但不影响行动的有198人,占34.2%;属于重病、残疾、高龄等不能自理的老人占16%。这个统计表明,老人健康状况良好和一般的占83%,其余的老人身体状况不好。这情况对老人来说是不容易的,因为随着年龄增长,身体内各器官也随之老化,患有各种疾病实属正常。但是有这么多的老人身体状况良好,从侧面反映了老人生活安定,生活水平、医疗水平正在逐步提高。

(二)老人心理

(1)关于老年人生的自我评价:

下表16　您对人老了以后的感受是

类别	人数	%
不服老,还想为社会做点贡献	213	40.9
虽然不能工作,但还能做点家务,支持别人干四化	105	20.2
虽然自己不行了,还愿多活几年	100	19.2
精力体力不行了,没用了	54	10.4
岁数大了,拖累别人,成了包袱	25	4.8
其他	24	4.6
合计	521	100

从这个统计看,60%的老人对老年人生的评价是充满热情和理想的,他们不服老,愿为四化做贡献,即使自己不能直接为社会做贡献,也愿以微薄之力,支持子女干四化;另有20%的老人意识到自己不行了,只是盼着能多活几年。这两种态度都是比较积极的,是健康向上的。还有15%的老人认为自己没用,成了家庭社会的包袱。这样消极的心理不利于老人的健康,给老人的精神生活带来了阴影。如果分析原因,这种心理的产生,除了因老人是身体不好,年岁太大等主观因素外,还有子女和社会对老人不够尊敬的问题,也是不可忽视的外部因素。

关于子女和社会对老人的尊敬情况,老人的评价是这样的:有14%的老人认为社会对老人很尊敬,52.3%的老人认为比较尊敬,33%的老人则认为不太尊敬或者很不尊敬。从家庭看,有45%的老人认为子女对老人很尊敬,50%的老人认为比较尊敬,只有5%的老人认为子女对老人不太尊敬和很不尊敬。这个统计说明,家庭内老年之间的关系是融洽的,而社会也是大部分人对老人是尊重和比较尊重的,这都反映了我们社会风貌是良好的。但是看不起和嫌弃老人的人仍然占有一定比重,应该引起有关部门重视。只有改变了这种不良风气,才能使老人真正感到自己在社会上不是多余的人。

(2)老人需求。老人对社会提出需要,反映了老人心理的另一个侧面。在回答"您最需要得到满足的东西是什么"时,回答"希望个人身体更加健康"的是第一位,占30.1%,这与老年人生的自我评价是一致的,老人都希望长寿。要求住得更好一点是第二位,占20.7%;希望个人有成就,为社会多做贡献是第三位,占13.7%。以下的顺序是吃得更好一点,家庭生活更加美满,文化生活更加丰富,得到他人更多的尊重,社会交往更多一点。

(3)老人的后顾之忧。为了了解老人的心理,我们还调查了他们最担心的事情。他们最担心的事情是什么?若排列顺序的话,人数最多的是担心自己的健康,占40%;其次是担心物价上涨,收入不够安排生活,占24.6%;再次是病后的照顾问题,被社会遗忘的问题,还有其他各种担心,共占35.4%,这与前面反映的情况是一致的。老年人首先关心自己的身体健康,生活稳定,然后才考虑为社会多做贡献。这些要求合情合理,党和政府应尽力为老年人办好事,让他们老有所乐,老有所为。

（三）兴趣爱好、文化娱乐

下表17 老人兴趣爱好项目分布表

类别	科技	文化	医疗保健	健身知识	烹调	缝纫	花卉栽培	养鱼	养鸟	音乐
人数	58	38	45	54	20	7	41	2	8	3
%	15.7	10.3	12.2	14.6	5.4	1.9	11.1	0.5	2.2	0.8

类别	戏剧	书法	绘画	篆刻	棋类	牌类	摄影	家庭管理	儿童教育	其他	合计
人数	1	26	4	2	5	3	3	5	10	34	369
%	0.3	7.0	1.1	0.5	1.4	0.8	0.8	1.4	2.7	9.2	100

这个统计说明，在武汉市市区，相当多的老人有兴趣爱好，闲暇活动丰富多彩。在这些老人中，有近60%对健身、琴棋书画、烹调、缝纫、家庭管理等知识表现出很大兴趣，还有些老人对戏剧表现出了兴趣。这些娱乐活动既有益于老人的身心健康，又能陶冶情操，寓学习、娱乐于一体，是老人精神生活愉快的表现。

（四）老人的社会活动和社会交往

老人的精神生活，除了闲暇时间的娱乐爱好外，还有一大部分是用来从事社会活动，特别是对有一技之长的老人，还要为社会继续工作，发挥余热。

据统计，在336名离退休人员中，目前还在从事补差工作的有62人，占离退休人数的18%，另有82%的老人没再工作。据我们分析，在这82%的人群中，可能还有人在干补差，但出于各种心理原因，不愿回答关于补差情况的提问。因此，真实的比率估计是近1/3的人在拿补差，还有1/3的人确实丧失了劳动能力，而另有1/3的人是不愿意再工作。

在62名正在从事补差的老人中，从事技术业务指导的有8.7%，当管理人员的有12.9%，供销业务人员4.8%，技术人员8.1%，勤杂人员17.7%，在居委会工作的有22.6%，另外还有其他各种情况的人共占24.2%。

目前，武汉市离退休人员再工作的原因是多方面的，那种纯粹为了增加收入的老人所占的比重并不大。老人退休后再工作可以调节精神生活，对社会来说，可以发挥老人的余热，是对国家、集体、个人都有利的事情。

从我们对老人关于社会活动的调查看，老人们很缺乏社会交往活动。因此在回答“您最需要得到满足的东西”一问中，只有1%的老人回答“社会交往更多一点”。这是一个值得注意的问题。为了丰富老人的精神生活，开阔老人的视野，应多多开展社交活动。

四、老人的社会管理

老龄人口的增加和离退休的队伍的不断扩大，给管理工作提出了一系列的要求。三中全会以后，党和政府十分关怀退休职工，退休费逐步提高了，生活安排也比较好，但还有不少地方没有得到很好的解决。

比如对老年人的管理工作什么部门负责最好，在有答案的442个问卷中，有46.8%的人回答“原单位”，16.5%的老人回答街道，6.8%的人认为街道和单位同管，24%的老人则要求设置专门机构，主张其他办法的占5.9%。

老人离退休后，原单位对他们的态度怎样呢？有7.8%的老人回答“比以前更关心”，43.7%的人回答“和以前一样”，有48.5%的人认为“不如以前关心”。这些统计说明，除了少数单位对离退休人员比以前更关心外，近半数的老人认为原单位不如以前关心自己，因此老人都有一种“人走茶凉”的感觉。尤其是那些离休老干部，他们在位时门庭若市，离休后门可罗雀，这样的反差对老人的心理健康很有影响。这说明我们的管理工作还存在不少问题，应认真加以解决。

对我国现行的养老制度，老人们的评价又如何呢？有46.1%的老人回答满意，38.9%的人回答比较满意，13%的人回答有点意见，只有2%的人觉得不满意。这就是说，有85%的老人认为我国现行的养老制度是不错的，它反映了社会主义制度的优越性。而15%的老人对我国现行养老制度有意见或者感到不满意，说明我们的养老制度还有不健全的地方。因此，如何解决老有所养的问题，是我国老龄问题中的一大课题。

在老人的社会管理和社会服务中，还有一个重要内容就是医疗保健问题。

疾病，特别是慢性疾病是老年人的一大问题。在这次调查中，我们发现在身体不好的老人中近有40%患有高血压和心脏病，24%患有慢性支气管炎和胃肠病、糖尿病，还有其他各种常见老年病患者占36%。

从老人医疗费用情况的统计看，有73%的老人享受公费医疗，27%的老人为半自费和或自费。据有关统计，武汉市老年人有公费医疗的占55%，45%的老人是半自费或者自费。我们统计的结果是公费医疗比例占绝大部分，这是因为我们的调查对象大多数是退休工人和知识分子，无职业老人比例较小。

看病是否方便对老人来说尤为重要。在调查中，有80%的老人回答方便或者还可以，有20%的人回答“不方便”。

在医疗保健方面,老人提出了不少要求,若按顺序排列的话,排在第一的是就近医疗,第二是定期身体检查,第三是改善服务态度,第四是提高医疗技术,第五是减少手续,第六是设立家庭病床。

从老人所反映的以上情况看,值得注意的问题有以下两点,一是近 1/3 的老人看病需要自费或半自费。目前我国医疗费用还比较低廉,但人们收入也不高,加上老人多病,有的慢性病是长年累月,若全部是自费,的确花销不起,尤其是那些无收入的老人,威胁更大,困难更多。二是医疗保健措施缺乏。

五、城市老龄人口的主要问题

以上是我们对 591 位老人基本状况的概述,它只是反映了武汉市老人生活的一般情况。武汉市老龄问题现状如何,老年人生活中存在一些什么问题,其原因都有哪些?为了找出这一系列问题的答案,我们在抽样调查的基础上,还同时做了全面情况的静态资料收集,包括典型个案的走访调查,经过综合分析,揭示出以下问题。

(一)部分老年人经济生活有困难

从我们这次的调查结果看,在 591 个样本中,有近五分之一的老人没有收入,他们主要靠老伴或子女赡养;在有收入的老人中,还有 19 人的收入在 30 元以下,59 人在 40 元以下。对这一部分老人来说,这样的经济条件在当前情况下,只能维持基本生活,若部分消费品价格上升,老人的生活就会发生困难。因此当我们问到老人“您最担心的事情是什么”时,有 24.6% 的老人回答“物价上涨,收入不够生活”。从这些回答可见,老人尤其关心物价变化,要求控制物价。这个问题应引起重视。在改革中若涉及物价的变动问题,应采取措施防止这些老年人的生活水平出现下降。

如居住在汉口汉景村 13 号的一对老夫妇,俩人均无正式职业,无固定收入,仅有一子在街道清洁队工作,每月工资六十元左右。1984 年,儿子娶了一个农村女子做媳妇,后来又生了一个小孩。这样一个五口之家,仅靠儿子的工资生活,经济困难是可想而知的。像这类老人,既不是三无对象,不能吃国家救济,又没有固定收入,生活确实困难。

(二)住房拥挤,老人晚年生活不安宁

住房拥挤现象,是一般城市较为普遍的问题。但是受住房问题影响最大的,首先是老年人。在本次调查中，我们可以明确地看到这一点。

在557个有答案的问卷中，回答家庭有住房一间的157人，占28.2%；两间的有174人，占31.2%；三间以上的有225人，占39%，这一部分主要是武汉大学的老知识分子。若从一般的老人情况看，绝大多数家庭只有一间或二间住房，而市区老人一般是和子女生活住在一起的，二代人、三代人同居一、二间住房的现象非常普遍，其拥挤程度可想而知。在调查中，我们有20%以下的老人没有单独住房，他们与子女、孙子共居一室，还有的老人住过道、暗楼、厨房或临时盖的小屋。

此次调查统计，在290个有答案的样本中，有36.2%的老人因为房子窄小不得已同已婚子女分开住；在279个有答案的样本中，有27.2%的老人因为没有房子，所以无法和已婚子女分开。从中可以看出，居住困难已成为左右老人生活意愿的一个重要因素。另外，对474个有答案的样本进行分析看出，有46%的老人希望子女婚后都分出去单过。老人们提出这个要求，固然有多种因素造成，但由于子女结婚用房使老人居住水平下降，不能说不是一个直接原因。调查中我们还了解到，很多老人原来住房并不困难，但随着子女长大成人，结了婚而找不到房子，因而只能跟老人们挤在一起，老人们只好委曲求全了。

住房条件差，不仅对老人的健康不利，而且还会导致家庭关系的紧张和破裂。

比如说，儿女成年要办婚事，老人应该腾出好的房间，也不是没有道理，但是如果一个家庭有两个子女的话，那么儿女之间就会为争夺住房而闹得老人不得安宁。

如汉口长清里九号住有一位女性老人，她有一儿一女两个孩子，家庭住房十四平方米，为住房问题子女之间常争吵、打闹，老人的腿部曾被子女打伤。后来女婿分了房，女儿一家迁走了。老人满以为从此可以安度晚年，谁知后来儿子媳妇打架，互相指桑骂槐，要撵老人出门。老人只得又寄住在女儿家了。由于住房问题，使许多老人情绪忧愁。

512位老人在回答"您最需要得以满足的是什么"的问题时，回答"住得更好一点"的人数仅次于回答"个人身体更加健康"而位居第二，可见老人对住房的迫切要求。在本调查中老人反映的住房紧张问题，是当前普遍存在的社会问题。对于老年人来说，这个问题之所以反应强烈，一方面是老人目前居住条件确实太差，影响了他们的身体健康，另一方面，目前居住条件不好的老人多数是退休人员，由于单位分配住房不合理，他们指望原单位改善住房条件希望渺茫。而无职业的老人对这一问题更是无解,处于“无人管”的状态,因此老年人的住房问题成了迫在眉睫的社会问题。

(三)两代人之间的关系还需沟通

根据调查,老人与子女之间在经济、生活、感情上都有一定的联系,并且相互依赖,这说明老人与子女关系的主流是好的。但是,在调查中我们也发现有少数家庭的老人和子女之间存在矛盾,尤其是婆媳关系,有不少处于紧张状态,有的甚至还造成了家庭破裂,严重的造成老人自杀身亡。

如青山四六厂干部徐某某,伙同妻子骂辱徐母,不让老人吃饱、不许老人睡觉。去年8月30日晚借故辱骂老人,从晚上七点骂到凌晨三点,语言污秽、不堪入耳。老人忍无可忍,回了几句,后来夫妻俩把老人从六楼拖至一楼,使老人胸部、胳膊、腿部多处受伤。

据江岸区劳动街一个居委会反映,从1982年以来,这个居委会辖区内吞敌敌畏自杀身亡的老人就有4人。

这类事情在我们的现实生活中,尽管只是极少数现象,但对于社会生活和社会风气的恶劣影响却不能低估。当前,除了在舆论宣传上要大力倡导尊老爱幼的新风尚以外,还需要从法制建设上制定有关法令,从而切实保护老人的合法权益。

我们说两代人之间的沟通,不仅是在一般的家庭层面,更主要的是精神上沟通。现在,一般有老人的家庭,往往都是父母在经济上帮助子女,这方面的沟通倒是非常地畅通,但它不是正常的,这种状况使老人原有的生活水平降低了,有的老人还得再出去工作,无形中加重了老人的负担。但是作为子女、应该关心老人的精神生活。子女对父母的孝敬,主要表现为关心老人的精神生活,体贴老人、照顾老人,只有这样,才能使老人晚年生活得愉快、舒畅。我国是世界文明古国,历来就有敬老尊老的传统美德。随着社会主义精神文明建设和“五讲四美”的提倡,这种传统应得到更好的发扬,但是有的年轻人把这种传统抛到了九霄云外,他们把垂暮之年的父母视为“包袱”,不愿赡养,甚至百般虐待,这种恶劣行为应该引起全社会的遣责。

造成这种不良社会风气的原因大致有以下几点:

(1)十年内乱的干扰和破坏。本来“老有所养”,在宪法和有关法律中已有规定和体现,但在十年内乱中受到了破坏,正确的东西被颠倒了。

(2)资本主义不健康东西的影响。西方不少国家的青年人把老人看成令人讨厌的累赘,子女们绝大部分不愿赡养年迈的双亲,甚至不给老人必要的照顾乃至必要的亲情温暖,而社会舆论则把这看成“理所当然”。这是当代资本主义制度下一些国家的“现代化”通病之一。

我们是社会主义国家,这种痼疾不应在中国出现,子女赡养老人、孝敬老人,是我们优越于资本主义制度的一个方面。

(3)对青年人的思想教育工作存在不少缺陷,特别是缺少法制教育。由于法制观念淡漠,有些青年人的行为触犯了法律,自己却不知道是在犯罪。

(四)“余热”未能充分发挥

离、退休是人的一生中发生重大变化的时刻,骤然离开工作岗位,会使许多人感到不适应。而大多数老人没有找到合乎自己志愿的事情,生活中出现了空白,不少老人只好在马路边、树荫下以下象棋、打扑克、抹撮牌来消磨时光。如何大力开发和利用这部分社会智力资源,使这些老人余热生辉,老有所为,成了老龄问题中的重要问题。老有所为,不仅对社会大有益处,而且也是广大离休人员的迫切愿望和强烈要求。

从我们调查的情况看,在591位老人中,有127人仍然坚守在原工作单位,这主要是武汉大学的老年教师。另外有62名离退休人员又走上了新的工作单位,其中有17.8%的老人从事技术业务指导工作,13%的人当管理员,4.8%的老人从事供销业务工作。据调查,全市共有近十万离退休人员仍在继续工作,他们正以自己的文化和专业特长为人民造福。例如,以离退休老人为主体而创办的武汉成才自修大学,从开始招生到现在只用了11个月,由于他们严谨的办学精神和对社会对学生的高度责任感,使得他们已成为武汉地区影响较大的学校。

以上事实说明在老年人中蕴藏着宝贵的财富,开发和利用好这一财富,对社会、对国家、对老人本身都有非常积极的意义。但是目前我市的老年人智力资源并没有得到充分利用,老同志的“余热”未能充分发挥。在调查的591位老人中,除了仍在工作的老人外,还有58%的老人表示愿意继续工作。其中有31%以上的老人身体状况很好,年龄也不算很大,但是由于各种原因,一直没有找到合适的工作,若按照这个比例推算,全市目前有十万左右离退休人在社会闲散或从事家务。

离退休人员的余热为什么不能充分发挥呢?我们认为有主客观两方面的原因。从客观方面看,主要有两点,第一是活动太少,缺乏统一的组织管理,因此有的老人找不到献余热的途径;第二是已经组织起来的活动宣传力度不够,例如离退休人员献余热与打击新形势下的不正之风,如何严格区分界限,有不少老人还搞不清楚。有位老干部自筹资金办起了家庭养鸡场,有人说这是干部经商,这位老同志担心犯错误,就把养鸡场停了。像这种类似的情况还有许多。若从主观方面看,有的老人因家务过重、不能脱身;有的则缺乏专长,报国无术等等,这些都是妨碍献余热的原因。

六、有关老龄问题的建议

解决老龄问题,既是现实问题,又是战略问题。据有关方面调查,武汉市市区60岁以上的老人占市区总人口中的9.03%,预计到1990年为12.27%,1995年为13.63%,这个比例在全国各大城市中仅次于上海、北京、天津,算是前几位了。这种人口年龄结构日益老化的发展趋势,必将给我市经济、政治、社会发展等方面带来一系列问题,对此我们应该有充分认识,应采取相应措施,及早规划,组织协调,综合治理,通过全社会的共同努力,来有效地解决老龄人口问题。为此,我们特地提出以下建议:

(一)提倡敬老社会风尚

早在春秋战国时期,我国就有人提出"使老有所终","鳏寡孤独废疾者皆有所养""老吾老以及人之老"等一系列思想和主张,这说明我国早在2-3000年前,人们就有解决"老有所养"问题的愿望。历代统治阶级为了巩固其统治,曾经采取过一些解决办法,例如西汉时期就有了养老尊老的法律,规定70岁以上的老人由朝廷赐予"王杖",持"王杖"者,将会在社会上享有优先和照顾,如果有人敢于侮辱持"王杖"的老年人,按蔑视皇上罪处死刑。在我国几千年的封建社会中,在"三纲五常"的伦理观念支配下,年老一辈的家长一般都能受到子孙的孝敬。现在我国宪法中有老年人获得物质帮助的规定,婚姻法也有关于子女对父母有赡养扶助义务的相关规定,这些都体现了老传统新教养的社会主义新内容。

为了继承和发扬尊老、敬老、养老的优良传统,建设有中国特色的社会主义,我们必须把尊老敬老养老的教育作为共产主义道德教育和社会主义建设的重要内容,具体地说应采取以下措施:

(1)在学校教育中,应加上尊老敬老的教育。现在的中小学生守则中只有"尊敬师长,团结同学"的规定,而没有敬爱父母,尊敬老人的规定,应该把这方面的内容,补充到守则中去。在学生的教材中应选择一些古今中外的典型事例,培养学生尊老敬老的道德品质。

(2)广泛开展舆论宣传、培养和表扬先进典型,揭露和批评歧视老人的不良倾向。

(3)开展尊老敬老,慰问离退休老红军、老干部、老工人,为“三老”做好事的社会活动,并把这些活动纳入社会主义精神文明建设的活动中去。国外有“老人节”,我们也可考虑开展尊老敬老周、尊老敬老月活动,以便用各种形式营造尊老敬老的社会风气。全社会从政府到各人民团体,特别是青年团都应对青少年加强尊老敬老教育。

(二)保障老人权益

我们是社会主义国家,劳动者是国家的主人。他们在年富力强时负有参加国家建设,为社会贡献力量的义务,在年老体衰时,也理所当然地应当受到社会的尊重,享受为国家所保护的合法权益。当前的情况是,一方面,保障老人合法权益的具体法规制度还不健全;另一方面,社会上确实还存在歧视老人的现象,存在虐待父母的子女。因此,除在舆论宣传上要提倡尊老养老新风之外,制定有关保护老人权益的具体法规也成了当务之急。我们认为,这类法规主要应具体解决以下问题:

(1)维护老人的经济利益,保障老人生活条件,对于老人的合法收入应给予特别保护。对于没有经济来源和经济来源不足的老人,应该从法制上具体规定解决的途径。

(2)保障老人的人身权益。凡对老年人语言粗暴、辱骂、遗弃,或故意冷遇、故意干扰使老年人不得安宁者,应由所在单位或居委会批评教育;若屡教不改,应给予行政处分,情节严重者,应给予刑事处分。凡是虐待和殴打老年人致伤至死亡者,应按刑法规定从严惩处。凡老年人因不堪子女虐待坚决要求脱离父子或母子关系者,应得到法律保护。

(3)保障老人的民主权益。其中应包括老人参加国家管理和社会管理的权利。老龄委员会应保护老人的合法权利,直接受理老人的申诉,对于侵犯老人合法权利的不良行为有义务交付司法机关处理或向有关单位申诉。

公安局、法院、居委会等都要关心老人问题,主动调查研究,及时做好调解批评教育工作。如果有虐待行为,或虐待致人死亡者,都要绳之以法,决不能囿于

“清官难断家务事”这种陈腐的观念而置之不理。

(三)加强老人管理和服务

关于解决老人住房问题的建议

为了解决老人居住问题,在不增加国家负担的情况下,根据我市的实际,应从两方面做好工作。

(1)从缓和一部分老人住房困难入手,着重解决没有正式住房老人的居住问题。具体做法应为:市政府需统一规定,要求今后各单位在分配住房时,应将退休人员与在职老工人同等对待,且要优先照顾退休人员。每个人都有晚年,不能让青壮年时期为社会做了贡献的老人居住困难。这个要求应成为各级主管部门考虑分配房屋问题的出发点。

随着商品经济的发展,民用住宅商品化的趋势也越来越明显。我们建议,有关部门在出卖这些商品性住宅时,在照顾知识分子的同时,还应照顾居住困难的老年人,在可行的情况下,地点和楼层应由老人优先选择。

(2)从战略的角度,采取多种形式,兴建老人公寓。

开办老年人公寓可以解决一些经济条件较好的老人的问题,建设公寓可以不用国家花钱,而采用银行贷款或筹集资合作方式。办好公寓需两个条件,一是要选一个事业心强、有经营管理能力的经理;二是要选一批好的服务人员。创办老年公寓有这样几点好处:

①能够做到老有所养,体现我国社会主义制度的优越性。

②可消除或减少“无人养老送终的后顾之忧”,有利于计划生育工作的开展。

③可减轻家属的负担,有利于人们搞建设。

④可吸收社会闲散劳动力,解决一部分人的就业问题。

⑤有利于组织老人进行学习以及开展文娱体育活动。

关于建议开设老年用品商店的建议

武汉市现有老年人30多万,但迄今为止,尚没有一家专门为老年人开设的用品商店,仅在两家服装店里,有卖老年服装专柜。随着老年人口的增加,老年人吃、穿、用的供求也会大幅增加,因此在我市设立老年用品商店很有必要。这是老年人消费生活中的大问题,商业部门应根据老年人的兴趣、爱好、要求来组织产、供、销,一定会受到老年人的欢迎,同时也会促进消费和生产。

关于进一步开展家庭劳动服务,为老年人排忧解难的建议目前,家务劳动社会化的程度不高,家务劳动又是人们生活中不可缺少的一部分劳动,尤其对年老体弱,无人照顾的老人,困难重重,有关方面应组织社会闲散劳动力,开展为老人衣食住行服务的有偿服务活动,积极帮助解决老人生活中的难题。

关于针对离退休老人的实际需要和心理特点,开展多种形式文娱体育活动的建议

兴建老年文化宫、老年俱乐部一类的社会交往和娱乐场所,要像重视兴少年儿童文娱场所那样重视老人的文娱活动场所。可组织老人出外参加旅游,观瞻市容新貌,也可组织各类老年运动等体育活动。园林部门应该为老年人开展文体活动、浏览公园提供方便。

关于老年人医疗问题

在"五所"中,若"老有所医"的问题解决不好,其他的"四所"都难以做到。因此必须把"老有所医"的问题放在重要位置。为此我们建议卫生医疗系统为老年人定期体检,定期复查,建立家庭病床。为解决老年人看病难、住院难,医院应专设老年门诊老年病床等项目。

社会上的各种药店,都应本着为人民服务的精神为老年人提供服务。现在药店买药的恐怕大多数是老年人,因为这样可以避免看病拿药的问题。所以,对老年人一定要态度好,认真察好病情,问清药名,讲解药的用途等等,以便为老年人提供各种方便。

关于"老有所为"的建议

如何搞好老年智力资源的开发和利用,把老年人的余热都充分发挥出来,真正做到老有所为,需要解决主、客观两方面问题。

从主观方面看,作为离退休者,应根据自己的经历,特长和喜爱,选择新的工作,找到为人民服务的新的途径。

从客观方面看,要充分发挥老同志的作用,根本途径还是在于组织。老同志离退休后,已经不再有固定的职务和任务,也没有固定的工作条件和制约关系,在这种情况下,一定形式的组织工作就成了他们能否发挥作用的关键性因素,因此有关部门应做好组织工作。我们认为,搞好老年人发挥余热的组织工作,应按照因材使用、各尽其长的原则,采取分层次,多渠道、多种形式开发和利用老年人才的方法,做好组织工作。具体地说,有以下几条渠道:

一是原单位可以组织本单位的离退休干部组成智囊团,为本单位的生产和建设做调查研究工作,并给职工群众宣传党的方针、政策,同时做好职工的政治思想工作。

二是有关科技部门应根据社会需要,组织有专长的老人,承担社会或本单位的业务咨询和技术服务工作。

三是在街道,组织居住在本区域的老同志成立社会服务组织,以承担社会或本单位的业务咨询和技术服务工作。

四是成立各种老同志活动室、老年之家。组织老人开展琴棋书画,谈天说地等活动。

五是把操持家务、建设文明家庭作为离退休人员发生社会作用的重要途径。日常的家务劳动已成为人们普遍关心的社会问题,在近期内实现家务劳动社会化是不太现实的,因此老人从事家务劳动是必不可少的事情。

以上五个方面只是老人发挥作用的一些主要途径,从中可以看出,离退休老人在单位、社会和家庭都有广阔的用武之地。

七、加强老年社会学的研究

老年社会学的研究范围十分广阔,研究内容十分复杂、研究任务十分重要,而在我国,老年社会学的研究才刚刚起步。为了使老年社会学的研究工作富有成效,加强老年社会学的学科建设已成为当务之急。

首先是需要组织研究力量,实行专业机构和实际工作部门、专业研究人员和实际工作者相结合,以建立一支专业人员和实际工作者相结合的科研工作队伍。

其次是把老龄问题的研究纳入计划,对研究工作加强协调和组织攻关。目前,全国许多省市已经开展了老龄问题的调查研究,但力量分散,课题重复,如能加强协调、集中力量,那么这方面的工作成效就一定会更大。

“老有所为”乃“老之所望”

——略论分层次、多渠道开发老年资源

一

随着物质生产的发展和科学文化水平的提高,人们的寿命正在显著延长,老年人在人口结构中所占的比重也越来越大。以武汉市为例,1950年代末城区人口为209万,65岁以上老人仅56,000人,占总人口的2.68%;1970年代末,城区人口发展到235万,65岁以上的老人增加到12万,占总人口的5.7%;预测到1990年代,全市65岁以上的老人可达人口总数的7%。按联合国的标准,65岁以上的老年人占总人口的7%,即为“老年型地区”,所以武汉市1990年代将步入“老年人地区”行列。老年人比例增大,说明物质文化生活水平的提高,同时也使社会负担加重。怎样使老年人安度晚年,也就是真正实现“老有所养、老有所医、老有所学、老有所为、老有所乐”,已成为我们研究老龄问题的重要课题。它既是一个理论问题,又是一个越来越迫切的现实问题。

我们认为,以上五个“有所”之间既相互联系、相互作用、相互影响、相互制约,又各有侧重。其中“老有所为”是关键的一环;“老有所养”主要指老年人的赡养,老年人的社会地位和作用,老年人福利和社会保障以及为老年人服务等;“老有所医”主要指研究老年生物生理变化及老年疾病预防和治疗、老年康复、老年护理等;“老有所学”主要研究老年人智力状况及老年人的学习内容、学习方法、学习组织形式,为老年人知识更新和再工作提供学习条件;“老有所乐”主要指如何利用和支配余暇时间,培养和指导老人的兴趣爱好,积极开展多种形式的文体娱乐活动,丰富老人的闲暇生活。这四个“有所”都体现了社会主义国家对老年人的关

心、爱护,是社会主义制度优越性的一个标志。但是,新中国的老年人也深知"人生的价值不是向社会索取,而是为社会做贡献。"所以,"老有所为"是从更高层次、更积极的老年人生观的角度提出的。老年人离退休,是社会的自然代谢,无法抗拒,问题是在退出第一线后,如何使晚年生活丰富多彩,充满乐趣,而不至感到"突变",茫然若失,陷入无聊、苦闷,则是许多老人面临的突出问题。"老有所为"就是针对这个现实问题提出来的。如果"老有所为"的问题解决得好,也更有利于其他上方面的落实,更好地实现老有所养、所医、所学、所乐。从我国目前状况看,"老有所养""老有所医"这两方面还是做得比较好的,尤其是已经创造和形成了一套具有自己特色的养老办法,即国家、社会、家庭三结合的方法,在国际上引起了广泛的兴趣和赞赏。"老有所学""老有所乐"在一部分智力结构较高、有一定爱好和专长的老人中,也比较好解决,而对于大多数文化低、无专长、身体尚好的老人,特别是退休老工人来说,最迫切要求解决的是"老有所为"。这不仅是他们不甘寂寞,要为社会再做贡献的愿望使然,更是他们晚年生活的实际需要。

二

现在,我市离退休职工已达32万多,其中大量的是退休工人。据我们调查,在我市这支庞大的离退休职工队伍中,仅有30%左右的老年人失去劳动能力,其余70%都具有一定的劳动工作能力。但是,目前全市尚有10万以上的退休职工处于无所事事的状态。这不仅造成了劳动力的浪费,而且也给国家、社会、家庭和老人本身都带来一系列问题。

(一)造成社会劳动力的浪费

一个人达到了老龄标准,或者说达到了法定的退休年龄,并不是有效劳动的终结。从现实情况看,这些退下来的老同志大多数能继续有所作为,但由于种种原因,他们没有找到合适的事情做。现在客观上存在一种"有些事无人干,有些人无事干"的状况。例如交通、市场、环境这一类的事情,一般的年轻人不太愿意干,认为这些工作低人一等,报酬又低,连找对象都受影响,即使不得已勉强干,有些人也是不安心、不认真、没热情。而那些退下来的老同志,尤其是较少文化,没有专长的老工人,又找不到可以干的情事,生活中出现了空白,有相当一批人是在马路边、树荫旁、路灯下靠打牌下棋消磨时光。这部分人从年纪看,不算太大,从身体看,健康状况都在良好和一般的范围内。这些老人不仅有再工作的条件,也有再工作的愿望。据我们今年4月份的调查,目前社会闲散老人中有53%表示愿意继续做些工作,但由于找不到合适的工作,实际处于无事可干的状况。这实际是一种劳动力资源的浪费。

(二)引起老人家庭的矛盾

离退休,对于老年人来说,是一生的重要转折点。由于工作、环境、生活都发生了急骤变化,短时期内难以适应,不少老人出现心理变态。在家庭里,他们动不动就训斥子女,容易多心,对一些细小的事情都不放过,找家人的"岔子",唠叨不止,再不就是发一通怪脾气。有的子女对老人退休在家,收入减少,不能正确对待,经常发生矛盾,致使一些退休老人心境不佳。

(三)影响老人的身心健康

人到老年,不仅由于新陈代谢机能衰退引起机体衰老,而且在心理机能和精神活动的个性特征上也相应产生了变化。如离退休以后没有马上找到新的有所作为的事情,致使环境变化带来一系列心理变化:(1)过去他们做的、说的、想的、接触的都离不开社会,这已经成为习惯。退休以后,没有新的社会活动,时间一长,便觉得无所事事,有一种被社会抛弃、孤寂无聊之感。(2)过去他们忙忙碌碌,现在看见别人紧张地工作,自己成了照顾的对象,便容易产生"无用了","活着没什么意思"的悲观自卑心理。(3)现在回到家里,看见一点不顺心的事情就烦,容易产生情绪上的烦恼和苦闷。我们碰到过这样的老同志,一个月前还精神铄矍地在台上做报告,退休不久就老态龙钟,步履维艰,简直令人有"一日三秋"之感。问他何以如此,他说退休后无所事事,好像精神支柱垮掉了。还有个别老人因孤独寂寞,加上不注意晚节的修养,甚至走上了犯罪的道路。从以上情况看,退休老人如何度过余生,怎样才能使晚年生活充实、愉快、有意义,成了摆在老年人面前、也是整个社会所要面临的严峻课题。

三

20世纪初,发达国家人口平均寿命不过50岁,现在平均寿命最高的国家已达75岁。我国人口的平均寿命,从新中国建立初期的35岁提高到现在的69岁,京津沪等大城市已达73岁。我市现在达到70岁。一个人从离退休到辞世,平均有15至20年的里头,相当于从出生到高中或大学毕业的时间,或者相当于原来工作时间一半左右的时间。有的老人还要更长些。这么长的岁月该怎样渡过?有的人在他前60年的人生舞台上扮演了重要的角色,演出了许多有声有色的话剧。一旦离退休以后,便精神空虚苦闷。因此有的老同志自然会产生另一方面的要求,希望能继续有所作为,摆脱烦恼和苦闷。

在一些老龄化比较突出的西方国家,出现了“第二人生”的新名词,有的国家还办起了“第二人生”学习班,让那些离退休以后的“准老人”通过各种学习,消除感情上的被动和精神上的压力,从而使许多老人求生意志增强,消极的灰色意识大大下降。在我国,“老有所为”的问题越来越受到社会和人们的重视,并且已经摸索出了一些行之有效的办法,这是社会主义制度优越性的体现。

日本人把60岁以后生命称为“第二生命”,是有一定道理的。因为一个人的学识经验乃至思维能力即“固定智力”,是随着年龄的增长而增长的。这种智力对于运用已经掌握的知识的能力,对于理解和解决现实问题是十分重要的,而这点又往往是年轻人所不及的。所以我们说,我市32万离退休人员都是社会的财富,他们中间蕴藏着宝贵的智力和劳动力资源。

“老有所为”也有客观可能经性。在中外历史上,有不少“大器晚成”的典型事例。恩格斯在出版马克思的《资本论》第三卷时是74岁。他在71岁生日时说,“我将以我还余下的有限的岁月,和我还保存的全部精力,一如既往地完全献给我为之服务近50岁的伟大事业——国际无产阶级事业。”这一段话是恩格斯晚年生活的写照,他给我们的老同志树立了光辉的榜样。达尔文、巴甫洛夫、爱因斯坦等在70岁以后都还搞出了许多有价值的成果。我国著名的国画家齐白石先生,儿童时代放过牛,青年时代做过木匠,一直到老年才专门从事美术创作。他的绘画艺术,一直到6、70岁才达到炉火纯青的地步,80岁以后,还为后人留下了宝贵和精美的艺术珍品。这都说明,“老有所为”在一定程度上有历史的必然性。

“老有所为”的问题解决得好,对社会、对国家、对老人本身都可以带来好处。从我们今年4月进行的市区老年人状况调查来看,我市的这支离退休职工队伍已经有相当一部分得到开发和利用。

在这次调查的591位老人中,现有127人仍坚守在原工作单位,这主要是知识分子集中的社区,如武汉大学的老年教师等。另外有62名离退休人员又重新走上了工作岗位,其中有17.8%的人从事技术和业务指导工作,13%的当管理人员,4.8%的从事供销业务工作,还有64%的人从事勤杂、居委会治安联防等工作。据调查,全市有近10万离退休人员仍在继续工作。

例如,以离退休老人为主的武汉成才自修大学,现已成为武汉地区影响较大的学校,专业有17个,学生有4000人,并为50名待业青年提供了就业机会,为80名离退休人员提供了发挥余热的场所,今年经过学校的大专班参加武汉地区高等教育自学考试统考,双科单科合格者有290人。

去年5月份成立的江岸区退休工程师协会,成员由开始和60余人增加到120余人,专业有机械、土建、电器、综合技术等,最高年龄有70多岁,他们一年多来承担了60多项科技科研任务,为工厂进行咨询几十项,他们收费低廉,为国家和企业节约了大量资金。

以上事实说明,发挥老年人的余热,不仅是可能的,也是可行的,而且还能给社会、国家和老人本身带来许多好处,可说是“益在社会、功在国家、乐在老人”的好大事。我市老年人的智力和劳动力资源远远没有得到充分利用,尤其是大量的退休工人余热没有充分发挥。全市约有10万退休人员在社会闲散或从事家务,其中至少有半数以上的老人有继续工作的愿望,也有继续工作的条件。

退休老人的余热为什么不能充分发挥呢?原因有主客观两个方面。从客观看,是缺乏统一的筹划、组织和管理,因此有的老人找不到献余热的途径。事实上,适合退休老人干的事情,在现有的条件下是不少的,例如管理市场、整顿市容、维持交通秩序、打扫公共卫生等等,但这些事情既缺乏统一规划,也没有专门机构来具体组织实施,而许多愿意在这方面有所作为的老人常常感到“报效无门”。从主观方面看,有的老人因家务过重、不能脱身,有的老人缺乏参加社会公益活动的热情等等,也是妨碍老人献余热的原因。

四

为了使老人的晚年生活更丰富、更充实,我们认为应该采取分层次多渠道的办法,为老年人开辟“老有所为”的广阔天地,也可说是开辟第二职业。由于许多老人退休以后,既无固定职的职务,又无组织的制约关系,在这种情况下,统筹规划和一定形式的组织工作就成了关键性因素。发挥老同志的作用,必须从多方面着手,可以按照离退休人员管理的层次,从需要出发,多渠道地进行。

现在的离退休老人大体有以下几种类型:有专业特长的人员,一般职工,党政领导干部、老红军、老干部,英雄模范人物。

如果从离退休人员的层次出发,可以采用以下方法发挥他们的作用:专业人员发挥其专业特长;老干部、老红军、老英雄模范人物发挥其在道德教育和传统教育中的作用;无专业特长的一般职工视其体力情况可以在社会公益活动中的发挥作用。目前对离退休老干部的管理工作明确由老干部局管,一般退休干部和退休工人仍然由原单位管理,并没有专门的机构负责。而一般的退休工人比离休人员要多好多倍,因此管理好大量的一般退休人员,充分发挥他们的作用,意义重大。因此我们建议各级老龄工作机构把离退休人员统一管理起来,摸清底数,根据需要,开发和利用老年资源。具体说来,可以通过以下几条渠道进行工作:

一是原单位可以组织本单位的离退休干部形成智囊团,为本单位的生产业务建设和管理工作做调查研究,给职工群众宣传党的方针、政策,同时协助做职工的思想教育工作。

二是有关业务、科技部门根据需要,组织有关专长的老人承担社会和本单位的业务咨询和技术服务工作。他们可以为某些专业或某些企业解决技术难题,献计献策。

三是在街道,组织居住在本辖区的老同志成立社会公益服务组织。据了解,福建省三明市许多集市贸易都是聘用退休老工人为市场管理员,他们政治思想素质高,政策观念强,服务态度好,报酬也较低廉。他们把集市贸易管理得井井有条,顾客和营业人员都满意。在上海也可以看到很多老人在马路上值勤,男的手拿小红旗,维持交通秩序,女的手持扫帚,见脏物就扫,并监督行人不许随地吐痰。所以上海的街道比武汉要清洁,交通秩序也好些。今年8月8日,《参考消息》二版刊登了东京大学教授菊地昌典所写的《从上海"值勤"老人所想到的》,可知其意义重大。现在武汉市也组织了不少老人值勤,但是没有上海密集。退休老人管理市场,监督行人不随地吐痰、乱扔乱倒,比组织机关干部或中小学生临时突击效果要好得多。这条渠道所具体的特点是组织人员广泛,活动领域广阔,不需国家拿什么钱,可以"取之于民、用之于民"。北京市实行随地吐痰罚款办法,半个月收入已经20多万。这条渠道组织得好,可以让大量的退休工人大有作为,化消极因素为积极因素,给国家、社会都带来好处。

四是在街道或有关部门成立"老人之家","老年人协会"等组织。一般说来,行动不便、寂寞孤独是老年人的普遍心理和实际状况,若组织和动员这些老人成立各种协会和老人之家,可以让老人在那里谈天说地,总结和传播延年益寿的科学方法。同时这种组织本身就可吸收退休老工人做工作人员,从而给老年人办实事或开展各种形式的服务,如小卖部、小茶室等。

五是把操持家务,建设文明家庭是作为退休人员发挥社会作用的一条重要渠道。日常的家务劳动已成为人们普遍关心的社会问题,解决家务劳动这一社会问题,出路很多,最终的出路还是实现家务劳动社会化。但是无论从生产力发展水平看,还是人们的传统观念和习惯,在短期内完全实现家务劳动社会化还有很大困难。目前可行的方法是由退休人员承担部分家务劳动,以减少在职职工的家务劳动时间。老同志承担一部分家务劳动,可以密切家庭中老人与子女之间的关系,加深两代人之间的了解,共同抚育第三代。现在不少离退休老人在家里是做家务劳动的主角。我们认为过重的家务劳动,对老人的身心健康不利,老人只能是力所能及,子女应该体谅老人,共建文明家庭。老人也应该把操持家务、建设文明家庭作为发挥作用的重要途径。

以上五个方面,只是老人发挥作用的一些主要渠道。由此可以看出,离退休老人在单位、社会和家庭都有广阔的天地。总的说来,开发和利用老年资源,应按照"各尽其能,人尽其长"的原则,不论干什么,都要适合老人的具体情况,对安度晚年和社会发展都有深远意义。

老年生活与社区文化的交融与发展

在现代社会中，人们对生活的追求已不再局限于物质方面，而是要求获得物质和精神的"双满足"，尤其是精神方面的享受和文化发展的需要，已呈现不断增长的大趋势。在现代社会中，不仅要创造条件，满足青年人精神文化生活需求，更应该创造条件，充分满足老年人精神文化生活的需求，并把这一点作为社会主义精神文明社区文化建设与发展的重要内容。

什么是社区文化呢？按社会学理论对社区和文化的定义，社区是指人们在地缘上的联系，是指在一定地域内发生社会活动和社会关系，有特定的生活方式，并具有共同成员感的人群所组成的相对独立的地域社会或称生活共同体。而文化则是指人类所创造的一切东西，许多社会学家和人类学家把文化定义为由一个社会或一些人共同承认的价值观和意义体系，还包括这些价值观在物质形态上的具体化。从以上"社区"和"文化"的概念看，社区文化可以简单概括为：在一定地域范围内的生活共同体所承认的价值观和这些价值观在物质形态上的具体化。在这个社区内生活的人们，应遵从一定的习惯习俗，共同面临问题，共同解决问题。

因而社区文化的建设与发展，应该能够满足社区范围内人们物质和精神的需要，并为人们日常生活提供服务条件、服务内容、服务的形式、服务水平和质量，无论在什么形式的社区，人们日常生活的各种需求都需要由社区所形成的服务系统来满足。对于老年人来说，他们对社区服务的需要，比任何一个年龄层次的人口群体都迫切。这是由老年人自身的主观条件和社会客观条件决定的。从老年人自身主观条件看，人一到达老年期，生理机能就开始衰退，体力和智力都明显不及过去，想干的事情不一定干得了，因此许多生活中的问题必须借助他人的帮助才能解决。再从社会客观条件看,老年人离退休后,与原单位的关系不再像过去密切,尤其是老年人日常生活中的问题,不可能由原单位统统解决好,必须依靠居住地周围的自然条件和社会条件来解决。例如家住汉口的武钢退休的职工,不可能每天跑到武钢去寻求精神生活的满足,只能够在附近的娱乐设施里寻求这种满足。再从老年人与家庭中子女的关系看,随着我国社会经济的发展,旧的家庭结构已发生深刻变化,越来越多的子女婚后建立了小家庭,越来越多的老年人与已婚子女分开居住,过去那种以子女之幼由父母抚养,父母之衰由子女侍奉,彼此互为责任的伦理传统到今天已发生了很大变化,老年人的晚年生活越来越多地要求助于社区服务,即使在已婚子女与父母同住一处的家庭里,因为子女每天有自己的工作和学习,也不可能处处照顾好老年人的各种生活,总会有这样或那样的不周。因此,老年人的各种需求必须依靠社区服务系统来满足,所以我们说老年人的晚年生活与社区文化建设密不可分。

城区老年人生活需求必须依靠社区服务来满足,不仅有必要性,也已成为事实。可以说,我市城区各街道或居委会现在已形成的初具规模且较为完整的服务系列是以解决老年人问题为突破口的。这是因为近十年来,随着劳动制度改革,一批又一批老同志从工作岗位上退了下来,回到了家庭。但是随着社会现代化的发展,人们的思想和生活同整个社会的关系日益紧密,即使从劳动岗位上退了下来,这种紧密关系还是存在的,过去那种回到家庭只享受天伦之乐的方式已不大可能了。另外,随着五十年代的中青年人现在已跻身于老年群体,使整个老年人口的文化程度越来越高。他们不仅提出了老有所养的物质生活需求,还提出了老有所乐、老有所学的精神文化生活需求,且正从单一满足温饱向多层次、多形式的需求结构转变。在党和政府的关怀下,各种适合老年人生活需求的社区服务在城区里大量增加,不少区和街道还摸索出了许多好经验。例如武汉市江岸区大智街,采取街道、辖区单位、居委会、居民群众四级承包的合同制,成立了"送温暖小组""尊老爱老服务队""包护队"等形式的服务活动小组53个,参加人数近千人。这项工作的兴起,不仅满足了老年人的生活需求. 同时也大大推动了这些社区的精神文明建设。

值得一提的是街道和居委会范围内建立的老年学校,对老年人生活的影响更不能低估。据调查,在老年学校学习过的老年人,有90%增长了知识和技能,有的老人还成了专业人才。他们把所学的知识应用于社会和家庭,从而使科学、文明、健康的生活方式在老人中以至在社区内建立、提高和推广。一位离休干部对笔者谈起他在老年学校的情况,这位老干部以前不爱玩,不爱唱,现在进了街道老年学校的合唱团,学会了唱歌,不仅在学校唱,在家里也唱,还教会了他的小孙子唱“亚洲雄风”等歌曲,他的老伴善意地讥笑他是“老神经”。像这样的老同志在宝丰街老年学校里多的是,有的老人年轻时从不跳舞,现在在老年舞蹈队里却出尽风头,用她们的话说,老了才感觉到人生的情趣。老年学校的学习娱乐生活,对于把老年人从消极引向积极、从低情感引向高情感、从家庭引向社会起了重要作用,同时对社区精神文明建设也起着重要推动作用。这表现在:

其一,对青少年的的思想品德具有教育作用。一般老年人都有各自的人生和社会经验,这是他们与年轻人相比所独有的优势,他们经历了中国几十年社会发展的历程,重要的是对社会有着深刻的观察和分析,他们不仅懂得今天的中国,也懂得世界的历史,民族的历史,因而对社会主义的中国有深刻的理解,所以他们是培养下一代的重要力量。因此,在社区内对青少年进行思想品德教育是他们参与建设社会主义精神文明的重要内容。如硚口区现在有21位老同志担任了社区范围内中小学的校外辅导员,与青少年开展金色忘年交活动;还有的老人去工读学校或监狱看望失足青少年,激助年轻人奋发向上等等。这些活动的开展,对青少年的教育鼓舞作用是巨大的,对社区内精神文明建设的推动作用也是明显的。

其二,对民族的优秀传统文化具有传递作用。对于老年人而言,最大的遗憾是力不从心,但是他们仍然在力所能及的情况下,宣传、普及、繁荣我们民族的优秀文化,起着重要的传递作用。他们所采用的方式就是举行书画作品的展览,演唱历史歌曲和传统的优秀戏剧节目,并结合自己的一技之长,开展咨询服务,编写地方志,专业志,回忆录等等。这些活动的展开,不仅受到了社会各界的欢迎,同时也陶冶了老人的情趣,最重要的是传递了我们民族的文化,对社区文化的建设与发展做出了有价值、有分量的贡献。其三,运用知识和技术上的优势,在各条战线上发挥余热作用。对于一个人来说,进入老年阶段必然是他一生中知识和技术水平达到顶峰的时期。正因如此,老年人都有余热可发。有的同志在实际生活发出来的不仅是余热,甚至还超过其他年龄层的人所发出的光和热。因此老年人是两个文明建设中重要的人力资源和智力资源,这个资源指的就是老年人的知识和技术。例如以离退休老年人为主体举办的武汉成才自修大学,不仅在武汉、在国内有较大名气,甚至在国际上也有了一定影响。这里聚集了老年人中的“精英”,

他们以自己的所长，各显神通，五年来，先后招收了3万多名青少年学生，已毕业的大中专毕业生6000余人，为社会输送了一大批专门人才。同时他们又用办学所得到的收入开办了老龄科学研究院，设立了17个学科，在老龄科学研究方面取得了较大成绩，得到了社会的高度赞赏。去年，老年教育国际研讨会在武汉召开，9个与会国代表考察参观了老龄科学研究院，对他们的办学、办院精神和方法产生了极大兴趣，并给予高度评价。

从以上可见，老年人精神文化生活不仅在社区范围内得到了一定程度的满足，也对社区文化建设起到了推动作用，老年人生活与社区文化的建设与发展日益紧密，日益交融。

虽然老年人精神文化生活与社区文化的建设关系越来越密切，但这并不能说目前社区文化建设的现状与老年人精神文化生活的需求是协调或平衡的。换句话说，老年人精神文化生活中的许多愿望和要求在现有的社区文化系统中并没有得到充分满足。当然，原因是多方面的，例如经济收入不足、主观意愿不够强烈等等，但是，我们不对这些方面展开讨论，这里还是从社区文化或社区服务的状况不能满足老年人各种需求的问题谈开去。我们说老年人精神文化生活与社区服务工作之间还存在许多不协调，主要是指老年人的愿望与现有社区服务数量与质量的不平衡。

老年人目前生活中最希望得到满足的是什么呢？在他们的回答中，排列首位的是“吃得更好一点”，第二位的是“穿”，以下依次排列顺序为：住房条件、家庭美满、为社会多做贡献、文化生活更丰富、能得到他人更多的尊重等等。如果按照生存、享受、发展这三个层次看，老年人目前生活的需求是以生存为主，追求享受也比较注重，但对发展的要求要弱一些。根据不同层次的需要，创造一定的社会条件来满足老年人的需求愿望，应该是当前解决老年人物质生活与精神生活与社区服务之间不协调的关键。

现有的社区服务状况如何呢？我们可以看一看老年人对此的评价。调查表明，我市城区老年人中有25%人认为出外活动不方便，有45%认为他们周围没有文化生活服务设施，50%认为居住地附近没有老年人服务机构，即使有也是形式上的，53%认为缺乏家庭劳动服务，38%认为他们得不到社会保障服务。在医疗保健方面，老年人的呼声更强烈。他们希望设立家庭病床，设置巡回上门的护士，并要求医院改善服务态度，简化老年人看病手续，提高医疗护理技术等等。由此可见,现有的社区服务远远不能满足老年人日益增长的物质生活和精神生活需求,这些问题已成为当代老年社会问题的重点。对这些问题的解决,也是社区文化发展的重要方向,对老年人的物质生活和精神生活的需求要不断地创造条件给予一定甚至较大程度的满足,不仅仅是老年人群体的需要,也是社区精神文明建设的需要,是社区发展的需要。因为老年人问题不仅仅关系到老年人,也关系到每一个家庭甚至年轻一代。走向老年,是人生的必经之路。今天的老年人问题解决得好,将来的老年人问题会解决得更好。老年人问题解决得好,有助于增加人们对社会主义制度和实践的向心力,有利于国家的长治久安。

在社区文化的建设中,如何尽快提高社区服务的水平,充分满足老年人物质和文化生活的需要,以下几条途径可作为方向:

第一,创办社区范围内的老年消费市场。市场是商品交换的场所,由购买者、购买力和购买意向三个要素组成,目前我国城市在不同类型的社区中,事实上没有建立起老年消费市场。如我市城区人口有370多万,老年人口有40多万,专为老年人设立的老人用品商店,全市仅一家;在我市各大商场中,也没有一家设立老年人用品专柜。在商业领域和生产领域,为老年人考虑的分量是不够的。但是在社区范围内,为老年人考虑,设立少量老年人用品小商店等形式的市场,以满足社区内老人日常生活需求,可以说是不难办的。这种小商店的设立可以根据社区内不同类型、不同特征的老人而建,如武昌珞珈山一带的文化区,老年人文化层次较高,那么这里的老年人用品商店应偏重于文化用品的销售。当然其他的消费品也应该齐全,以满足老年人群体的特殊需求。如老年人是医疗保健方面的主要消费者,他们在医疗方面的平均开支大约是17岁至59岁之间的人口群体的3倍。因此老年人用品商店在医疗保健药品、滋补食品方面的销售量应大于其他商店。总的说来,老年人用品应做到吃的东西要健身强体,穿的东西要注重装饰作用和实用价值,用的东西要体现娱乐和健身相结合,以满足老年人长寿欢愉的需要。

第二,拓展社区服务领域,促其向专业化、多样化方向发展。老年社区服务作为当代应用社会学所属的社会工作学科领域的一个分支,所涉及的知识面相当广泛,包括有老年生物学、老年心理学、老年社会医学、护理学、营养学等等学科的专业知识。掌握这些知识对于提高社区服务质量是大有必要的。目前从事老年社区服务工作的人员严重不足,专业人才相当贫乏,从事这项工作的大多是退休人员和纯居民群众,没有受过专业训练。要提高社区服务质量,必须尽快培养一大

批专业人员,以适应老年人不断增长的的物质和文化生活的要求,对这个问题建议从以下方面入手:

(1)确定社区服务基层工作机构的建制,每年可以分配一些学习社会学、教育学、心理学、管理科学等相关学科的大中专毕业生去开展工作,这样既改变了社区服务人员的业务素质,提高了服务水平,同时也可解决一部分人的就业问题。

(2)对现有的服务人员进行岗位培训,通过讲座、集训、进修等渠道,提高现有工作人员的业务素质,以他们组成若干年后的骨干队伍。

老年社区服务的形式和内容,还应该向多样化方向发展,这是不同层次老年人的不同要求所决定的。在我国现阶段,由于历史的、社会的、家庭的诸多因素的影响,不同性别、不同年龄、不同职业、不同文化程度等特征老年人的物质和文化生活需求有较大差异,其表现为:

首先是由于收入水平不同引起的差异。我曾参与全国九大城市老年人生活状况调查,其结果表明,有 8% 的老年人月收入在 50 元以下,有 16.4% 的老人月收入在 150 元以上,超过 200 元的有 6.6%。若将 50 元以下和 200 元以上的老人进行比较,其差距将近五倍左右,有少数老人差距近十倍。这种收入上的差别,必然导致老年人物质和精神文化生活需求愿望不同。对于这些低收入的老人,社区应提供什么形式的服务,必须考虑他的经济收入,否则这样的老人很难真正享受社区服务。对于高收入老人,必须创造一定优越的条件,来满足他们的需求。

其二是由老年人自身特征不同而引起的差异。这些特征指的是年龄、性别、文化程度、职业、身体状况等,这些特征上的不同,会直接带来老年人生活兴趣与生活意愿的不同。例如身体不好的老人,在医疗保健、身体养护这方面的要求更强些;知识分子阶层,受教育程度较高,对时事政治、文化娱乐、学习提高这类活动兴趣更大些。如喜欢旅游的老人,希望社会为老人出外活动提供更优越的服务;喜欢体育、舞蹈、唱歌等活动的老人,希望社区给他们提供更多的场所等等。

根据以上列举的不同特征老人的不同需求,现有的社区服务应向形式多样化方向发展,在这方面可以借鉴国外某些好的方法。

其一,老人住宅附近的短期护理。对于那些高龄、残疾、身体差等不便出门的老人,假如亲属外出,可以把老人送到这种短期护理之家照料,也可以由护理机构派人送饭到老人家里等。

其二,家庭访问。针对老人怕孤独的心理,派"访问小组"到老人家里,同老人谈心,帮助解决老年人日常生活中的问题。

其三,照顾卧床、痴呆老人的技术指导。许多家庭的亲属不知如何科学地照顾这些老人,为此,社区服务机构可以举办各种培训班,训练这些病人的亲属。

其四,为老年人文化娱乐活动配备辅导员。这些辅导员可以是在职人员,利用业余时间指导老年人开展娱乐健身活动,各种竞赛活动,把老年人活动从“消遣”层次引向“发展”的层次。

第三,充分发挥老年人的作用,让老年社区服务走自己装备自己、自己服务于自己的道路。老有所为,是人生价值在老年人身上的再现,这种老年人生活价值的再现,已被成千上万的老年人所证实。社区服务工作是一个长期性的社会工作,它必须走开辟财源、自己装备自己的道路,老年人本身就是这种财源。老年人不仅能有所为,而且也希望有所为。有些老人余热未能发挥,关键是缺乏组织和管理,但是硚口区汉水桥街在这点上做得很好。他们把老年人作为重要的智力资源和劳动力资源,组织老年人兴办第三产业,然后把结余的资金用于老年服务事业中。这样做,对老年人发挥余热,对于解决社区服务事业的资金来源都起了重要作用,确实是对国家、集体、个人三者都有利的事情。这样做的效果,等于产生“自我造血”功能,不仅让老人发挥余热,为社区服务事业的发展做出重要贡献,同时也让老年人分享社会发展的成果。由此可见,在社区服务事业发展的进程中,我们不应该把老年人只看作服务的对象,还应该看作是社区服务发展的动力,而老年人帮助老年人解决各种学习和生活中的难题,比其他人的帮助效果会更好。如一个老人会种花,可以教会一群老人种花;老年人学迪斯科舞蹈,基本是互相教,互相学。如果你看过老年迪斯科表演,老年服装模特儿表演,你会受到强烈的震撼。这些老年人焕发出的风采真可以同年轻人比美,甚至更迷人。

老年人社区服务是社区文化建设中的一个重要方面,随着我国老年人口越来越多,老年人的需求越来越复杂多样,老年人的生活情趣越来越高,我们社区服务的水平也应随之发展,越来越趋向完备。因此,全社会的人们都应该关心它的建设和发展,给予“特殊待遇”。我们应该动员全社会来办好老年社区服务,努力满足老年人的各种需求,通过这些使我国越来越多的老年人乐于接受一种比较开明、乐观、进步、积极的晚年生活方式,使他们能够在自己宝贵的“第二人生”中获得更多的幸福和满足。

当代老年人观念的双重心理倾向

改革开放的洪流使各种社会思潮陷入激烈的冲突之中,新思想、新观念、新信息的输入,不仅呼唤着当代年轻人自我意识的觉醒,同时也引起了老年人内心世界的矛盾和冲突。我们通过调查发现,当代老年人观念中双重心理倾向比较明显。在老年价值观的取向上,一方面认同老有所为,一方面又感叹老而无用;在社会哲学观方面,一方面重理想,崇尚平等,一方面又承认官阶和特权;在消费观念上,一方面坚守勤俭节约,一方面又向往安乐享受;在审美观念上,一方面留恋传统风格,一方面又赞赏新潮和时尚。研究老年人观念中的这些双重心理,可以使人深刻感受到当代老年人在新思潮的冲击下,传统观念与现代观念的交锋与撞击。

一、既求"老有所为"又叹"老而无用"

社会变革不仅改变了全社会物质的、精神的、经济的和政治的、文化的生活方式,也引起了人们生活目的的变化。先请看下面的调查结果:

下表18　您认为生活的主要目的是

观点	老年组(56岁以上)(%)	中年组(36-40岁)(%)	青年组(21-25岁)(%)
1. 为国家和人民多做贡献	43.33	23.08	16.48
2. 让自己的才智得到发展	21.67	13.12	16.21
3. 事业上取得成就	13.33	19.91	22.80
4. 轻松、舒适	8.33	5.88	9.07

续表

观点	老年组 (56岁以上)(%)	中年组 (36-40岁)(%)	青年组 (21-25岁)(%)
5. 建立一个幸福的小家庭	5.00	21.72	19.23
6. 享受各种乐趣	3.33	6.33	8.79
7. 掌握权力	3.33	2.27	2.20
8. 多赚钱生活富裕一些	1.68	7.69	5.22

以上是老中青三个年龄组对生活目标态度的测量,基本反映了这三个年龄群体人生目标结构的真实情况。从以上统计结果看,青年人摆在第一、第二位的是“事业上取得成就”和“建立一家幸福的小家庭”,两项比例合计为42.03%。中年人摆在第一、第二位的是“为国家和人民多做贡献”和“建立一个幸福的小家庭”,两项比例合计为44.8%。老年人摆在第一、第二位的是“为国家和人民多做贡献”和“让自己的才智得到发展”,两项比例合计为65%。

按一般规律而言,中青年人年富力强,勇于开拓,成功欲望比老人强。但是这个统计结果表明,老年人求贡献、求发展的愿望比中青年人还强。可见,希望继续为社会做贡献即老有所为,已成为当代老年人的共同心理倾向。据我省老年人口状况调查,全省退休后再从业的老年人口中,有57%的老年人再从业的目的是为了“精神寄托”和“为社会做贡献”。这说明在当今老年群体中,认为应该老有所为的不在少数。

如果追究老年群体中老有所为与老而无用双重心理产生的原因,我认为与以下几个方面有关:

一是与社会对老年人价值的评价有关。认为老年人是老有所为还是老而无用,实际上是对老年人的社会价值的评价。在过去的历史上,人类不大可能提出老年人口对社会做贡献的问题。在人口高出生高死亡的年代里,生产和消费的社会化和现代化程度都很低,家庭既是生产单位,也是消费单位,老年人同家庭紧密相连,因此老年人对社会做贡献的问题得不到普遍重视。只有当再生产的类型发生转变,出现低出生、低死亡,且人类寿命延长以及随之出现人口结构老化时,这个问题才会突出。中国有尊老敬老的传统,但对发挥老年人在社会上的作用过去谈得不多。随着老年人寿命的延长和离退休的人越来越多,人们对人口老化的认识才会逐步加深,才会越来越重视老年人发挥作用的问题。从我国老年人状况看,老年人不仅希望老有所为,事实证明也能够老有所为。许多老年人对社会的贡献是利用其经验、知识、熟悉技巧的优势给社会创造物质财富和精神财富。联合国世界卫生组织马勒博士提出一个口号:"让老年人焕发青春。"他说"那种把老年人看作风烛残年,既病又废的形象是完全不真实的,通过近代对老年人健康的研究表明,即使到70岁,他们还能富有创造性地在社会中起积极作用。"尽管如此,仍然有人认为老年人再就业是得不偿失,有的甚至认为老年人是老糊涂,是社会的负担。可以说,这是两种不同的老年价值观。

二是与老年人本身的生理、心理因素有关。由于神经递质功能失调,神经信息传导减弱,使老年人的思维迟钝反应缓慢生理日益衰老,这是客观规律,因此你可以不服老,但要接受身体衰老这一客观事实。所以当有的事情办不到时,立刻感叹起来:"人老了,确实不中用了。"从老年人心理来看,冷落感和孤独感都加重了"老而无用"观念的产生。老年人离退休后,由于环境、职务、生活方式等一系列变化,"人一走,茶就凉"的心理感受油然而生。因此会叹息"老而无用"。老年人过去生活在群体之中,满足了交往、友谊、归属等方面的需要,现在这些需要都不能满足,因此感到无所事事。这种孤独感时常会引起莫名烦恼和不满情绪。如果有一技之长的老人能及时调整离退休后的生活方式,通过发挥余热,这种失去平衡的心理马上会消失,同时也能体验到"老有所为"的幸福感。而有的老人由于各种原因,不能适应这种变化,而只会感叹老而无用,用消极的牢骚情绪来平衡他们的心理。

二、既崇尚理想、平等又重官阶、权力

从我们进行的有关金钱、权力、官阶、等级等社会哲学观念的测量看,老年人的观念中也有双重倾向。一方面老年人都追求理想、崇尚平等,如在回答"理想比金钱更重要"的时候,老年人表示赞同的比例为90.62%,中年人为85.11,青年人为82.69%;又比如在回答"任何人都应该是平等的,没有人应该享受特权"时,老年人赞同的比例比年轻人高13.97%。但是另一方面,老年人观念中又有承认官阶、看重权力的心理倾向。如在回答"社会不能没有等级"的问题时,老年人赞同的比例比年轻人高27.66%,比中年人高13.31%;在回答"有知识、有名望不如手里有实权"的问题时,老年人表示赞同的比例比年轻人高37.01%,比中年人高15.57%。这个态度测量的结果表明,老年人观念中既有崇尚平等的一面,又有重官阶、特权的一面。这种双重心理倾向表明,老年人非常向往人人平等,尤其是当代的老年人,从生理和心理看,从旺盛之年走向暮年,已是力不从心;从社会地位看,从社会的中坚力量变成了边缘人物。当他们遇到一点不顺心的事情时,就产生了人类总是不平等的情绪,尤其是当人老了的时候;因此老年人从内心希望人人平等。但是从另一方面看,老年人又承认官阶等级,重视权力。我们说,老年人承认官阶、特权,并不是一种消极的心理倾向,他们对官阶、权力这些问题的赞同比例高于中、青年人,更多的因素是对现实生活中重官阶、重权力,"有权好办事"等不正之风的感受比青年人更深刻,这种赞同在某种意义上出自切肤之痛,折射出的是老年人对官阶权力的鄙薄。

三、既固守重勤俭节约又追求安乐享受

改革和开放给整个社会消费心理带来了根本性的变化。伴随着这种变化,人们求知、求乐、求富的心理日益加强,并不讳言对生活享受的追求,整个社会的消费心理呈现出多样化趋势,在消费对象的选择上也出现了不同取向。从老年和青年的消费心理看,二者存在明显的差异。一般说来,年轻人根据欲望选择消费品的多,老年人根据需要选择消费品的多。年轻人对消费品求新、求美、求流行时尚的意识强,老年人求大方、求舒适、求实求利的意识强。现代年轻人有不少对勤俭节约的传统看得比较轻淡,有的甚至认为不可理解;而老年人在求安乐享受的同时,还比较看重勤俭节约的优良传统。例如在回答"钱赚多了,还是不能忘记勤俭节约"的问题时,老年人赞同的比例 为93.94%,青年人为81.73%。青年人从欲望出发,不注重勤俭节约,尤为明显地表现在结婚费用上。我国大中城市青年结婚消费研究表明,当前我国城市青年的结婚费用过高,已成为一大社会问题,尤其给老年父母带来了很大的心理和经济负担。

如果要探究青年与老年的消费心理哪个更合理,我认为老年人在求安乐享受的同时保持勤俭节约的优良传统更为合理。一个社会的消费行为应该循着一条由经济发展和生活水平提高所规定的轨迹而变化,当这种变化的幅度同前者变化的幅度相适应时,可以认为是合理的;当二者不相适应,特别是后者的变化远远超越前者从而导致"消费早熟症"的出现时,应该认为这种变化是不合理的。由此推论,现在的年轻人追求高消费,并不都是在自己的经济实力所能承受的,更多的是一种从众心理。简单地说,就是力图像大多数人一样行事以便能为社会所接受,

以及在消费水平上向高标准看齐，以显示或提高自己的社会地位。这种一味求高的从众心理，既不合乎情理，也不符合现实。

四、既留恋传统风格又赞赏现代时尚

老年人追求现代美的步伐比年轻人虽然慢一些，但与传统对美的理解和追求的心理相比，这种变化也是不小的。现代的老年人在审美观念中既有留恋传统风格的一面，也有赞赏现代时尚的一面。例如在回答"男同志穿西装比穿军干服、中山服要气派得多"的问题时，老年人表示赞同的比例与年轻人的赞同比例十分接近；又如在回答"女同志化淡妆、留披肩发，确实显得美"的问题时，老年人表示赞同的比例有22%，这个比例与年轻人的赞同比例相比，的确有一段距离。这说明在老年人的审美观念中，有留恋传统美的一面，但是与老年人前几年的观念相比，却是一个大改变。过去老年人看不惯年轻人的观念，有一条就是看不惯年轻人的装饰打扮，总是用"怪里怪气"或"不成体统"等来表示对年轻人的无可奈何。现代的老年人中有22%对"女同志化淡妆、留披肩发"这种装饰打扮表示接受，体现了老年人也有赞赏现代和时尚美的价值取向。

老年人的审美观念变化，不仅表现在赞赏年轻人现代美的问题上，同时老年人自身也敢于追求现代美。他们爱美之心不仅没有泯灭，有些方面还有越老越笃的趋势。有一位年近花甲的老教师说，认为老年人的衣着不讲究的观念是一种局外人的误解。以前好多老年人之所以常年一身灰、黑、蓝，并不是他们喜爱，只是怕人讥为"老来俏"而已。这种不正常的社会舆论压抑着老年人们爱美之心。现实生活中，老年人追求现代美的越来越多，例如有不少老年人迷上了"老年迪斯科"这种现代舞。这种老年迪斯科集功效性即健身、娱乐性及美感于一体，对老年的身心健康极为有利，不仅锻炼了体魄，延缓衰老，并且体现了一种美的生活、美的情操，可以使现代老年人的生活充满生机、充满活力，实在是养生之要道。

五、理性上对社会现实的评价满意程度较高，情感上忧虑情绪又较重

改革给人民群众物质生活带来改善，这是任何人都不容否认的事实，但不同年龄群的人，对这个问题肯定的态度有强弱之分。如下表：

下表19 近三年来,您的家庭和个人生活水平有什么变化?

观点	老(56岁以上)(%)	老(36-40岁)(%)	青(21-25岁)(%)
有较大提高	22.86	20.42	14.60
有所提高	74.29	69.72	75.18
无变化	2.85	7.75	9.13
有所下降	0.0	2.21	1.09

从上表看来,年龄越大对生活水平评价的满意程度越高。为什么老中青三个年龄群体对改革后生活水平评价的满意程度有这样的差异呢?我认为与他们看问题的方法有关。老年人一般都善于纵向对比,他们经常爱把新旧社会对比,把改革前后对比,通过亲身经历的社会现实相比较,他们认为现在的生活比以前大大提高了,因此他们对社会生活满意程度的评价是比较高的。中、青年人虽然也承认生活水平提高了,但是由于他们更敏感,更能接受新观念、新信息,同时又善于横向对比,认为改革后的生活水平变化与他们的希望相比有很大距离,因而认为改革的成果不尽人意,对问题的不足看得比老年人更深刻。这种消极的评价正说明年轻人内心蕴含有更大的积极性,反射出年轻人"躁动"的心理和力图尽快改变现状的期待。

老年人对社会生活评价除了满意程度较高以外,还有以下两个特点。一是男女老人对生活的满意程度有显著差异,也就是说,女性比男性对社会生活的满意程度要高。据对武汉市老年大学的1000多名老年学员的调查,对现在生活的态度评价中,感到很满意和满意的老人,男性为52%,女性为63%。二是老年人的文化程度与对社会生活的满意度成反比,即文化程度越高的老人倾向于对社会生活评价低满意度,而文化程度低的老人倾向于对社会生活高满意度。据上海市有关方面的调查,大学以上文化程度的老人对社会态度评价,感到满意和比较满意的百分比低于中小学文化程度的老人,从国内的其他有关老年人问题的研究看,文化程度越高的老人,对社会生活的满意程度越低。这种研究结果是共同的,究其原因,与老年人素养与生活需求有关。因为文化程度较高的老年人对社会的要求和标准,较文化程度较低的老年人要高一些。他们不满足于物质方面的需求,更注重追求精神生活;而文化程度低的老人则偏重于物质方面的需求。这与他们的经历及现状都有关系。

除了老年人对社会生活评价有较满意的一面外，还有一面就是较重的忧虑情绪。一般说来，老年人的精神、情绪自控能力降低，易于起伏波动，因此可以说老年人是经不起心理和社会因素冲击的弱者。现在老年人对改革中出现的物价问题比较敏感，而且较为忧虑。有不少老人抱怨说，我活了七八十岁，没听说小菜比米贵。现在不少老年人整天盘算，如果住房制度改革，我的工资有一大半要交房钱。可见，与经济状况有关的问题，让老年人表现出了某种不安全感，忧虑情绪较重。老年人忧虑之二是自己老了以后的照顾问题。近50%以上的老人对这个问题表示忧虑。由于现在各方面条件的限制，社会服务工作比较缺乏，老年人感到生活中有很多不便。有些问题不是光靠钱能解决的，现在老年人急需社会服务工作系列化，不仅在数量上，而且在服务质量上都要跟上老年人的需要。如果这个问题解决得好，可以减少他们的忧虑，使老年人更好地欢度晚年。

老年文化建构的方向及其途径

就像人们对文化的理解很不一致一样,人们对老年文化的理解也众说纷纭。有人说老年文化就是指老年人的观念、规范和行为方式的总和;也有人说:老年文化就是老年人的生活方式。我对于文化定义的理解比较倾向于最广义的那种,即文化无所不包,什么东西都可以算是文化的一个构成分子,但是其中任何一个构成分子又不能完全代表这种文化,而比较能够代表这种文化的,应该是那些既有传统又占主流的成分。正是从这个意义出发,我将中国老年文化建构的方向及途径概括为以下几个方面,即:"健康长寿"是老年文化追求的终极目标;"老有所为"是老年文化追求的理想形象;"重视晚节"是老年文化追求的理想人格;"乐在闲中"是老年文化追求的理想生活。

一、"健康长寿"是老年文化追求的终极目标

老年文化的生命哲学观可以说是以"寿"字为最发达。对"长寿"的追求,既是源远流长的中国传统文化的起源观念,又是现代社会文明与进步的最终标志。《尚书·洪范》提出人生五福,其一即"寿",而其余四福,"康宁"和"考终命"(无疾而终)可以说是寿的同义反复。"富"指粮食充足,"修好德"是指人有美好的道德,能处理好社会人际关系,这些都是寿的必要条件。

"长寿"在古代被当作最美好的祝愿,在一般场合及特殊场合,古人往往有为长者祝寿的习俗,帝王生日都要令全国休假,举行庆祝。一般平民做寿时,血缘亲属必须赶来参加。寿礼一般是寿桃、寿面和象征长寿的器物古玩等。

对长寿的重视还反映在中国古代的尊老养老之礼上。东汉自明帝开始,就在太学举行敬老典礼;至于地方政府和民间村落所举行的敬老之礼,主要通过乡饮

酒礼来表现。在古代,一般只要年龄已达70,即使是平民,也会受到免除赋役和赏赐爵号的奖励。如果是官吏,还可以根据制度,享受种种特别优待。

虽然在过去2000多年的社会里,人们都崇拜和追求长寿,但真正的长寿者却极少,人们的平均寿命只有3、40岁。现代则不然,科学的进步已经帮助人们延长了寿命。目前世界上老年群体的平均寿命不断延长,日本、北欧国家的平均寿命已达到75岁左右,中国的平均寿命也已达70岁,武汉市的平均寿命已接近73岁。随着时间的推进,老年期已构成人生的一个相对长、相对稳定的独立阶段,在这个阶段,老年文化的特点,即老年期的最高价值追求就是健康长寿。因此我们说长寿已成为今日之现实,明天的目标。笔者所参加的全国九大城市老年人状况抽样调查表明,在老年人生活最重要的九项需求中,追求健康长寿已成为老年人生活的最主要目标。

二、"老有所为"是老年文化追求的理想形象。

老年人在改革开放的社会环境塑造下,也开始呈现出现代人的特征,他们注重现实,珍惜时光,乐于接受新观念、新行为方式、新生活方式,而追求"老有所为"已成为现代老年人的一种理想形象。为什么老年人特别注重追求"老有所为"?首先,根据社会学的角色理论,一个人在社会上生存必将担任各种不同的角色,这种角色将决定他们具有不同的权利和义务,担负一定的责任和使命。老年人在过去几十年的岁月中担任的角色是工作角色,并以此作为自己的心理支柱和生活支柱。现在从工作岗位上离退后,不论是有心理准备还是缺乏心理准备,这种转折都会使人产生失落感和遗弃感。所以有老人说无所事事是最痛苦的。因此,老有所为成了老年人的内在心理要求。其次,从老年人身上具备的优势看,老有所为的追求也是有客观基础的。这种优势表现在三个方面,一是知识和技术上的优势。这当然不是说老年人在知识和技术上一定都能超过年轻人,而是以每一个人而言,当他进入老年之际,必定是他一生中知识和技术水平最丰满的时期,正因如此,才有一个发挥余热问题。二是人生和社会经验上所占有的优势。客观地讲,人生最重要的是体验,没有体验就没有知识,老年人体验的事多,人生征途走得长,因而经验多,见识多,因此他们受到人们的尊重和信任。三是历史认识的优势。经受过不同社会制度的老一代,他们对社会有深刻的观察和分析,尤其是那些革命前辈,都是一部部中国历史的活教材,他们对新旧社会有深切的体会和鲜明理解,因而对我国的昨天、今天、明天有很多客观的认识。这是一支社会主义两个文明建设的重要队伍,而这支队伍的优势是其他社会群体不能比拟的,其作用也是不能代替的。

当代科学的发展和人口寿命的延长,为老年人老有所为提供了生理基础。现代科学成果表明,人的大脑神经细胞几乎并不随年龄的增长而衰亡,只是细胞体缩小了。但这种缩小一般在60岁以后才会开始,90岁以前只缩小7% -8%。因此,45岁至65岁的人正处于生理上的中年阶段。同时,许多学者认为,人到50岁后工作和经历达到高峰,阅历广阔,经验丰富,要比30岁左右的人工作得更出色。如果从科学家必备的深厚知识基础来讲,现在50岁的人,才真正达到了“而立”之年。因此老年人大有可为不仅是必要的,也是可能的。

在探讨老有所为的问题方面,应该对无为和有为做一番思考。目前国外解决老有所为的问题,通常采用推迟退休年龄,实行弹性退休制,缩短工作日、改变工作条件和工种等方法,以适应老年人再就业的需要。但是这一套措施显然不能完全适应中国的国情。我国存在巨大的青年就业压力,可供老年人在职业岗位上老有所为的条件是不充分的,因而选择的余地是有限的。但是,老有所为作为老年人理想形象的追求是应该得到全社会的理解和尊重的。同时,对“无为”与“有为”也应该作辩证理解,绝不能在老有所为与再就业之间画等号。一个人在老年期中有为与无为的界限就在于他是否能继续保持活跃,能否顺利实现角色转换。我们可以这样认为,“保持活跃,就是有为”,这应该成为老年文化中的信条。

三、“重视晚节”是老年文化追求的理想人格

晚节即指老年人的道德面貌与道德行为。老年人长期的人生经历形成了他们浓重的传统伦理道德观念。在我国,由于老年人在社会生活中的特殊地位,往往会被看作是道德的化身,这也是老年人所具有的优势之一。值得肯定的是在改革开放的现代化进程中,具有现代气息的社会生活在荡涤着老年人传统伦理观念中的封建糟粕的同时,也使他们依然保持着我们民族的优良的传统伦理道德观念。特别是在精神文明建设的某些局部失误,社会风气不良的现象较严重的状况下,老年人所表现出的坚定不移和爱憎分明,是十分可贵的。在现实生活中,老年人保持晚节,具体表现为以下几个方面:一是模范地遵守社会公德,身体力行地用社会主义的道德标准要求自己,并为后代做出榜样。如遍及全国城市和乡村的老

同志报告团、校外辅导员、关心下一代协会等,他们积极地向青少年进行爱国主义、社会主义和革命传统教育。二是自觉抵制中国封建社会腐朽道德意识的侵蚀,敢于对不道德的行为进行指责和批评。三是恪守勤劳奋进、自强不息、助人为乐的优秀品德。四是对于那些利用职权谋取私利,见利忘义和相互利用以满足私利的人际交往持批判和反对态度。老年人的这种晚节与他们作为社会长辈的伦理地位是相称的。

当代老年人身上所保持的这种晚节,无论是观念、知识、能力,还是在伦理道德素质等方面,都既坚持了传统的优秀成分,又吸取了现代文明的内容,与当前强调的社会主义精神文明建设的主旋律相一致。因此可以充分肯定地说,老年人追求的"重晚节",对培养教育年轻一代具有润物细无声的重要作用。

四、"乐在闲中"是老年文化追求的理想生活

老年生活是闲暇型生活类型,在闲暇中求乐是老年文化生活的主要内容。在社会转型的大背景下,西方现代文化与中国传统文化发生着撞击和融合,我国老年文化生活所表现出的特征是传统与现代相融合,自娱性与表演性相融合。老年文化生活发展的这个过程是经过改革开放十多年的洗礼而逐渐形成的。

改革开放之初,对于追求享受,不少老年人缺乏一种明智的认识和科学的态度。一方面,由子长期受"左"思想影响,把吃喝玩乐看成了闲暇的代名词,所以有些老年人不敢谈闲暇,更说不上设计和安排闲暇生活;另一方面,不少老年人对退休后的生活态度悲观,因而对闲暇缺乏热情与愿望。闲暇并没有成为老年人晚年生活的快乐之源。历史走到今天,闲暇已成为全社会的需要,尤其是老年文化生活的需要,已成为人生的机会和财富。正如马克思所言,娱乐和休息是为自由活动和发展开辟广阔天地的机会。当代社会学研究告诉我们,闲暇所包含的意思不仅仅是指闲暇时间总量的增加,而是特别强调闲暇是主要的人生乐趣。因此,对于老年人来讲,闲暇是一种为了身心享受的活动,是必不可少的维持生存的活动。从某种意义上说,一个人选择自己的闲暇,也就是选择自己的生活方式。乐在闲中,现在已成为老年人文化生活追求的一种理想模式。为了达到"乐在闲中"的理想状态,有必要思考如下的问题:

老年人闲暇生活的基本尺度是什么?老年人有了较多的闲暇时间,但还得会使用它,以达到"乐在闲中"的目的。全国九大城市老年人状况调查表明,我国城市中老年人的闲暇生活大多数比较单调。半数以上的老年人，往往把看电视、打麻将作为一种主要消遣活动，此外，相当数量的老年人以养花、做家务、照料家庭成员为主要闲暇活动。由此看来，如何使老年闲暇生活更加丰富、文明、富于知识性和娱乐性，已经成为衡量老年文化生活质量的基本尺度。

闲暇的文明是指内容健康，情调高雅，符合精神文明的要求，使老年人既能得到休息与娱乐，又能得到真正的享受和发展的娱乐形式。如目前日益广泛的老年音乐、美术、表演、收藏、写作、文艺鉴赏等活动。闲暇的多样性是指一个人应具有多种兴趣爱好，闲暇生活丰富多彩。闲暇的知识性是指老年人在闲暇中通过学习获取新知识来发展心智能力，科学合理安排闲暇生活。

在闲暇生活中寻找乐趣对老年人有什么作用呢？娱乐是一种最好的休息，可以说，没有哪一种活动能够像娱乐那样调节身心。比如有的老人本无特别兴趣爱好，但退休后开始尝试某种闲暇活动，几年后便形成了特别的爱好，并感受到了生活的无穷乐趣。可见，闲暇本身蕴含着种种赏心乐事。其次，娱乐填补了晚年生活的内容，并从中寻找到了乐趣，由此补偿了退休后人生的空白。再次，通过闲暇活动，某些老年人可以全面认识自己的才能。许多老年人过去长期埋头本职工作，无法全面认识自己，现在通过年老赋闲之后，无意中发现了自己某种创造天赋和艺术才华。

五、老年文化建构的途径

如何认识和评价老年文化，如何推进老年文化的发展，是当前老年文化研究领域的课题，也是社会主义精神文明建设的新课题。老年文化不断发展和完善的过程也是中国整个社会文化不断发展和完善的过程，为此特提出以下建议：第一，应把老年文化发展列入社会主义精神文明建设的发展计划中。中国老年文化在社会主义精神文明建设中具有独特的地位与作用。因此各个领域及部门在制定精神文明建设规划时，应包括老年文化的发展规划，以此引导新时期老年文化的健康发展。第二，老年文化应向规范化、制度化方向发展。目前老年文化基本处于自发状态，老年大学及社区中的各种老年活动场所吸纳的老年人仍然只是极小一部分，因此全社会的老年文化发展尚处于初始阶段。为此我们呼吁社会各方，尤其是各级政府应把老年文化发展列入议事日程，以促进老年文化发展。

大陆与台湾老年人社会福利需求的比较研究

据《1993年世界人口统计表》提供的数据表明,1993年大陆65岁以上人口占总人口中比重已达5.9%。这个数据与台湾1988年统计的5.8%相近。

随着老年人口量的变化,老龄问题日益加剧。为适应日趋老化的人口,大陆和台湾都提出了相应的老人福利服务措施或政策,两地的老年人福利需求和服务状况,因两地的历史和发展水平不同,仍显出一些差异。本文引用的分析资料,大陆方面以《中国九大城市老年人问题及对策研究》课题所提供的资料为依据,台湾方面以台湾大学社会学系教授詹火生所著的《台北都会地区老人福利需求与家庭结构间关系之研究》一文中的调查资料为依据。这两项调查所处的时间大致相近:大陆是1988年,台湾是1986年。从詹火生教授的著述中得知,两地的调查对象,方法内容也都比较接近,因此本人认为这两次调查有很强的可比性。

英国社会福利学者福德(Forder. 1974)曾指出,如何界定需求的含义,已成为社会福利服务的中心议题。而需求的界定方式,又可按不同的规则加以区分。就老年人福利需求而言,老年人的自我感觉需求是重点。这种感觉表现了社会提供的福利服务对老年人的满足程度,也表现了老年人对福利措施的愿望。

下文中提到的老年人的意愿和要求,都是这种自我感觉的体现。为了全面考察老年人的感觉需求,首先应观察老年人现在的家庭结构及居住方式;因为老年人生活在什么样的家庭结构中,就会给老年人带来什么的感觉需求。

一、两地老年人的家庭结构、居住形式及居住意愿

下表20　老年人家庭结构　　单位:%

类型地区	单身	夫妻同住	夫妻与子女同住	三代同堂	联合家庭	其他
台湾	8.8	11.6	11.0	43.7	5.7	19.2
大陆	7.6	17.6	15.9	42.1	2.3	14.5

从上表提供的数据来看,大陆和台湾城市的家庭结构现状基本相似。

老年人大部分是与子女生活在一起的,其实老年人是否愿意与已婚子女同住呢?

下表21　老年人同已婚子女同住意愿　　单位:%

类型 地区	愿意	不愿意	视情况而定
台湾	78.7	13.7	7.6
大陆	40.5	43.0	16.5

关于老年人与已婚子女的同居意愿,因台湾和大陆两地生活水平的差异,而有所不同。值得注意的是:大陆老年人中有59.5%表现出同子女若即若离的居住意向,这是以前很少见的。这在一定层次上表明老年人的生活已从过去单纯靠子女和家庭,向部分地依靠社会方面转化,同时表明老年人晚年生活的质量不断提高。

老年人不能同已婚子女共同居住,台湾方面的老人不与子女同住的原因和大陆老年人不与子女同住的原因也有差异。

下表22　老人不与子女同住的原因　　单位:%

类型 地区	无子女或 子女不在身边	子女婚后 自组家庭	老人再婚不 与子女同住	不愿与 子女同住	房间狭小
台湾	37.9	38.1	12.8	7.5	3.7
大陆	18.2	25.5	(未统计)	20.1	36.2

从以上数据的对比可以得知,台湾老年人不与子女同住的客观原因,因为子女不在身边为最多,而大陆老年人因为房间狭小为最多;从老年人主观意愿看,明

确不愿同子女同住的老年人,大陆人是台湾人的2.7倍,这种差异从一个侧面表现出大陆和台湾的生活水平的差异。从总体上讲,大陆老年人的家庭居住状况不如台湾老年人,因此大陆老年人对自己现住宅的满意度的统计结果是很满意的占17.8%,比较满足的占27.0%,过得去的占22.9%,不太满意的占19.0%,很不满意的占12.8%。这个结果基本反映了目前大陆城市老年人对居住状况的自我评价。

二、两地老年人的社会服务需求

一般讲,老年人需要提供社会服务的目的,一方面是为了解决他们在生活中所遇到的各种困难,另一方面是帮助他们适应老年期的生活,增进其社会参与能力。为此本文选用"目前在生活中,最需要得到满足是什么"为主线,以比较两地老年人社会服务需求的异同。具体情况如下:

老年最需要得到满足的是什么?

台湾老人回答的顺序是:健康医疗43.5%,经济满足17.9%,家事处理2.4%,休闲活动1.6%,情感慰藉1.0%,住房1.0%,其他各类占32.6%;大陆老人回答的顺序是:健康医疗43.9%,经济满足13.9%,家事处理和家庭生活更美满11.2%,住房12.3%,休闲活动4.6%,其他各类占14.1%。

两地老年人最需求得到满足的,从调查结果看,除了住房这一项以外,其他内容的排列顺序几乎一致;特别是健康需求都最为优先,说明健康长寿是老年人共同的最需要得到的需求。

老年人在养老院的需求

台湾老人的回答结果是:愿意的人占22.7%,不愿意的占77.3%。调查还显示,对养老院需求程度与老年人所具有的文化程度成正比,即文化越高,对养老院的需求态度越强烈。

大陆老人回答结果是:需要养老院的占39%,不需要的占61%。调查显示,文化程度与养老院的需要程度也成正比关系。

这一结果在一定意义上表明,绝大多数老年人深受中国传统文化的影响,除非得不到家庭照顾,一般是不大愿意去住养老院和老年公寓的。而单身老人希望住进养老院的比例大大超过大家庭中的老年人。还应该指出的是,一些老年人表示不愿意住养老院,但并不排斥社会福利机构提供的养老服务,相反他们非常希望能得到这样的服务。

如台湾老人回答的结果是，需要有人协助料理生活起居的占44.7%，需要人照顾的占56.7%，需居住地附近有老人活动场所的人占57.7%，需要有人常和老人聊天或探望的占63.8%，需要有人帮助老人与其家人联系的占38.0%。

大陆九城市被调查的老年人对生活服务虽有一定需求，但不很迫切。通过对各项生活服务需求答案进行总体评估打分，其结果是：不需要的高达93.1%，较需要的为5.6%，很需要和非常需要的均只占0.7%。同时老年人对老年福利设施的需求水平比对生活服务的需求略高，但也有限，综合需求水平是不需要的占51.8%，较需要的占16.8%，很需要的占27.5%，非常需要的占3.8%。

总的来说，大陆老年人对生活服务的需求不如台湾老年人迫切，从以上数据可以得出这一结论。这种差异的形成是源于哪些方面，因为作者对台湾的总体状况不了解，因此难以概括准确，但大陆老年人对这方面需求不迫切的原因可以从以下几点考虑：

第一，大陆的老年人群体相对于台湾的老年人群体年纪相对年轻一些，因而对生活服务和老年福利设施的需求程度也相对弱一些。

第二，大陆老年人总体收入水平不高，限制了对生活服务与老年福利设施的需求。

第三，较强的家庭养老功能取代了对生活服务的需求。中国具有悠久的家庭养老传统，当前城市的老年人家庭仍然具有较强的养老功能，其主要表现在生活照顾和精神慰藉方面。从老年人在晚年生活不能自理时能够得到谁的照顾的问题中，可以明显看出这种家庭养老功能仍然较强。结果表明，能得到老伴照顾的占第一位，达41.9%；得到儿子媳妇照顾的占第二位，达33.1%；得到女儿婿照顾的占第三位，达15.1%，得到其他亲属照顾的占2.3%。以上各项合计达93.6%。从这个角度看，这种状况既是生活服务事业和老年福利设施不发达的结果，同时也是老年人对其需求不迫切的原因。

三、几点结论

首先，从大陆和台湾老年人生活需求的内容及层次看，老年人生活服务消费市场是一个越来越大的市场。老年人口形成了一个有特殊需求的群体，它加重了医疗、保健、福利等方面的负担，尤其在医疗保健方面，老人是主要的消费者。

如何为老年人提供医疗保健服务,是老年社区服务网络建设的主要议题。怎样规划老年人健康服务与满足老年人经济生活的需求,是老年人福利政策的焦点。

其次,从老年人服务的内容和形式看,两岸都显得较为单一。许多高龄老人、残疾老人、出门不便的老人,很难得到服务。为此建议丰富老年人服务的项目和形式,使其向多样化方向发展。有的国外城市的家庭访问小姐,是聘请从事社会工作的大学生担任,访问的时间和内容灵活多样,特别是茶余饭后同老年人谈心,是增进老年人身心健康的好举措。还有的提供照顾卧床病人,痴呆老人的技术指导,训练这类病人的家属,科学护理老年人。还有的为老年人活动场所配备了辅导员,具体指导和组织老年人的保健和娱乐活动。目前遍及全国的老年大学,在这方面走到了前面。

最后,为老年人活动提供必需的场所,这是老年人福利需求能否得到满足的另一焦点。大陆大城市的调查数据表明,在老年人居住的社区中,没有图书馆的占52.8%,没有影剧院的占8.2%,没有公园或街心花园的占34.0%。因此社区内文化设施不足,已成为另一问题。对此应认真采取措施。有的地方名为文化站,实为麻将馆,应积极改进其服务功能。对老年文化设施的建设,应同老人在家庭养老的格局相配合,使之成为养老的依托和补充。

社会改革对老年社会心理的撞击

目前我国所进行的各项改革,不仅引起了人们经济生活的变化,也冲击着人们的社会心理,引起了人们精神状态的变化。社会心理是指人们所处的特定的历史时代的特定阶级和团体中普遍流行的一种精神状态。它是一种不系统、不定型的反映形式,表现为情感、愿望、意向、理想、习惯等等。老年社会心理就是指在老年人群体中老年人的心理状态,这种状态有高兴和痛苦、希望和失望、支持和反对、追求和向往等等。研究老年人群体的情绪、愿望、意图、观念有重要的现实意义。这种意义表现在,首先,老年社会心理是我党制定各项老年政策的重要依据。政策的制定都要从客观现实出发,要充分反映群众的意愿。改革的方针政策只有体察民情、顺应民心、符合人民的利益和愿望,才能调动人民的积极性。其次,老年社会心理是我们透视老年问题的窗口,通过这个窗口,我们可以了解老年人的意见和要求,情绪和反映,掌握老年人对社会改革的心理承受力,从而及时调整某些不合理错漏,减少改革过程中的心理障碍,以保证改革的深化。可见研究老年社会心理,无疑是当前改革过程中的重要课题。

改革开放的洪流使各种社会思潮激烈碰撞,新思想、新观念、新信息的输入,不仅呼唤着年轻人,也引起了老年人内心世界的矛盾和冲突。在老年价值观的取向上,老年人一方面认同老有所为,另一方面又感叹老而无用;在社会哲学观上,一方面重理想,崇尚平等;一方面又承认官阶和特权;在消费观念上,一方面坚守勤俭节约的传统,另一方面又追求安乐享受;在审美观念上,一方面留恋传统风格,另一方面又赞赏新潮和时尚;在对社会现实生活的评价上,一方面满意程度较高,另一方面又有较重的忧虑。老年人这些观念上的矛盾和冲突,较充分地反映出老年人群体对改革的一种社会心理趋势，我们深刻地感受到了当代老年人在新思潮的冲击下的矛盾冲突。

一、老年价值观的取向上，求“老有所为”与“老而无用”的双重心理

老年人有没有价值？有什么价值？由于众说纷纭，使人感到困惑。有人认为，人老了，离开了工作岗位，从社会舞台上消失了，就没有什么价值可言；另有人则认为，老年人有阅历深、经验丰富等优势，不仅有价值，而且有不小的独特价值。所谓价值，实际是一种满足关系，它包括对自身的满足和对他人及社会的满足。老年人是否有价值，不是以年龄的高低、地位的高低作为评判标准，而是以老年人能否继续为他人、为社会做出贡献来判断的。调查发现，老年人的奉献愿望是非常强烈的。在调查这个问题时，我们提出了“您所向往的生活是哪一类?”这个问题，而要求调查对象回答时，可以选择两次，主要的选择为第一次，次要的为第二次，回答结果如下表：

下表23　您所向往的生活是哪一类?（第1次选择）

观点	青年组 34岁以下	中年组 35－54岁	老年组 55岁以上
1. 生活轻松、享受	29.3	22.3	26.7
2. 辛勤工作，生活富裕	24.5	39.2	37.0
3. 取得成就	26.4	17.8	16.4
4. 追求权力	1.4	2.1	0.7
5. 为人民做贡献	1.8	8.0	10.3
6. 追求真理	2.0	2.0	0.7
7. 与世无争	2.3	2.2	2.7
8. 积极进取	5.9	3.9	3.4
9. 小家庭美满	6.4	2.5	2.1
总计	100%	100%	100%

下表24 您所向往的生活是哪一类?(第2次选择)

观点	青年组 34岁以下	中年组 35－54岁	老年组 55岁以上
1. 生活轻松、享受	15.8	12.1	12.3
2. 辛勤工作,生活富裕	14.1	17.6	17.8
3. 取得成就	11.3	13.9	15.1
4. 追求权力	2.2	1.7	4.2
5. 为人民做贡献	5.84	11.8	16.4
6. 追求真理	2.96	5.7	7.5
7. 与世无争	7.0	8.7	11.6
8. 积极进取	13.4	6.7	4.8
9. 小家庭美满	27.4	21.8	10.3
总计	100%	100%	100%

以上表中所显示的数据是老中青三个年龄组对生活目标态度的测量,基本反映了这三个年龄群体的人生目标结构的真实情况。从第一次选择的结果看,青年人摆在第一位、第二位的是“生活轻松、享受”和“事业上取得成就”,两项比例合计为55.7%;中年人摆在第一、第二位的是“辛勤工作、生活富裕”和“生活轻松、享受”,两项比例全计为61.5%;老年人摆在第一、第二位的是“辛勤工作、生活富裕”和“生活轻松、享受”,两项比例合计为63.7%。从第二次选择的结果看,青年人摆在第一、第二位的是“小家庭美满”和“生活轻松、享受”,两项比例合计为43.2%。中年人摆在第一、第二位的是“小家庭美满”和“辛勤工作和生活富裕”,两项合计为39.4%;老年人摆在第一、第二位的是“辛勤工作、生活富裕”和“为人民做贡献”,两项比例合计为34.2%。

在“为人民做贡献”这个问题上,第一次选择结果,老中青选择比例分别为10.3%。8.0%,1.8%。第二次选择结果分别为16.4%,11.8%,5.84%。

如果我们把上述的表格归一个类,即1、7、9这三项为安乐享受型,3、6、8这三项为开拓进取型,2、5这两项为追求奉献型,现在我们把这三种类型的统计结果,按老、中、青这三个群体来分别比较,在安乐享受型方面的选择,青年人为38%,中年人为27%,老年人为31.5%;在开拓进取型方面的选择,青年人为34.3%,中年人为23.7%,老年人为20.5%;在追求奉献型方面的选择,青年人为26.3%,中年人为47.2%,老年人为47.3%。从以上选择结果看,青年人年富力强,勇于开拓,追求成功的欲望强,同时把建立一个幸福美满的小家庭和追求生活享受的人生目标也排在重要位置;而老年人把追求奉献的人生目标摆在首要位置。这是老年积极的人生观的生动体现。从调查结果看,希望继续为社会做贡献,即老有所为,已成为当代老年人的共同心理倾向。

但是,在老年人群体中,也有一些陈腐的观念阻碍着老年人老有所为价值的实现。如有老年人认为:人老了,"一老百了",退休后,"一退皆休"。在这种观念支配下,老年人在现实生活中表现为三怕:一怕别人讥笑自己"老不退位",二怕别人说"同年轻人抢饭碗",三怕出了差错落得晚节不保。因此在老年人群体中老有所为与老而无用的矛盾冲突是较明显的。产生这种双重心理的原因,我认为与下列因素有关:

一是与社会对老年人价值的评价有关,究竟认为老年人是老有所为,还是老而无用。这实际上是对老年人社会价值的评价。在过去的历史上,人类不大可能提出老年人口对社会做贡献的问题,在人口高出生、高死亡的年代,生产和消费的社会化和现代化程度都很低,家庭既是生产单位,也是消费单位,老年人同家庭紧密相连,因此老年人对社会做贡献的问题得不到普遍重视。只有人类再生产的类型发生转变,出现了低出生、低死亡,人类寿命延长以及随之出现人口结构老化时,这个问题才会突出。中国有尊老敬老的传统,但对发挥老年人的作用问题,过去未曾提及。随着老年人寿命的延长,人们对老年人越来越多的现状和人口老化前景的认识逐步加深,当今越来越重视发挥老年人作用。

这里特别应该指出,老年人的价值与价值发挥,是一个完整的社会发展过程,因而老年人的价值是历史性的。社会为什么能一代接着一代向前发展呢?难道下一代的能力和条件是天生俱有的吗?上一代创造的是下一代的条件,下一代享受和借以发展的基础是上一代创造的结果。从这种代际能力的接替和发展的角度观察,我们可以清楚看到,老年人特有的社会价值,对社会发展的推动作用是不可估量的。

二是与老年人本身的生理、心理因素有关。老年人由于神经功能失调,神经信息传导减弱,从而造成思维迟钝,反应缓慢,生命日益衰老,这是客观规律。你可以不服老,但要接受身体衰老这一客观事实。对于老年人而言,最大的遗憾是力不从心。老年人离退休后,由于环境、职务、生活方式等一系列变化,被冷落感和孤独感会加重,“老而无用”的观念便油然而生。而那些拥有一技之长的老人,可以及时调整离退休后的生活变化方式,通过发挥余热,从而使失去平衡的心理马上消失。有的老人不能适应这种变化,加上找不到发挥余热的方式,因而只会感叹老而无用,用消极的牢骚情绪来平衡他们的心理。

二、在消费观念上,与年轻人相比,存在明显差异,求安乐享受与重勤俭节约的双重心理并存

改革开放给整个社会消费心理带来了根本性的变化。伴随这种变化,人们求知、求富、求乐的心理日益增强,整个社会的消费心理呈现出多样化的趋势。近几年来,老年人的消费观念也发生了重大变化,他们“吃讲营养、穿讲样式、用讲高档、乐讲健康”,例如在全国九大城市老年人状况调查中,老年人在回答“现在能否和愿意购买下列哪类消费品”时,在九种消费品的选择中,排列第一位的是高级营养品,第二位的是彩色电视机,第三位的是高级服装……排在最后一位的是娱乐消费品。老年人目前生活中最希望得到满足的是什么呢?在他们的回答中,排列首位的是“吃得更好一点”,第二的是“穿得更好一点”,以下依次排列是住房、家庭美满、为社会多做贡献、文化生活更丰富、得到他人更多的尊重等。如果按照生存、享受、发展这三个层次看,老年人目前的消费需求还是以生存为主,而追求享受也摆到了重要位置,对发展的要求稍弱些。根据老年人不同层次的需要,社会应创造一定的条件,充分满足老年人的愿望。

值得指出的是,老年人在求安乐享受的同时,也比较注重勤俭节约的优势传统。这种心理状况与年轻人的心理相比,显得尤为突出,例如回答“钱赚多了,还是应该节俭过日子”问题时,老、中、青表示同意的比例分别为83.6%、72.3%、52.1%;又例如在回答“自己赚的钱,消费再高也不为浪费”问题时,老、中、青表示不同意的比例分别为63.7%、53.6%、38.1%。这里一正一反的两个问题的回答,鲜明地表现为青老年两代人在消费观念方面的差异。

在审美观念上,青年人追求美貌,而老年人追求青春。据中国医学科学院调查统计,近两年,整容者队伍中老年人明显增多,这些人约占整容者的50%。这与90年代老年人经济状况、文化素质、思想观念都高于过去老年人有关,也与老年人开始走出孤寂阴影,很多丧偶者相继进入“黄昏之恋”有关。这些老年人心情开朗,大胆追求现代美,追求健康、文明的生活方式,这一点是近十年来的重要变化。

三、对现实生活的评价,表现出满意程度较高和忧虑情绪较重的双重心理

改革给人民群众物质生活带来了巨大变化,这是任何人都不容否认的事实,但不同年龄群的人,对这个问题的肯定有强弱之分。例如在1987年进行的改革与社会心理调查中,人们对这个问题的态度如下表:

下表25　近三年来,您的家庭和个人生活水平有什么变化?

观点	青年(25岁以下)	中年(36-40岁)	老年(56岁以上)
有较大提高	14.60	20.42	22.86
有所提高	75.18	69.72	74.29
无变化	9.13	7.75	2.85
有所下降	1.09	2.21	0.0
总计	100%	100%	100%

从上表看来,年龄越大,对现实生活一个评价的满意程度越高,关于这一点,在1988年进行的调查又得到了证实,如下表:

下表26　您在以下几个方面需求满足状况如何?

项目	青年(34岁以下) 表示满意%	中年(35-54岁) 表示满意%	老年(55岁以上) 表示满意%
日常衣着	27.22	34.06	27.26
食物	15.15	13.77	24.66
住房	1.91	3.04	6.03
经济收入	18.54	12.96	12.19
人生保障	37.18	36.17	29.86

从以上表格中列举的四个方面的需求满足状况看,老年人表示满意的程度都高于中青年群体,为什么老中青三个年龄群体的人们对改革以来的生活的满意程度会有如此差异呢?这与不同年龄群体人们的经历和看问题的方法有很大关系。老年人经历了中国几十年社会发展历程,他们对社会有深刻的体验和观察,因而

善于把社会做纵向比较。他们经常爱拿新旧中国对比,拿改革前后对比,把自己经历和现实对比,他们从内心感慨现在的生活比以前大大改善了,因此在对现实生活评价时,表现出了满意程度高的心理倾向,而中青年人虽然也承认生活水平提高了,但是他们更敏感,更能接受新观念、新信息,同时又善于横向对比,习惯于把中国与外国相比,认为中国的现实与外国相差太远了,认为改革后生活水平的变化与自己所期望的目标相差甚远。因而认为改革不尽人意,在他们的观念中,对改革后的现实生活评价,无论是从正面给予肯定还是从反面给予否定,其表现出的态度都比老年人强烈。

经过调查与分析,我们发现老年人群体对现实生活评价除了满意程度较高以外,还有以下两个特点。一是男女老人对生活评价的满意程度有明显差异。调查表明,女性比男性的满意程度要高,据我们对武汉市老年大学1000多名老年学员的调查,女性的满意程度为63%,男性为52%。二是老年人的文化程度与对社会生活的满意度成反比,即文化程度高的老人倾向于对社会生活的低满意度。而文化程度低的老人倾向于对社会生活的高满意度。据全国九大城市老年人状况调查,大学以上文化程度的老人对生活评价的满意度,大大低于文化程度低的老人的评价。从国内其他有关的研究也能证明这种研究结果是共同的。究其原因,与老年人的文化素养和生活需求有关。文化程度较高的老人对社会的要求和标准普遍要高于低文化程度的老人。随着五十年代的中青年现已跻身于老年群体,使整个老年群众的文化程度越来越高,他们不仅提出了老有所养的物质生活需求,还提出了老有所学、老有所乐的精神 文化生活需求,从单一的满足温饱型向多层次、多形式的安乐享受需求结构转化。因此要求获得物质和精神的“双满足”,已成为老年人生活需求的大趋势。因此在现代社会中,不仅要创造条件,满足青年人精神文化生活需要,更应该创造条件,充分满足老年人的需要。

近些年来,不少企业对改善退休职工的生活,已作出了极大努力,但由于社会保障体系及有关政策方面存在问题,原单位无法从根本上解决老年人面临的问题。目前的情况是离退休老年人没有随着国民经济的增长而享受到社会发展成果,因而导致实际生活水平有所下降。据国家公布的统计数据表明,近年来城市居民用于生活费用的收入增长了20.9%,除去物价上涨因素,实际增长了13%。有退休职工就说:这个数据对于只拿标准工资百分之几十的退休职工来说意味着我们的生活费用以每年百分之几或更高的幅度在下降。老年人群体的这种心理倾向,应引起政府的高度重视。

调查表明,有50%以上的老年人对养老问题表示忧虑,而那些经济收入低、身体状况不好、年龄偏大、无子女的老人对此忧虑更甚。由此出发,老人对社区服务的需要,比任何一个年龄层次的人口群体都迫切。这是由老年人自身的主观条件和社会客观条件决定的。

从老年人自身主观条件看,人一到达老年期,生理机能开始衰退,体力和智力明显不及过去,想干的事情不一定干得了,生活中的许多问题必须借助他人的帮助才能解决;从社会客观条件看,老年离退休后,与原单位的关系不再像过去那样密切,尤其是生活中的困难,不可能由原单位全盘解决,老年人必须依靠居住地周围的社会服务来解决。但是我们现有的社区服务与老年人的需求愿望之间还存在许多不协调,据武汉市社区服务状况调查,市区老年人中有25%的人认为外出活动不方便,50%的人认为他居住地的附近没有老年人服务机构,53%的老人认为缺乏家庭劳动服务,38%的老人认为他们得不到社会保障等。由此可见,现有的社区服务远没有满足老年人日益增长的物质和文化生活的需要。这些问题已成为当代老年社会的重要问题,对这个问题的解决,既是老年人群体的需要,也是精神文明建设的需要。老年人问题不仅仅关系到老年人本身,它关系到千千万万个家庭,关系到年青一代。走向老年,是人生必经之路,今天的老年人问题解决得好,将来的老年人问题会解决得更好,老年人问题解决得好,有助于增加人们对社会制度和实践的向心力,有利于国家长治久安。因此全社会的人们都应该关心和支持社区服务事业的发展,多给老年人一点“特殊待遇”,使他们在宝贵的“第二人生”中能获得更多的幸福和满足。

当代中国城市老年人消费问题研究

老年的消费问题,不仅影响老年人晚年生活的安定与幸福,而且影响着整个社会的经济生活。城市老年人消费研究的范围比较广泛,涉及营养学、商品学、市场学等等。本文重点从老年人消费的现状及水平、老年人消费水平的差异、老年人同青年人消费观念上的差异等几方面分析入手,探讨老年人消费生活中存在的矛盾与问题,进而提出解决这些矛盾与问题的有关对策。文中所用到的分析数据,基本是以1988年中国九大城市老年人状况抽样调查的数据为基础。

一、城市老年人消费现状及消费水平

所谓老年人消费水平,是指老年人的物质文化生活需要的满足程度。在我国现阶段,家庭是生活消费的基本单位,因此研究老年人的消费状况,离不开研究老年人家庭的消费状况。在研究老年人的消费状况时,我把老年人个人及老年人家庭的有关经济指标进行了比较分析。

(一)老年人及其家庭收入水平比较

要考察消费水平,必须首先研究收入。这一点,对于一个国家来说是如此,对于老年人来说同样如此。通常说的“量入为出”就包含着收入对消费支出及消费水平有决定性的影响。

从我国九大城市老年人状况抽样调查的结果看,目前城市老年人及老年人家庭人均月收入情况如下表27所示:

下表27 老年人平均月收入与其家庭人均月收入比较 单位:元,%

	老年人平均月收入分布		老年人家庭人均月收入分布	
无收入及不详	20.7		7.3	
30元以下	2.5	7.8(低档)	7.5	25.8(低档)
31–50元	5.3		18.3	
51–70元	9.6		23.1	
71–100元	23.6	55.1(中档)	27.2	61.9(中档)
101–150元	21.9		11.6	
151–200元	10.0	16.4(高档)	2.5	5.0(高档)
201元及以上	6.4		2.5	

把老年人个人与老年人家庭的平均月收入进行比较,首先一个引人注目的问题就是老年人个人的平均月收入高于老年人家庭的人均月收入。从收入的三个档次看,处于低档收入的老人数占7.8%,而老年人家庭数占总数的25.8%;处于中档收入的老人数与家庭数基本持平,但后者略高一些;而处于高档收入的老人数为16.4%,老年人家庭数为5.0%。如果撇开中档收入不谈,处于低档和高档两个档次的老人数和老年人家庭数的差距是明显的。这说明老年人的平均月收入似乎要高于老年人家庭的人均月收入。但由于近年来职工在工资以外的收入较多,而老年人对子女的各种收入并不完全掌握,因此填报的家庭人均月收入数可能低于实际水平。九大城市老年人状况调查表明,全部调查对象月收入的平均值为96元,中位值为89元。据武汉市统计局对400个居民户长期生活消费情况的追踪调查,1989年上半年,这些家庭人均月收入为100元左右。由此看来,城市老年人的平均月收入与城市居民家庭的人均月收入,实际上可能基本持平,甚至可能略低。

从下表27中看出的第二个问题就是老年群体中月收入在50元以下的占总数的7.8%,而有些老年人甚至无收入。由此可以推断,这一部分老年人是现代城市老年人中生活紧张的人口。他们的月收入同城市居民享受社会救济的水平基本相同,其中不少人还低于社会救济水平。这些老人在经济生活方面一般处于被赡养的地位。

从表中看出的第三个问题是在老年人口中,月收入水平在151元以上的占16.4%。这一部分老人无疑是老年人中的高收入群体。可以断言,这些家庭中的儿孙后辈们或多或少都能享受到老人高收入所带来的某些好处。

（二）老年人收入与来源的相关分析

前面分析的收入问题，可以说是决定老年人消费水平的关键因素。但是，这些收入的来源情况关系到老年人的收入有无保障或者是否稳定。这也是决定老年人消费水平的重要因素。因此仅仅把收入水平视为消费水平高或低的决定性因素是不够的，还必须把收入的来源问题作为考察消费水平的重要因素。

下表 28 不同收入水平老年人生活费的主要来源 单位：人、%

频数 行百分比 到百分比	不详	本人 工资	退离 休金	就业 收入	配偶 供养	子女 赡养	储蓄或 资产	社会 救济	亲友 接济	其他 来源	行总 计
无收入及不详	23	10	54	7	647	649	4	17	13	28	1,452
	1.6	0.7	3.7	0.5	44.6	44.7	0.3	1.2	0.9	1.9	20.7
	26.1	2.7	1.2	6.4	76.8	68.1	19.0	28.8	54.2	24.3	
30 元及以下	8	6	4	1	43	56	1	12	1	9	178
	4.5	3.4	23.0	0.6	24.2	31.5	0.6	6.7	0.6	5.1	2.5
	9.1	1.6	0.9	0.9	5.1	5.9	4.8	16.4	4.2	7.8	
31－50 元		12	148	7	45	101	1	27	4	25	370
		3.2	40.0	1.9	12.2	27.3	0.3	7.3	1.1	6.8	5.8
		3.2	3.4	6.4	5.3	10.6	4.8	37.0	16.7	21.7	
51－70 元	12	26	523	8	38	42		10	1	14	674
	1.8	3.9	77.6	1.2	5.6	6.2		1.5	0.1	2.1	9.6
	13.6	7.0	11.9	7.3	4.5	4.4		13.7	4.2	12.2	
71－100 元	16	75	1,418	19	39	52	5	5	2	20	1,651
	1.0	4.5	85.9	1.2	2.4	3.1	0.8	0.3	0.1	1.2	23.6
	18.2	20.2	82.2	17.4	4.6	5.5	28.8	6.8	8.3	17.4	
101－150 元	11	97	1,360	18	14	20	2	1	1	7	1,531
	0.7	6.3	88.8	1.2	0.9	13	0.1	0.1	0.1	0.5	21.9
	12.5	26.1	30.9	16.5	1.7	2.1	9.5	1.4	4.2	6.1	
151－200 元	4	96	562	15	5	8	3			5	698
	0.6	13.8	80.5	2.1	0.7	1.1	0.4			0.7	10.0
	4.5	25.8	12.8	13.8	0.6	0.8	14.3			4.3	
201 元及以上	14	50	297	34	11	25	5	1	2	7	446
	3.1	11.2	66.6	7.6	2.5	5.6	1.1	0.2	0.4	1.6	6.4

续表

频数 行百分比 列百分比	不详	本人工资	退离休金	就业收入	配偶供养	子女赡养	储蓄或资产	社会救济	亲友接济	其他来源	行总计
	15.9	13.4	6.7	31.2	1.3	2.6	23.8	1.4	8.3	6.1	
列总计	88	372	4,403	109	842	953	21	73	24	115	7,000
	1.3	5.3	62.9	1.6	12.0	13.6	0.3	1.0	0.3	1.6	100.0

从下表28可以看出,老年人赖以生活的收入有以下两个来源:

第一是老年人的退(离)休金或者现在的月工资及再就业收入,即老年人本人的劳动所得,占总数的69.8%。其中,月收入处于71元至150元的占61.2%,处于150元及以上的占21.6%,可以说,这部分经济收入是比较稳定的。有15.8%的老人月收入在70元以下,另有收入数目不详的占1.5%。这种低水平的离退休金生活的老年人是经济生活十分拮据的群体。他们的问题应该作为重点问题予以解决。

另一个来源是配偶及子女提供的供养或赡养收入,这部分占总数的25.6%。从这个数据可以推测,在老年群体中,有20%左右的老年人无工资或者退休金收入。在这个被赡养的老年群体中,月收入在70元以下的占18.1%,70元以上的占9.7%。还有72.2%的老人没有回答他们每月得到的赡养费是多少。这里除了难以估算外,恐怕也有其他种种原因,包括有难言之隐。

从以上分析看,在现代城市老年人中,有近70%以上的老人收入来源是稳定的,收入水平却参差不齐。20%的老人无固定收入,这一点是影响老年人消费生活质量的重要因素。

(三)老年人的月收入在日常生活中的支出

老年人收入多少及其来源情况固然是影响老年人消费水平的重要因素,但是它还不能决定老年人实际消费水平的高低。为了探讨老年人的实际消费水平,还必须分析老年人的月收入在日常消费生活中是如何分配的。从调查结果看,老年人每月用于个人的零用平均为17.46元,文化娱乐费用平均为2.69元。老年人个人每月开支的平均数为75.60元。据武汉市统计局提供的居民日常消费调查,现在城市居民月人均消费为95元左右。若以这个社会平均消费标准来衡量老年人的月消费,可以看出老年人的实际消费水平是低于城市人口消费水平的;在吃的方面约低30%,穿的方面约低50% -70%,在文化娱乐方面,则低得更多。

(四)老年人物质文化生活的需求与满足程度的相关分析

按照恩格斯关于把人的生活分成生存、享受和发展三个方面看,老年人的生活需要首先应满足衣、食、住和交通工具等最基本的生存资料,其次是享受资料,第三是学习和受教育的设备及书报杂志等发展资料。随着生活质量的提高,享受资料和发展资料的比重会越来越大。从这次调查的结果看,绝大多数老年人在吃、穿、用几个方面得到了提高,这几个方面的支出在老年人的月支出中占了很大比重,老年人日常生活中最基本的消费愿望得到了满足。但是,近年来,城市居民中“吃讲营养、穿讲式样、用讲高档”已蔚然成风,老年人的消费愿望也随之发生了很大变化。从我们这次调查中得知,老年人的物质文化生活消费需要还远远没有得到满足。例如,老年人在回答:“您现在急需和愿意购买下列哪类消费品”时,在九种选择中,摆在第一位的是各种滋补食品,其次是彩电,摆在最后的是娱乐品。在老年人回答“现在最需要得到满足的东西”时,有43.9%的老人回答希望身体更加健康、排列首位;其次是吃、穿得更好,和住得更好;以下依次排列的是家庭美满、做更多的贡献等。文化生活更丰富则排列在较后的位置。

从以上回答不难看出,老年人把最需要得到满足的东西归结为吃、穿、住等基本的生存资料,这本身就说明老年人在这几个方面的满足程度不够高,这种消费结构是低水平的。同以前相比,老年人的生活水平已经有了很大的提高,但同老年人的消费愿意相比,这种满足程度还是比较低的,更何况老年人消费结构的选择本身质量也不高,仅仅限于基本的生存资料和一般享受资料。

总结以上关于老年人个人及家庭的收入情况、老年人的收入来源、老年人收入在家庭生活中的再分配、老年人物质文化生活的需要与满足程度之间的关系等四个方面的情况,可以看出,当代城市老年人经济收入和消费现状大体呈现以下特点:一是老年人群体经济收入低于全社会平均收入水平,但少数老年人的收入较高;二是绝大部分老年人有固定的离退休金,因而收入来源比较稳定,但有一部分老年人无固定退休金,他们是家庭及成员赡养对象,其经济生活比较拮据;三是老年人物质文化生活的需要与满足与实际状况有较大差别,老年人实际消费水平低于全社会平均消费水平,尤其低于青年群体。

二、不同群体间消费水平差异研究

前面我们谈的是整个老年人群体的消费现状及经济收入情况,现在我们要侧重分析不同老年人群体之间消费水平的差异。

在我国现阶段，由于受历史、社会、家庭等诸多因素的影响，不同的老年人群体之间在消费水平上的差异是比较明显的。若根据引起老年人消费水平差异的原因来分析，大体可以把这些差异分为以下几种主要类别：

第一，由收入引起的消费水平差异。这次调查结果表明，有7.8%的老年人月收入在50元以下（30元以下的有2.5%），有16.4%的老人月收入在150元以上（超过200元的6.4%），还有无收入或收入不详的占20.7%。若将30元以下的和200元以上的进行比较，其差距将近十倍。这种收入上的差别，直接会导致老年人消费水平的差别。当然在现实生活中，也有极少数老年人收入很低甚至没有收入，而消费水平却比较高。但是，就一般情况而言，收入低的老年人消费水平要低于收入高的老年人。这些低收入老年人的消费情况很值得各级政府及社会关注。近几年来，在物价不断变动或上涨的情况下，这些低收入老年人的消费生活所受到的冲击必然大于高收入的老年人。如果这种状况不能得到及时改变，可以说，在广大人民群众日益摆脱贫困，开始走向小康富裕的同时，有极少数老人越来越贫困。

第二，由家庭结构不同所引起的老年人消费水平差异。在考察这类差异时，我们先假定不论哪种家庭结构，老年人收入总量及家庭人均收入总量相同，以便在比较纯粹的情况下，分析家庭结构因素对老人消费水平及其差异的影响。

下表29 不同家庭类型老年人每月消费支出情况

频 数 行百分比 到百分比	不详	30元及以下	31－50元	51－70元	71－100元	101－150元	151－200元	201元及以上	行总计
不详		3	12	9	7	4	3	1	39
		7.7	30.8	23.1	17.9	10.3	7.7	2.6	0.6
		0.9	0.8	0.5	0.4	0.4	1.5	1.9	
单身	5	43	101	150	164	58	8	1	530
	9	8.1	19.1	28.3	30.9	10.9	1.5	0.2	7.6
	5.4	12.9	6.8	7.6	8.5	6.2	3.9	1.9	
夫妻家庭	13	53	218	295	388	208	44	11	1230
	1.1	4.3	17.7	24.0	31.5	16.9	3.6	0.9	17.6

续表

频　数 行百分比 到百分比	不详	30元及以下	31－50元	51－70元	71－100元	101－150元	151－200元	201元及以上	行总计
	14.1	15.9	14.6	15.0	20.2	22.3	21.6	20.8	
核心家庭	10	48	226	339	318	123	39	8	1111
	0.9	4.3	20.3	30.5	28.6	11.1	3.5	0.7	15.9
	10.9	14.4	15.1	17.2	16.6	13.2	19.1	15.1	
男主干家庭	35	99	552	658	580	304	55	17	2300
	1.5	4.3	24.0	28.6	25.2	13.2	2.4	0.7	32.9
	38.0	29.6	36.9	33.4	30.2	32.5	27.0	32.1	
女主干家庭	14	34	148	199	147	70	13	6	631
	2.2	5.4	23.5	31.5	23.3	11.1	2.1	1.0	9.0
	15.2	10.2	9.9	10.1	7.7	7.5	6.4	11.3	
轮居主干家庭	1	2	1	4	2	2			12
	8.3	16.7	8.3	3.33	16.7	16.7			0.2
	1.1	0.6	0.1	0.2	0.1	0.2			
隔代家庭	2	29	107	152	119	74	18	5	506
	0.4	5.7	21.1	30.0	23.5	14.6	3.6	1.0	7.2
	2.2	8.7	7.2	7.7	6.2	7.9	8.8	9.4	
联合家庭		8	22	47	53	27	6	1	164
		4.9	13.4	28.7	32.3	16.5	3.7	0.6	2.3
		2.4	1.5	2.4	2.8	2.9	2.9	1.9	
其他	12	15	108	115	142	64	18	3	477
	2.5	3.1	22.6	24.1	29.8	13.4	3.8	0.6	6.8
	13.0	4.5	7.2	5.8	7.4	6.9	8.8	5.7	
列总计	92	334	1,495	1,968	1,920	934	204	53	7,000
	1.3	4.8	21.4	28.1	27.4	13.3	2.9	0.8	100.0

从下表29的数据中看不出家庭结构对老年人消费支出数量方面的明显影响,但生活在不同类型家庭中的老年人,其消费状况和消费水平仍具有不同的特点。例如生活在男主干或女主干家庭中的老人,其消费特点与老年人是否为这个

主干家庭的主持者有关。如果这个老年人经济收入较高,身体状况较好,那么成为这个家庭掌握经济开支的人的可能性就较大,从而其消费生活所受的约束就较少;如果是老年夫妇独居的家庭,子女婚后与老人分居,老年夫妇经济负担减轻,依靠退休金维持生活,主要消费需求是购买延年益寿的保健品。随着交通条件的改善和社会服务水平的提高,越来越多的老年人会攒钱外出旅游观光。

在探讨家庭结构与老年人消费水平相互关系时,有一个值得重视的问题是在家庭消费中存在着代际消费比重下沉的趋向。所谓消费比重下沉,是指在家庭消费中的代际比重,少年儿童普遍高于老年,而且辈分越低,所占比重越大。这种现象不论在什么类型的家庭中都存在。我们可以从日常生活中了解,现在在一般的独生子女家庭中,少儿的月平均费用一般都超过了100元,有的高达150元左右。当然这里还要排除个别特殊家庭。在一般的独生子女家庭中,独生子女的月消费支出有时会占总支出的50%至70%。这就意味着少儿的消费对家庭消费水平有决定性的影响。

据长春市妇联对100户居民的调查,在月平均收入只有父母收入60%的年轻夫妇家庭中,高档生活消费品在年轻夫妇同老年父母之间的分布比例是:彩电79:26、冰箱34:7、录音机88:21、高档家具90:3,小两口比老两口的高档消费高出3倍到30倍。

除以上情况外,老年夫妻对已婚子女及其第三代的“倒贴”,存在于许多老年人家庭,有的甚至达到了超负荷的程度。例如子女在结婚时欠下的人情债,不少要由父母分期偿还;少数小夫妻把孩子甩给老人照管,不顾老人的身体和经济等方面的实际状况;有的年轻夫妻还要求父母每月“父加娘贴”。这些情况都迫使老年父母经济紧张,只有靠紧缩自己的消费支出来维持平衡,老年人在家庭中的消费支出比重不断下降。代际之间消费比重下沉,是一种不健康的社会现象,对老年人晚年消费生活乃至心理、生理等方面都带来了许多不利影响,是一个值得重视和研究的社会问题。

第三,由老年人自身特征差异引起的消费水平差异

老年人自身特征上的差异指的是年龄、性别、文化程度、身体状况、兴趣爱好等方面的差异。这些特征上的不同,往往会直接影响老年人的实际消费。例如身体状况不太好的老人,用于保健、医疗等方面的费用要高于身体健康的老人;知识分子阶层、受教育程度较高的老人,对时事政治、文化教育和学习较感兴趣,因此

用于购买这一类用品的费用要多于其他群体的老人,而这一类老人在家庭摆设和穿着上,比较注意身份和地位,虽不奢侈但很讲究,因此这方面的支出所占比重也比较高;而喜欢旅游的老人,干部和知识分子所占比重很大,一般的退休工人则为数不多。这些情况都说明,具有不同自身特征的老人,其消费水平是有差异的。

除以上因素外,老年人的人生观、价值观、消费观也是引起老年人消费水平差异的重要因素。值得强调的是:老年人消费水平的差异,并非只由收入一个因素决定,影响老年人消费水平的还有许多其他因素。这些因素可能在老年人收入水平已定的前提下,造成老年人实际消费水平的差异。

三、青年与老年两代人消费观念差异分析

所谓消费观念是指关于消费理论、消费心理及消费方式的认识和看法的总和。改革和开放给整个社会的消费心理带来根本性变化,伴随着这种变化,人们求知、求乐、求富的心理日益加强,大家再不讳言对生活享受的追求和向往,整个社会的消费心理呈现出了多样化、个性化趋势,特别是 1980 年代以来,老年人的消费观念也发生了很大的变化,最显著的变化是由抑制的节俭型、保守的封闭型向追求的享受型和灵活的开放型转化。但是,把老年人的消费心理同青年人的消费心理相比较,还是可以看出二者的明显差异。一般说来,年轻人根据欲望选择消费品的多,老年人根据需要选择的多;年轻人对消费品求新、求美、求流行时尚的意识强,而老年人则求大方、求舒适、求实求利的意识强。现代的青年人,有不少人对勤俭节约的传统看得比较淡薄,有的甚至认为难以接受;而老年人在求安乐享受的同时,还是比较注重勤俭节约的。如在本人参加的一次改革与社会心理的调查中,老年人在回答“钱赚多了,还是不能忘记勤俭节约”一题时,赞同的为 93. 3% ,而青年人仅为 81. 7% 。青年人从欲望出发,对耐用消费品的选择,注重豪华、时髦,能满足一种炫耀心理;而老年人则讲求方便、实用、可靠。

如果要探究老年人同青年人的消费心理哪个更为合理,本人认为老年人在求安乐享受的同时保持勤俭节约的传统更为合理。一个社会的消费行为应该遵循一条经济发展和生活水平的提高所形成的轨迹。当这种变化的幅度同前者变化的幅度相适应时,可以认为这是合理的;当二者不相适应,特别是后者的变化远远超过前者,因而导致“消费早熟症”出现时,应该认为这种变化是不合理的。由此可以推断,老年人的消费行为是合理的。

青老年两代人在消费观念上的另一个差异,表现在审美倾向上的不同。现代年轻人追求现代美是无所顾忌的,个性化、多样化是总的倾向;而老年人在追求现代美的问题上,不仅步伐比年轻人慢,而且还恋恋不舍传统的美。例如老年人在回答"女同志化淡妆,留披肩发,确实显得美"的问题时,存在着相当大的差距,但是同他们以前的观念相比,这种变化也是不小的。过去老年人看不惯年轻人,明显的就是反映在装饰打扮问题上,他们总是用"怪里怪气"或"不成体统"等来表示对年轻人的无可奈何。近几年来,老年人的审美观念也发生了令人喜悦的变化。例如许多老年人认为男同志穿西服比穿军干服、中山服要气派得多。还有的老年人不仅赞赏年轻人的现代美,同时自身也敢于追求现代美了。以前好多老年人之所以常年一身灰、黑、蓝这并不是喜爱,而是怕人讥为"老来俏"罢了。这种不正常的社会心理压抑着老年人的爱美之心。现在,追求现代美的老年人越来越多,这确实是令人欣慰的。

四、老年人消费生活中存在的矛盾与问题

近些年来,老年人消费水平日益提高,生活状况也随着社会生产力的发展,不断得到改善。但是,老年人的消费生活与其他生活领域一样,也充满了种种矛盾与问题,这些问题主要表现在以下方面。

第一,食物结构的不平衡。老年人日常消费的食物结构,普遍存在重数量、轻质量问题,即食物内部结构在数量与质量上不平衡。一个人营养过剩是不适宜的,但一定要有充分合理的搭配。我国清代的《随息居饮食谱》中说"颐生无妙方,节其饮食而已","饮食失宜,或以害身命"。这说明当时的人已注意到合理安排饮食对于保证人体正常健康的重要性。而老年人对合理安排营养和饮食,更具有重要意义。

从营养学工作者根据老年人生理机能需要而设计的老人食品种类来看,老年人每天需要45%至50%的粮食,40%的果菜,10%至20%的肉类和豆类,300毫升左右的奶制品类。但是,从九大城市老年人状况调查的结果看,在日常消费食物时,无奶类食品的占53.8%,无鱼类的占5.0%,无豆类的占3.0%,还有0.3%的老人日常缺蔬菜,说明老年人的食物以粮食和蔬菜为主,其他营养品的供给均显不足。把这个调查结果同营养学者设计的食物结构相比,说明现在老年人食物结构尚属于温饱型,重数量、轻质量,谈不上科学合理的营养供给。这种食物消费结

构表明,目前老年人的消费质量不高,这种低水平的消费生活,极大影响了老年人的身体健康,不利于老年人安度晚年。这个问题值得老年人及其家庭重视,社会也应给予一定程度的观注。

第二,物质消费和精神文化消费之间的不平衡。在社会生产力不断发展的进程中,人们消费中用于精神享受、文化发展的需要已呈现不断增长的趋势。人们不再仅仅局限于物质消费需求,而是要求获得物质消费与精神消费的"双满足"。

调查结果表明,老年人目前的消费基本还属于物质型,而且偏重于吃、穿、住,用次之。在全部调查对象中,只有24.3%的老人有少量的文化娱乐消费支出,所占的比例是全部消费支出的3.6%。有许多老年人对于精神文化方面的享乐和发展性消费的追求,不仅受客观条件限制,而且意识水平也比较差。例如在调查中,老年人在回答"现在能否和愿意购买下列消费品"时,在九种消费品中,老年人把娱乐消费品放在最后倒数第二位,仅略高于"高档服装";又如在回答"您现在最需要得到的满足是什么?"时,在可选择的九种答案中,老人把"文化生活更丰富一点"的选择排列在较后位置,而把吃得更好一点排列在第一位,穿得更好则排在第二。

第三,老年人消费需求与满足这种需求的社区服务水平之间的不平衡。自古以来,我国社会素以家庭为社会主体,以子女之幼由父母抚养、父母之衰由子女侍奉的伦理传统沿袭至今。因此,老年人的各种需要主要在家庭得以满足。随着我国社会经济的发展,旧的家庭结构已发生了深刻变化,不少子女婚后建立了小家庭,不少老人同已婚子女分开居住。现代城市家庭日益向小型化、多样化方面发展。由此带来的结果,使得老年人晚年的消费生活需求将更多地求助于社区服务。

近些年来,在党和政府的关怀下,城区街道开展了以为满足老年人消费需求为目标的社区服务工作,不少地方还摸索出了许多好经验并形成了许多特色。但是,对于全国几千万城市老年人来说,现有的社区服务设施及服务水平与老年人实际消费生活的需求还有相当距离。

第四,老年人的经济收入与消费需求之间的不平衡。改革给人民群众物质文化生活带来改善,这是任何人都不能否认的,尤其是老年人,对改革后生活水平的满意程度超过了其他年龄群体。他们对社会主义优越性的体会比其他年龄的人要深刻得多,但他们生活水平提高的幅度并不能解决他们经济收入与消费需求之间的不平衡。

目前我国离退休人员近2,000万,其中大多数是在1970年代左右离开工作岗位的。他们在离退休前多年未增加工资,其标准工资偏低,致使不少退休职工工资收入只相当于在职职工实际工资收入的50%左右。有的退休职工还要供养配偶,这更使他们感到生活紧张。从整个老年群体的平均收入看,他们已处于社会平均水平以下。

但是,从另一方面看,老年人由于生理和心理的变化,消费需求结构、消费习惯与方式同其他年龄群体又有许多不同。有一位老年问题研究的学者将老年人的消费需求特点做了概括。他认为,老年人需要低脂肪、低糖分、多维生素的食品,需要低度的白酒和确实有效的保健食品等;在穿戴方面,需要易穿脱的宽松得体衣装,色彩淡雅、大方气派。鞋要平跟的,帽要冬保暖夏遮阳。在用的方面,需要以娱乐健身融为一体的器具为最佳;在行的方面,需要手推车、手摇车、便于代步等等。老年人需要这些消费品,能否如愿,除其他因素外,经济收入与消费需求之间就出现了很大的不平衡。此外,物价的波动也给老年人的消费生活带来了与其他年龄群体不同的或者说是更大的冲击,因为对老年人来说,除了固定的退休工资以外,再没有其他分享社会发展成果的机会。一般说来,老年人的精神、情绪控制能力降低,易于起伏波动,对于各种社会动荡的冲击,承受能力是较弱的,因此对于物价的波动,老年人最敏感,忧虑情绪也较重。

总的说来,改革出台的各项政策或措施,只要与老年人的经济收入有关的,他们都会表现出某种不安全感和忧虑情绪。老年群体的这种社会心理现象,值得引起政府和各级部门的重视。

以上老年消费生活中所存在的矛盾与问题,不外是主体(即老年人意愿)与客体(即实际生活条件)之间的矛盾与问题,可具体概括为两大矛盾:一,消费需求改变与增长的迫切性同需求实现受到经济条件及其他社会条件制约而不能充分满足的矛盾;二,消费欲望上的高标准与消费能力低的矛盾。

事实表明,老年群体是较为迫切要求自己不断增长的物质与精神消费能及时得到满足的。但是,需求的满足程度却受到了社会生产力发展的制约,同时也受社会及老年人本身消费观念与习俗的制约。这种制约在某种程度上是不以老年人的消费需求和消费意愿为转移的。总的来说,对老年人的消费需求要不断地创造条件给予满足,这不仅仅是老年群体的需要,也是社会发展的需要。因为老年人问题不仅关系到老年人,同时也关系到每一个家庭甚至年轻一代。走向老年,这是人生必经之路。老年人问题解决得好,有助于增加人们对社会主义制度实践的向心力,有利于国家的长治久安。

五、解决老年人消费生活中矛盾与问题的对策建议

(一)确定合理的老年消费水准

当前,不论是从事老龄问题研究的学者,还是从事老龄实际工作的同志,经常会在各种调查资料和研究报告中,指出老年人经济收入低、经济地位低、消费生活质量差等等问题,可见这些问题已成为现代城市老年社会问题的重要内容。但是由于没有确定用什么消费水准来衡量老年人的经济状况,所以我们很难判断现在城市老年人在经济地位上究竟处于怎样一个层次。要是能有一个消费水准来确定老年人的状况,对于全社会及时合理地解决老年人的社会问题是有重要意义的。确定一个合理的老年消费水准,是一个政策性很强的问题,需要党和政府重视。

近年来,不少企业对改善退休职工的生活做出了很大的努力,但由于社会保障体系及有关政策方面存在的问题,局部单位无法从根本上解决退休职工的困难。目前的情况是退休职工没有随着国民经济的增长而享受社会发展所带来的成果,因而导致其生活水平逐年下降。老年人的生活境遇与他们在社会经济发展史上的地位与作用很不相称。

老年人晚年生活所处的这种境地极大地影响了他们的身体健康和晚年幸福。据有关部门统计,近几年来,老年人的自杀率不断上升。一股悲观厌世的暗流正侵袭着不少老年人,使他们中的个别人走上极端道路。

为了解决老年人晚年消费生活中的矛盾与问题,我们应该制定一个适应老年人消费需要的、合理的社会消费水准,以保证老年人基本消费生活的需要,同时再以这个水准来确定老年人的经济状况和经济地位。这样有助于全面地重视和解决老年人的生活问题。作为老年人,只有当他们有充实可靠的收入时,才会过上富有意义的自尊和独立的生活。

(二)创办以满足老年人消费需求为目的的老年消费市场

目前在我国,尽管有不少人呼吁要尽快建立老年消费市场,但由于各方面的原因,事实上并没有建立起来。在商业领域和生产领域,“目中无老人”的情况并

非个别,在老年群体中有一定的购买力,也有明确的购买意愿,但为什么没有形成老年消费市场呢?这里有各种原因,而没有适合老年人消费需求的商品则是根本原因。老年人买不到合适的东西,看起来并不是什么大问题,但它涉及的面却很广。如果我们能认真地做好这个工作,创办一个适合老年消费需求的老年消费市场,必将会有助于我们去迎接人口日益老化给全社会带来的挑战。

前面我们研究了老年消费与年轻人相比,有很大的不同,所以老年消费市场同其他年龄群体的消费市场也应有许多不同的特点。

第一,老年消费市场是一个人口越来越多的市场。目前,我国60岁以上的老年人已达9000多万人,约占世界老年人口的五分之 ,约等于亚洲老年人口的一半。到2000年,我国老年人口将达到1.3亿,约占全国总人口的11%,到那时,中国将成为“老年型国家”,对此,我们应该未雨绸缪。人口年龄结构的老化,会导致一系列社会问题,其中有一个重要问题就是消费需求的变化,随着人口老龄化,老年人口必将形成一个有其特殊需求的群体,首先加重了医疗、保健、社会福利等方面的负担。在医疗保健方面,老年人是主要的消费者,他们在医疗方面的平均开支大约是17岁至60岁之间人口群体的3倍。老年人在日常生活等方面均需要社会提供更多的服务。创办一个适合老年消费需求的老年消费市场,必将有助于我们去迎接人口日益老化给全社会带来的十分严峻的挑战。

第二,老年消费市场是一个购买力越来越强的市场。随着我国社会经济的发展,旧的家庭结构已发生了深刻变化,城市家庭结构日益向小型化、多样化方向发展,小家庭日益增多,独立老年家庭随之迅速增加,因此可以推测。老年消费市场是一个购买力越来越强的市场。

第三,老年消费市场是一个消费意向稳定的市场。在前面的分析中,我们曾提到过老年人在回答“您现在急需和愿意购买下列哪类消费品”时,在九种回答中,摆在第一位的是补品;在回答“您现在最需要得到满足的东西是什么”时,摆在第一位的是“吃、穿得更好”。这些都说明老年人消费需求的产生,大多是围绕着“健康长寿”这个目的。因此他们的购买行为非常理智,不会像年轻人那样更多的是出于冲动,他们的消费需求比较明确、意向也比较单一。

第四,老年消费市场是一个范围越来越广的市场。出于这种心理需要,老年人的购物范围必然越来越广,力求使他们的晚年生活充满七色阳光。所以凡是适合老年人消费需求的东西,包括衣、食、住、行、乐等各种用品,都将逐渐成为老年人所要购买的对象。

(三)拓展老年社区服务领域,促其向专业化、多样化方向发展

我国城市当前的社区服务工作是从解决老年人问题入手的,通过不断地摸索和发展,现已形成一个初具规模的较完整的服务系列。例如武汉市江岸区大智街,建立了为老人服务的网络,采取街道、辖区单位、居委会、居民群众四级承包合同制,成立了“送温暖小组”“尊老爱幼服务队”“包护队”等各种形式的服务活动小组 53 个,参加人数近千人。他们帮助老人买洗、做,送老人上医院,陪同游览等等。这些服务工作对于全市的社区服务工作的兴起,起了很大的推动作用。这几年来,武汉市各街道根据客观条件,因势利导,逐步开辟老人服务的新项目,新内容,形成了多系列的老人社区服务体系。

尽管这些服务机构已初具规模,但同老年人的消费需求相比,仍存在很大的距离,主要表现在服务质量低,没有形成专业化和经营化。其原因,一是设施有限,二是缺乏专业人员。例如武汉市有 600 万人口,却只有一家专为老人服务的康复医院和一家老人用品商店。这些都远远不能满足老年人的需求。

老年社区服务作为当代应用社会学所属的社会工作学的一个分支,所涉及的知识面相当广泛,包括多种学科的专业知识。因此,要搞好社区服务工作,满足老年人的消费需求,就必须尽快培养一批专业人员,提高业务素质,建议从以下方面入手。

第一,确定社区服务基层工作机构的建制,分配一些大中专毕业生去开展工作。社会学、教育学、心理学、管理科学等都属于相关学科,这些学科的毕业生均可吸收,同时也解决了这些人的就业问题。

第二,对已在岗的人员进行岗位培训,通过讲座、集训、进修等渠道,提高这部分人的工作能力及业务素质。

第三,开办社区服务工作的专业班,集中训练一至二年,让这些人成为专业人员和骨干人员。

在拓展老年社区服务工作中,应把对老年消费者保护作为一个新领域,要致力于保障老年人作为消费者应当享有的权益。老年消费者的权利应包括:(1)保障安全的权利,(2)选择商品的权利,(3)表达意见的权利,(4)索取赔偿的权利。保护老年消费者的权利,应由政府、企业、消费者团体与消费者本人共同努力,而社区服务则是一个关键环节。老年消费者表达意见、索取赔偿等都需要一定的组

织程序和实施场所,因此,应把保护老年消费者权利作为老年社区服务的新领域,迅速建立和加强,作为解决老年消费问题的一个重要措施。

老年社区服务是适应我国商品经济发展需要的新事物,是家庭养老的补充,也是未来养老事业逐步社会化的前奏。这种服务应具有中国特色,应与我国的社会经济条件相适应。在目前社会生产力水平下,面向老人的社区服务,一般应是谁受益谁出钱。但是基本设施建设、必要的设备和开办费用等方面所需的资金,必须走多方投入的道路。政府对于某些重点的示范项目和特别贫困的地方,还需给予适当资助。老年社区服务工作是一项长期性的社会工作,必须走广开财源、自己装备自己的道路。这样做的效果,等于产生自我“造血”功能,不仅能让老年社区服务机构由小变大,也能让老年人分享社会发展的成果。

当代中国城市老年人家庭生活与性别的比较研究

一、问题的提出

对中国城市老年人家庭生活进行研究，是从1980年代中期开始的，例如上海市哲学社会科学“六五”期间的重点研究项目“上海市老年人问题研究”、1985年天津市的“天津老年人问题研究”、1985年武汉市的“武汉市城区老年人状况调查及对策研究”等。这些研究课题都涉及城市老年人家庭生活，但这些研究都只限于某一城市，其调查样本是有限的，研究范围是局部的或区域性的，并且都没有将老年人家庭与老年人性别进行比较研究。从全国范围内，选取九大城市应用社会学的理论与方法进行7000人的大规模调查，在全国还是第一次，因而这次调查结果具有较强的研究价值。把老年人家庭关系与性别进行比较研究，进而探讨男女不同性别老年人家庭生活和家庭关系中的差异及特点，寻求解决老年人家庭生活问题的对策，是本研究的目的及独特意义之所在。

二、研究方法

本研究课题为“中国城市老龄问题及对策研究”，系国家“七五”期间哲学社会科学重点课题，以1988年4月1日为调查时点，在北京、天津、上海、哈尔滨、武汉、成都、贵阳、西安和兰州等九大城市，进行了一次7000人的老年人状况抽样调查。这九大城市从南至北，从东到西，既有历史上的古老城市，又有近百年的新兴城市；既有沿海城市，又有内陆城市，囊括了我国政治经济行政区划的各个组成部分，具有较大的覆盖面和较高的代表性。因此，这次调查所取得的资料具有首创性和开拓性特点。

调查样本采用多段分层定比加随机抽样的方法抽出，各大城市的样本规模，是按照社会学研究方法的抽样规则确定的。

调查采用问卷同访问相结合的方法，共填写问卷7100份，剔除无效问卷100份，实际收回有效问卷7000份，调查问卷回收后，经过编码、登录，输入电子计算机建立数据库，然后按统计设计的规定进行统计和列表，共编制单变量汇总表288张，双变量交互表287张。

本文只选用了双变量交互表中的一部分指标，即用性别这一自变量与用来测量老年人家庭关系的一系列因变量之间的相互关系的指标，将老年人家庭关系与性别进行比较分析，以探讨结果与问题。

三、结果与分析

家庭是社会的基本元素，与人的一生密不可分，尤其是老年人，更需要家庭的温暖。因此在中国，以家庭为主的养老方式以其浓郁的东方色彩在中国大地上延续了漫长岁月，至今仍有较强的生命力。

根据九大城市7000位老人的调查，与子女或孙子女共同生活的老年人家庭占总数的67.5%，两位老人组成的夫妻家庭占17.6%，单身家庭占7.6%，其他类型的家庭共占7.4%。从以上数据可以看出，绝大多数老年人是和子女生活在一起的。因此探讨老年人家庭生活及家庭关系具有普遍意义。

（一）性别与老年人家庭类型及婚姻状况之间的关系

下表30　性别与家庭类型交互分类

频数 行百分比 列百分比	不详	单身	夫妻家庭	核心家庭	男主干家庭	女主干家庭	轮居主干家庭	隔代家庭	联合家庭	其他	行总计
男	22	174	703	653	1064	225	4	212	84	238	3379
	0.7	5.1	20.8	19.3	31.5	6.7	0.1	6.3	2.5	7.0	48.3
	56.4	32.8	57.2	58.8	46.3	35.7	333	41.9	51.2	49.9	
女	17	356	527	458	1236	406	8	294	80	239	3621
	0.5	9.8	14.6	12.6	34.1	11.2	0.2	8.1	2.2	6.6	51.7
	43.6	67.2	42.8	41.2	53.7	64.3	66.7	58.1	48.5	50.1	

续表

频数 行百分比 列百分比	不详	单身	夫妻家庭	核心家庭	男主干家庭	女主干家庭	轮居主干家庭	隔代家庭	联合家庭	其他	行总计
列总计	39	530	1230	1111	2300	631	12	506	164	477	7000
	0.6	7.6	17.6	15.9	32.9	9.0	0.2	7.2	2.3	6.8	100.0

结果表明,在所测量的有关家庭类型的七项指标(单身家庭、夫妻家庭、核心家庭、主干家庭、联合家庭、隔代家庭、其类型家庭)中,除了联合家庭类型男女性别差距很小外,其他六项指标的统计结果都表现出一定的差异,其中尤以单身家庭的差异最为显著。生活在单身家庭的老年人中,有67.2%的是老年女性,男性只占32.8%。单身女性老人多于男性老人,这是一个普遍现象,且随着老年人年龄的增大而逐步上升。

从老年人婚姻状况看,也可证实以上结论。

下表31 性别与婚姻状况交互分类

频数 行百分比 列百分比	不详	未婚	原配	离婚再婚	丧偶再婚	感情不好分居	离婚未再婚	丧偶未再婚	行总计
男	3	48	2424	120	278	8	27	471	3379
	1	114	71.7	3.6	8.2	0.2	0.8	13.9	48.3
	60.0	48.5	57.5	68.2	65.6	33.3	36.0	023.8	
女	2	51	1793	56	146	16	48	1509	3621
	0.1	1.4	49.5	1.5	4.0	0.4	1.3	41.7	051.7
	40.0	51.5	42.5	31.8	34.4	66.7	64.0	76.2	
列总计	5	99	4217	176	424	24	75	1980	7000
	0.1	1.4	60.2	2.5	6.1	0.3	1.1	28.3	100.0

婚姻状况调查结果表明,70%的老年人过着有配偶的婚居生活。从未结过婚的老人仅占总数的1.4%,而且在性别上没有差异。男女性老年人婚姻状况存在显著差异的是再婚和丧偶孤身这两项,调查表明,7000位老年人中,有600位老人是属于再婚的,其中女性占32.7%,男性占67.3%。此外,在7000位老年人中,丧偶后孤身的老年人有1980位,其中女性占76.2%,男性占23.8%。以上数据证实

了这个结论，即男性老人再婚人数多于女性，女性老人丧偶人数大大高于男性。单身女性老人多，并呈现出随着年龄的增大而逐步上升的现象，这是中国城市老年人状况的一个显著特点。在这个意义上讲，中国城市老年人问题应以单身女性老年人的问题作为重点。

从调查结果看，男性老人不仅再婚人数明显多于女性，他们的再婚意愿也大大强于女性。在“希望再婚”的单身老年人中，男性占76.3%，女性占23.7%。而在“不想再婚”的老年人中，则逆转过来，女性占77.6%，男性占22.4%。这个结果表明，在再婚问题上，女性老年人的心理障碍比男性老年人更大。造成这个差异的原因，有社会的、经济的、文化等方面，其中最重要的是文化因素。传统的文化因素造成了女性再婚难，而现在的老年女性几乎全部是从旧中国传统伦理过来的，她们受旧文化的影响最深，因而在再婚问题上心理障碍也最大。因此重视和解决老年人再婚问题，应以解除老年女性的心理障碍为重点。

(二)性别与老年人家庭代际关系的状况

为了测量老年人家庭的代际关系，调查选用了以下指标：(1)子女人数，(2)老人与子女共同生活的形式及原因，(3)家庭的经济开支状况，(4)老人与子女往来状况、交流状况，(5)老年人对子女婚后居住方式的意愿，(6)老年人在家庭中的自我感受等。

在被调查的老年人中，有96.0%有子女，平均子女数为3.66的人，中位数与众数均为4人。这说明，中国城市老年人绝大多数有子女，而且是多子女型，这个状况与老年人性别无关。

是什么原因使老年人与子女共同生活呢？如果不考虑性别因素，这个凋查结果的排列顺序为：(1)子女婚后无房；(2)需要子女照顾；(3)帮助子女料理家务；(4)靠子女赡养；(5)享受天伦之乐？(6)经济上帮助子女；(7)子女上班不方便等。

下表32　性别与同已婚子女一起生活原因交互分类

频数 行百分比 列百分比	除外及不详	靠子女赡养	经济上帮助子女	需要子女照顾	帮助子女料理家务	享受天伦之乐	子女婚后无房	子女上班不方便	其他	行总计
男	2104	65	75	325	175	135	442	31	27	3379
	62.3	1.9	2.2	9.6	5.2	4.0	13.1	0.9	0.8	48.3

续表

频数 行百分比 列百分比	除外及不详	靠子女赡养	经济上帮助子女	需要子女照顾	帮助子女料理家务	享受天伦之乐	子女婚后无房	子女上班不方便	其他	行总计
	51.0	15.0	60.0	48.4	38.7	52.5	54.3	50.8	45.0	
女	2023	368	50	346	277	122	372	30	33	3621
	55.9	10.2	1.4	9.6	7.6	3.4	10.3	0.8	0.9	51.7
	49.0	85.0	40.0	51.6	61.3	47.5	45.7	49.2	55.0	
列总计	4127	433	125	671	452	257	0814	61	60	7000
	59.0	6.2	1.8	9.6	6.5	3.7	11.6	0.9	0.9	100.0

如果将性别与老年人同已婚子女共同生活的原因进行相关分析,发现男女性老年人同子女共同生活的原因有显著差异。除了“子女婚后无房”这一条都排列在首位以外,其他原因各不相同。男性老人排列在前三位的顺序为:需要子女照顾,帮助子女料理家务,享受天伦之乐。女性老人排列在前三位的是:靠子女赡养,需要子女照顾,帮助子女料理家务。特别应该指出的是,在“靠子女赡养”的老年人中,85%的是女性,15%的是男性;在“经济上帮助子女”老年人中,60%的是男性,40%的是女性;在“帮助子女料理家务”的老人中,61.3%的是女性,38.7%的是男性。以上几项指标的差异表明,女性老年人需要子女赡养的人多于男性,反过来,则是在经济上能够帮助子女的男性老人多于女性。能够帮助子女料理家务的女性多于男性,从这个意义上可以推断,女性老人在家庭中更受子女欢迎。

由于女性老人需要子女赡养的多,帮助子女料理家务的多,因而,女性老人与子女间的相互依赖程度高于男性。为了证实这个结论,我们可以从老年人与子女间交流状况的自我评价结果来分析。在认为自己与已婚同居子女关系亲密的老年人中,女性占53.3%;在认为自己同已婚分居子女关系亲密的老年人中,56.9%的是女性。此外,从老年人对子女婚后居住方式的意愿选择看,也可证实以上结论。主张子女婚后“都在一起过”的老年人中,57.7%是女性,而主张“都分出去过,少接触”的老年人中,55.5%的是男性。

下表33 性别与对子女婚后居住方式的意愿交互分类

频数 行百分比 列百分比	除外及不详	都在一起过	只留一个儿子	只留一个女儿	只留一儿或女	好的留差的分	都分出住近些	都分出少接触	无所谓	其他	行总计
男	219	366	486	137	180	231	1276	187	224	73	3379
	6.5	10.8	14.4	4.1	5.3	6.8	37.8	5.5	6.6	2.2	48.3
	44.5	42.3	46.1	39.3	49.9	46.6	51.9	55.5	51.9	47.7	
女	273	500	568	212	181	265	1184	150	208	80	3621
	7.5	13.8	15.7	5.9	5.0	7.3	32.7	4.1	5.7	2.2	51.7
	55.5	57.7	53.9	60.7	50.1	53.4	48.1	44.5	48.1	52.3	
列总计	492	866	1054	349	361	496	2460	337	432	153	7000
	7.0	12.4	15.1	5.0	5.2	7.1	35.1	4.8	6.2	2.2	100.0

(三)性别与老年人在家庭事务中的作用

中国是一个具有尊老文化传统的国家,尽管封建时代那种老人主宰家庭一切的局面已不复存在,但在现代都市家庭中,老年人在家庭事务中的作用仍然是举足轻重的。

下表34 男女性老年人在家庭事务中的作用

项目 \ 作用		起决定作用%	有发言权%	不起作用%	不评价	合计%
经济开支	男	52.3	35.8	11.2	0.7	100
	女	55.0	27.9	16.2	0.8	100
处理大事	男	47.2	42.2	9.6	1.0	100
	女	38.2	44.1	16.5	1.2	100
子女婚姻	男	11.7	56.9	28.3	3.2	100
	女	11.9	53.5	31.3	3.2	100
子女学习和就业	男	12.3	47.9	36.4	3.4	100
	女	9.4	41.6	45.5	3.5	100

从上表统计结果可以看出,男女性老人在家庭事务中所起的作用有显著差异,表现为以下几点:

第一,在“不起作用”这一个指标,女性比重都超过男性。

第二,在“子女婚姻”这个问题中所起的作用,男女老年人差异比较小,这说明老年人对子女婚姻的干涉或影响越来越小,女性老人的影响稍大于男性老人。

第三,在“经济开支”方面,女性起决定性作用的比重强于男性。这个测量结果与现代城市家庭中,女性主管家庭日常生活开支的现象相吻合。

第四,在“处理大事”和“子女学习与就业”问题上,男性老人所起作用明显强于女性。这说明,在现代中国城市家庭中,男性主宰家庭大事的现象仍然存在。由此可见,男子本位的观念在老年群体中仍占有重要地位。这是中国老年人与现代中青年人观念的一个显著差距。

(四)性别与老年人从事家务劳动的关系

在老年人的家庭生活中,无论男女,都承担了一定的家务劳动,尤其是女性老人,承担的家务劳动量大、时间长,是她们晚年生活的主要内容。

调查结果表明,有 80.6% 的老人在家里要承担比较多或者一定量的家务劳动,而女性老人有 88.3% 的人要承担较多的家务劳动,而每天从事家务劳动 4 小时以上的人占一半以上。可见,家务劳动是老年妇女晚年生活的一个重要内容。

四、结论与建议

通过以上对比分析,我们对当代中国城市男女老年人的生活及家庭关系的特点与问题有了一个比较清晰的认识。

(一)单身高龄女性老人是城市老年人中的一个特殊群体

在当代中国的社会条件下,封建的家庭观念已失去了存在的基础;但是,作为东方文化组成部分的家庭观念,在中国人心目中,尤其在中国老年人心目中仍占有重要地位。夫妻恩爱,家庭和睦仍然是现代中国人理想的家庭模式。中国传统文化中的子女要赡养父母,对他们的生老病死承担义务的观念在中国一直延续到现在,所以中国的老年人绝大多数能够得到子女的赡养、照顾和尊重。而单身女性老人缺乏这种赡养和照顾,这对她们安享晚年是不利的。

(二)全社会应该鼓励和支持老年人,尤其是单身女性老人寻求晚年的婚姻生活随着人们寿命的不断延长，丧偶独身或离婚独身的老年人群体正不断扩大，必然带来老龄再婚的问题，并且成为今天或将来老年婚姻问题的重要内容。老年再婚作为老年人追求高质量晚年生活的正当要求，合法权利，应得到全社会的理解和支持。因此全社会应该鼓励和帮助老年人实现再婚的愿望，特别应该支持女性单身老人再婚。

（三）大力发展社区服务，将老年人尤其是女性老人从家务劳动的重负中解脱出来

为了提高老年人生活的质量，必须加快发展社区老年服务，这是减轻子女和亲属压力，解决老年人生活问题的重要途径。可以考虑通过社区举办以各种老年服务中心，解决老年人生活中的各种需求，以减轻老人家务劳动的负担。

总之，中国城市老年人的家庭生活绝大多数是幸福的，代际关系是协调的，但其中存在的问题也不可忽视，尤其是单身女性老人的问题应该得到足够的重视。要积极慎重地解决好她们的问题，从而使越来越多的老年人能够幸福地安度晚年。

中国九大城市老年人住宅与社区环境研究

纵观世界社会发展史,凡进入现代社会的国家和地区,人口老龄化都是一种普遍的趋势。老年人的生息及其所产生的社会问题,自人类进入文明之后就存在,而作为人口群体的老年人比重增加所形成的人口老龄化,只有进入现代社会之后才出现。随着人口老龄化,老龄社会问题越来越多,越来越复杂。其中老年人住房及社区环境问题已成为重要的社会问题。

中国是世界上老年人口最多的国家,迄今为止,中国老龄人口(60 岁及以上)已达 1.3 亿。随着老龄人口的迅速增加,我国政府对老龄问题给予了很大的关注和重视,对老龄问题的研究也逐步展开,但是对城市老年人住宅及社区环境的研究,目前尚未取得长足的发展。"七五"国家重点社会科学研究项目"中国城市老龄问题及对策研究"把这个问题列为重点研究的问题之一,于 1988 年在北京、天津、哈尔滨、上海、武汉、成都、贵阳、西安、兰州等九大城市做了 7000 老年人生活状况调查。本文拟主要使用这次调查所取得的资料,对我国城市老年人住房与社区环境问题进行分析,并同时提出相关对策。

一、城市老年人住房现状

对我国城市老年人住房问题研究,首先应考察老年人的住房类型、居室间数、人均居住面积,住宅质量等问题。

(一)住房类型

下表35　九大城市老年人家庭住房类型

居住类型	不详	平房独居	平房混居	单元楼独居	单元楼混居	非单元楼独居	非单元元混居	花园楼房	其他	合计
户数	23	685	2167	1667	1175	167	1048	13	55	7000
%	0.3	9.8	31.0	23.8	16.8	2.4	15.0	0.2	0.8	100

从老年家庭住房类型看,有五分之三的老人家庭是平房混居,这种类型排列在首位;其次是单元楼房混居,再顺次排列是非单元楼房混居,平房独居,非单元楼房独居等等。

从老年人住房的整体状况看,混住比例高于独居,说明目前城市老年人绝大部分与子女、孙子女同居。这种状况与目前老年人家庭类型是吻合的。本次调查表明,城市老年人家庭类型老年人与子女、孙子女同住的占60.3%,有32.4%的老年人与子女分开居住。这种情况在家庭类型上表现为单身家庭、夫妻家庭和隔代家庭。造成分居的原因中,排列在第一位的是“房子窄小,不得不分居”,占36.2%。

(二)老年人住房间数和人均居住面积

下表36　九大城市老年人住房间数

间数	不详	一间	二间	三间	四间	五间	六间以上	合计
户	33	2013	3002	1397	382	83	90	7000
%	0.5	28.8	42.9	20.0	5.5	1.2	1.3	100.0

下表37　九大城市老年人家庭人均居住面积

面积平方米	不详	3平方米以下	4－5平方米	5－8平方米	9－11平方米	12－15平方米	16－20平方米	21－30平方米	31平方米以上	合计
人	122	742	1135	2240	1155	882	485	226	113	7000
%	1.7	10.6	14.8	32.0	16.5	12.6	6.9	3.2	1.6	100

从以上两表可以看出,我国城市老年人家庭住房间数户平均为2.10间,中位数及众数均为2间,人均居住面积为9.21平方米,中位数为7.50平方米,众数为

6.00 平方米。老年人住房间数比全国城镇家庭 1987 年户均 2.39 要低一点，而人均居住面积又略高一点。老年人住房面积在老年人群体之间存在较大差异。这就是说有的老年人可能只有几平方米的房间，而有的老人可能有好几个房间，这种不平衡现象在老年人中是存在的。除了老人住房面积存在这种差距外，住房质量也存在差异。

（三）老年人家庭住房质量

在我国城市老年人家庭住房中，有独用厨房的占 60.2%，独用厕所的占 29.5%，独用洗浴设备的占 10.7%，有暖气的占 11.5%。这种住房设施及质量均低于同期城市家庭住房的质量水平。

（四）老年人本人居室现状及水平

本次调查表明，在 7000 位老年人中，能够独居和与配偶同居一室的占 71.6%，还有 28.4% 的老人与子女或孙子女同居一室。从老年人居室类型看，有 81.2% 的老人住的是正式间，还有 18.8% 的老人住的是地下室、厨房、过道、楼梯口、阁楼等简易栖身处。从老年人居室的面积看，有 40% 的老人居室面积在 11 平方米以下。老年人居室的狭小给他们的老年生活会带来诸多不便。还有老年人没有固定住所，这一部分老年人的晚年生活会更加困难。他们的困难很值得有关部门给予高度重视。

二、城市老年人居住的社区环境

我国城市老年人居住的社区环境状况，主要从社区环境质量和老年人对环境的满意程度这两个方面进行调查和分析，调查结果表明，有 60.31% 的老人认为社区环境很好，17.0% 的老人认为比较好，认为一般和较差的老人占 22.6%。

从老年人对社区环境的满意程度看，有 76.8% 的老人对社区环境的评价是很满意和比较满意，还有 23.2% 的老人对社区环境不满意和很不满意。

值得指出的是，老年人对社区环境的满意程度同社区环境质量并不完全一致，近 80% 的机关单位负责人和军队离退干部居住的社区环境质量较高，但他们对环境的满意度却较低；相反，普通职工所居住的社区环境质量不高，但他们对环境的满意度却高于机关单位负责人和军队干部。这个结果说明，对社区环境的评价虽与社区环境质量有关，但更主要的是由不同职业者对社区环境有不同要求所决定的。

三、我国城市老年人居住方面的问题

改革开放十几年来,我国人民的住房状况得到了极大的改善,以武汉市为例,全市居民人均居住面积从1977年的3.43平方米提高到了1993年的6.3平方米。但是,相对于一些发达国家来讲,我国人民的住房状况显然十分落后。从老年人角度看,他们的住房问题又显得更为特殊,具体地说表现为以下几点:

第一,住宅数量上表现为供求不平衡。从老年人家庭看,人均住房面积低于5平方米的占31.9%;从老年人本人的居室面积看,在8平方米以下的占15.3%。有17.7%的老人没有一间正式住房,他们长年生活在厨房,过道和楼梯口。由于住房数量的不足,有28.4%的老人不得不与子女或孙子女同住一室。另外还有许多老人想与子女同住,以便相互照顾;但没有房子,他们不得不单独居住,共享天伦的愿望难以实现。

总的状况是,有的老人想与子女分开居住而分不开,想同住在一起的又搬不进来。此外,由于住房不足引起家庭成员矛盾的现象也经常可见。调查表明,家庭成员间的矛盾,由住房问题造成的在各项矛盾中排列第二位,仅次于经济问题。

第二,住房质量不能满足老年人的需求。自古以来,我国社会素以家庭为主体,以子女之幼由父母扶养,父母之衰由子女侍奉,彼此互为责任的伦理传统沿袭至今。因此,老年人的各种需求,主要依赖在家庭内得到满足。即使现在中国的小型化的三口之家已占相当大的比例,但还是有许多老人希望与子女住在一起,以满足日常生活中要和情感上的需要。但是,由于住房不足,很多老人不能与子女住在一起。即使是住在一起的老人,也因为住房结构、住房内部设施的各种问题而带来生活的不便。如有的老人家庭没有独用的浴室、厕所、厨房取暖设备等,老年人在家庭内的活动受到限制,许多需求不能满足,家务劳动的负担也增加了,不安全的因素也增加了,这一系列的问题和不便最终降低了老年人晚年生活的质量。

第三,社区生活服务设施不够完善。例如,在离老年人住宅1公里范围内没有百货店的占6.4%,没有医院、卫生院的占10.8%,没有公共汽车站的占5.2%。这些给老年人的生活都带来了不便,尤其是对高龄、身体不好的老人来说,困难会更多。

上述情况表明,社区的生活服务和文化服务设施的不足或不完善,已经成为影响老年人生活质量的根本问题。因此,许多老年人在回答“生活中急需解决的问题是什么”时,提出“增加生活服务设施”的老人占29.%,在八项急需解决的问题时,仅次于“增加收入”和“解决住房问题”,而排列第三位。

四、关于解决老年人住房问题的几项建议

根据我国当前城市老年人住房和社区环境方面存在的问题,参照老龄世界大会通过的《国际行动计划》和《着重于援助老年人的国家住房与环境改善方案》的基本精神,现对我国城市老年人住房与环境改善方面特提出以下建议:

一,要把长久保持老年人的独立生活能力和活跃性作为解决老年人住房问题的基本准则。

1982年联合国老龄问题世界大会通过的“老龄问题国际行动计划”明确提出,切不可认为住房和环境仅仅是一个容身之地。物质部分之外,心理和社会意义也应当予以重视。我们应该把“为老年人制定的各项政策和方案应能促使老年人有机会自己发挥其力所能及并益于家庭和社区的各种作用”作为解决老年人住房的基本准则。从认识的角度,不能将住房和社区环境仅仅看作是为老年人提供一个容身之地,同时要把它看成是为老年人提供一个实现个人意愿和潜力的场所。从我国老年人住房的现实出发,应首先解决老年人居住问题,尽一切所能满足老年人的心理和社会的需求。只有当住房与环境能够使老年人长久地保持活跃性和独立生活的能力,老年人的心理与社会需求才能得到全面满足。

二,在住房制度和政策改革的同时,充分考虑老年人的特殊需求,保证老年人的住房需求能够得到逐步满足。

“维也纳老龄国际行动计划”中提到,老年人在精神、文化和社会、经济方面对社会所做的贡献是宝贵的,应当予以承认,并且应当进一步加以促进。用在老年人身上的花费,应被视为一项持久性投资。这个为全世界老年人谋福利的文件受到了世界各国的重视。现在不少发达国家已经从过去的经历中认识到为老年人建筑住宅的必要性、急迫性和可行性,许多国家都根据各国的实标,制定出了各种政策,并取得了各种成功经验。但是也有国家由于受各种条件的限制,老年人的利益和愿望总是受到忽视。在法制不健全的国家和地区,老年人的利益和要求有可能被践踏。在老年人住房问题上,他们的利益得不到保护,他们的需求得不到满足,这种现象在不少国家存在,这也是老年人住房问题得不到根本解决的重要

原因。因此,在住房制度改革的过程中,改善老年人住房的分配和购买政策,使老年人享有同其他年龄群体相同的住房分配和购买政策,可以说是解决老年人住房问题的关键和前提。

三,以老年人在宅内养老为中心,制定和完善社区环境建设构想。我国拥有千年家庭养老的传统,这是一种对社会、对国家、对老人都有利的养老方式,应该继续发扬。但是随着西方文化的传入,我国家庭结构发生了变化,家庭养老也碰到许多具体困难。因此,为了保持家庭养老与社会养老相结合的养老方式,必须完善社区环境建设,以便减轻家庭照顾老人的负担,并使老年人的需求能够得到充分满足。

四,应大力发展老住宅周围的社区服务。我国目前对老年人住宅区周围的社区服务设施比较缺乏,服务质量也不高。为了满足老年人,尤其是对那些高龄老人、身体不好出门不方便老人的日常生活需要,社区服务的项目和形式都应该有一个高水平发展。

总之,住宅和社区环境问题关系到城市老年人的切身利益,全社会必须重视它。但住房和环境问题不是一个孤立的问题,而是同其他诸多问题紧密联结在一起的。因此需要我们把住房政策同社会、保健、文化娱乐等有关公共服务政策结合起来,综合治理。这不仅是老年人群体的需要,也是社会发展的需要。因为老年人住房与社区环境问题不仅关系到老年人,也关系到每一个家庭甚至年轻一代。

武汉市空巢老人基本状况调查报告

武汉市老龄工作委员会办公室

随着城市人口的老龄化和老人家庭的空巢化,在城市老年人口中出现了孤身独居、物质生活和精神生活都处于贫困状态的老年人群体。在建构和谐社会的过程中,如何帮助这些孤独老人度过晚年,是各级党委和政府及全社会的责任。为此,2005 年 3 月至 6 月,武汉市老龄办和武汉市社会科学院联合组成调查组,深入到全市开展了空巢老人基本情况摸底调查。

武汉市现有 60 岁及以上老年人口 95 万人。此次调查界定的空巢老人是指年满 60 周岁、未与子女(晚辈)同住、家中只有一个和几个老人的老年人。家中只有一个或几个老人居住生活的家庭称之为空巢老人家庭。本次调查动用上千名调查人员,登门入户,采用统计及问卷两种调查方式,调查区域总人口 396821 人,其中老年人口 55236 人,抽取空巢老人样本数 11155 人。调查辐射全市 13 个区(7 个中心城区、6 个远城区)的 44 条街道、138 个社区、53 个村。7 个中心城区抽查了空巢老人 7480 人,占所在区域老年人口比例的 18%;6 个远郊区抽查了空巢老人 3675 人,比例为 25.9%,高于中心城区 7 个多百分点。从这次调查范围看空巢老人占老年人口的平均比例为 20.2%,但结合实际情况综合分析看,全市空巢老年人口的比例大约为 25%。

一、空巢老人基本状况

通过对 11155 名空巢老人问卷调查,现将比较集中的问题和基本状况表述如下:

（一）性别、年龄状况

11155名被调查的空巢老人中，男性5190人，女性5965人，分别占46.5%和53.5%。从年龄分布看，70－79岁的空巢老人有5130人，比例最大，达46%。

（二）亲子、居住状况

调查显示，没有子女的空巢老人有744人，占空巢老人总数的6.7%；因未婚、离婚和配偶去世而独居的空巢孤寡老人为4000人，占36%。空巢老人因为"住房小，无法与子女同住"的有2590人，占23.2%，无房和租房居住等情况的空巢老人有2638人，占23.6%。

（三）健康状况

健康状况是空巢老人最为关心的话题，调查表明，身体健康状况比较差、身患心脏、"三高"等疾病的空巢老人有2490人，占22.3%。空巢老人最常见的疾病是慢性疾病，有7761人，占69.6%。调查还表明，占7.3%、人数近千名的空巢老人不能自理自己简单的日常生活。

（四）经济状况

调查显示，有1873名空巢老人靠子女经济上的帮助度日，占16.8%；517人以低保金过活，占4.6%。月收入在500元以下的空巢老人有6262人，占56.1%，比重较大。

（五）亲情状况

通过调查我们发现，每月才有子女探望或打电话关心的空巢老人2744人，占24.6%；偶尔有子女探望或打电话问候的1926人，占17.2%。远郊农村由于电话普及不够和交通条件限制，亲情关怀方面落后于中心城区，偶尔有子女探望或打电话的情况高于中心城区16个百分点。

（六）文化生活

6282位空巢老人的休闲方式主要是读书、看电视、听广播，占11155人的56.3%；通过统计分析，上老年大学的仅441人，占3.9%；偶尔参与社区活动的有3031人，占27.1%；不参与的达6586人，占59%。这说明空巢老人参加活动、健身、读老年大学的人数较少，频度不高，休闲方式比较单一。

（七）困难与需求。

在对11155位被调查空巢老人的问卷调查中，目前面临的主要困难排序结果：第一是经济困难，2476人，占22.1%；第二是医疗照料1872人，占16.7%；第三是生活照料1507人,占13.5%;第四是精神慰藉1273人,占11.4%。尤其是远郊农村反映经济困难的空巢老人数接近中心城区空巢老人数的2倍,有1612人,占农村空巢老人样本总数的43.8%。

在生活需求方面,要求亲属关照的空巢老人有3761人,占33.7%;要求社区关照的有1999人,占17.9%;要求增加文化娱乐的有1054人,占9.4%。

二、空巢老人存在的问题

随着社会的进步,老年人受到各方面越来越多的关爱。但是,伴随着汹涌的"白发"浪潮,不可避免地带来了诸多问题。老年人是弱势群体,存在很多问题和困难;空巢老人是弱势群体中的弱势,高龄、独居、疾病缠身、经济困难的空巢老人更是问题中的问题,主要表现在以下几个方面:

(一)约30%的空巢老人生活比较贫困

调查显示,月收入220元以下的空巢老人3065人,占27.5%,其中远郊农村月收入220元以下的空巢老人达2571人,占农村这次被调查空巢老人的70%,许多农村空巢老人没有固定的收入来源,经济状况令人担忧。生活保障问题是农村空巢老人、城市低保和低收入家庭特别是高龄、特困空巢老人家庭最为担心的问题。农村许多80岁以上的高龄老人还在种地干活,自谋生计。城市许多空巢老人本来退休金就少还要倒贴子女,只能到处打工,疲于奔命。如黄陂区建安村张西湾的71岁空巢老人张明顺与94岁的老母相依为命,生活没有保障,靠邻里救济度日;又如,江夏区山坡乡曙光村70岁的空巢家庭夏明利老人,独子去世,3个年幼的孙子和2位老人5口人每月仅靠政府低保金维持简单的生活,生活艰难。

(二)约20%的空巢老人身体较差且缺钱看病

通过调查,有2490位空巢老人身体状况较差,占22.3%,患有多种老年性疾病和慢性病,低微的收入和昂贵的医疗医药费用矛盾日益明显。一种情况是部分空巢老人本来收入就少,维持最简单的生活都成问题,根本就不敢看病。如江汉区新华街江北社区78岁的汪珍珠太婆疾病缠身,老伴去世后独居,女儿瘫痪在床远住武昌,太婆每月仅靠172元"低保金"和80元抚恤金生活,无钱看病吃药。第二种情况是月收入尚可的老病号,难以支付自己身患多种慢性疾病和重大疾病的医疗费用。如江岸区车站街辅仁社区的聂耀华老人靠800多元的退休金生活,因为慢性疾病每月医药费要花去70%的退休金,由中等生活水平拖成了生活困难户。第三种情况是因为没有固定的收入来源和医疗保障,许多空巢老人有病拖着、扛着,不敢看、不能看的现象比较普遍,而且农村身体状况差的空巢老人和患慢性疾病的空巢老人远远高于城区,是农村目前空巢老人的“心病”和“忧患”所在。如黄陂区上张村刘柏树湾的空巢老人刘后保,今年 66 岁,因中风无钱治疗而双腿瘫痪;又如汉阳区晴川街汉汽社区 70 岁的空巢老人周丽华,退休工资低其子下岗不在身边,没有办理医保,因患肠癌刚刚手术的钱都是凑借而来的。很多老人因病致贫,有病看不起而把小病拖成大病。

(三)5%左右的空巢老人生活照料问题突出

“子女们不在身边,生活真的不方便啊!”家住汉口台北二村的 81 岁高惠珍空巢老人想起自己的孤独生活就辛酸,10 多年没怎么下楼,想下楼和老街坊唠唠磕竟成了老人家的心愿。许多高龄空巢老人特别是独居、高龄、多病的老人,他们的日常起居、生活照料都是他们忧心忡忡的事,很多在常人眼里最普通不过的事于他们可能都是一道坎。而空巢老人得病后的护理问题也是让许多老人担忧和无奈的事。72 岁的刘老和 69 岁的老伴与子女分开独处,老伴病了,子女没人陪伴,他扶着老伴去医院挂号、检查、取款、取药、办理住院手续,一天走了 10 多里路,还要回家买菜、做饭、送饭,自己都快累病了。如果是单身空巢老人年高力衰后、生病后陪护的情况有的比这还糟糕得多,有的发生意外无人援手、有的到了十分凄惨的地步。

(四)约 15%的空巢老人生活空虚,渴望精神慰藉

目前,大部分空巢老人生活比较孤独、空虚,休闲娱乐方式比较单一,仅限于读书、看报、看电视等室内活动,很少参与社区文体活动或健身,”自闭症“现象比较普遍。有 4000 位空巢老人因为未婚、离异和配偶去世而独居,占 35.9%,有 17.2%的空巢老人偶尔才有子女探望或打电话,有的老人因为小孩出国、支边几年不得相见,他们的苦楚更多,备受煎熬.空巢老人“出门一把锁,进门一盏灯”的寂寞生活让人担心,有的情绪低落、消沉,还有的患上了痴呆症。例如青山区新沟桥街的空巢老人吴老,原为公务员,生育两女已出嫁,吴老衣食无忧,就是孤独,而两女很少回“巢”探望,思女思孙心切的吴老给女儿打电话:“你们再不回家,就上法院告你们。”还如汉阳区琴断口街桃花岛社区的空巢老人王桂英,今年 70 岁,早年守寡,两个儿子在外工作,由于孤寂,经常犯迷糊,曾一度情绪失控,身体健康每况愈下。刘芹茂老人是空巢家庭,女儿离她就一个小时的车程,因为工作忙三周

才回一次，每次在家待不到2小时！她感到女儿是“近在眼前，却远在天边”。社会、家庭等各方面对空巢老人的精神慰藉还不全面、不系统、不深入，制度性慰问和长效机制建设方面比较匮乏。

三、几点对策

（一）要充分重视老龄人群特别是空巢老人的问题

应对人口老龄化的严峻挑战是全球各国都十分关切的重大课题。我国在1999年已进入人口老龄化，60岁以上老年人口已达1.3亿，占全球的1/5，亚洲的1/2；我市于1993年进入老龄化，目前60岁以上老年人已达95万，占全市人口12%。银发浪潮扑面而来，给社会经济、政治等各方面产生深刻影响，如果不充分重视，积极应对，及时谋划，有效治理人口老龄化带来的一系列问题，将直接影响广大老龄群体的切身利益，影响经济发展和社会的和谐稳定。

老龄群体是一个弱势困难群体，而“空巢老人”又是其中占比例较大的更困难的部分。随着社会的发展和人民生活水平的不断上升，家庭小型化、核心化的趋势将更加强化，因而“空巢老年家庭”已成为一个固有的社会现象和社会问题。老龄问题不仅仅涉及老年人自己，还影响到千千万万个家庭、子女，因此必须高度重视。在认识上有几个观念需要强化：一是老龄问题是不可回避的现实问题，越早动手治理越主动；二是“老龄工作不是中心牵连中心，不是大局影响大局”，按和谐社会的理念它又是大局；三是老龄问题不仅仅只是社会稳定的政治概念，其内涵还包括社会道义及其应对方式、手段的科学性、合理性，涉及社会保障机制、财政投入机制、城市服务功能建设，尤其是运用市场化手段推进老龄产业化发展，将老龄问题转化成积极因素，既解决老龄问题又促进城市经济发展等内容；四是党政主导下的齐抓共管、系统推进，是解决老龄问题的关键。只有切实加强领导，制定长远规划和扶持政策，实施适当的财政倾斜措施，逐步解决老年人的突出问题、逐步构筑让老年人共享社会成果的机制、逐步建立多层次、多方面的服务网络，充分发挥政府、非政府组织、社会和家庭以及老年人自己等多种因素的作用，整合各方面力量共同推进，方能有效治理人口老龄化带来的一系列问题，达到老年人与社会的和谐共进。

（二）在健全老年人社会保障的同时，进一步建立完善老年人特别救助制度，切实解决特别困难老人的实际问题

广大老年人特别是空巢老人,安享晚年的三个方面的生存保障,一是经济供养保障,二是医疗保障,三是生活服务保障。要重点解决老年人的“养老”“医疗”问题,充分关注“五保老人”“低保老人”“高龄老人”“空巢老人”等老龄群体中的特殊对象。在构筑城市社会保障安全网中,除了要逐步扩大养老保险覆盖面、落实城市最低生活保障制度外,还要重点关注农村贫困老人特别是空巢困难老人的生活问题,建立新型的农民社会化养老保险制度,采取“低水平、广覆盖、适度保障”,个人、集体和国家分担的办法,要加快农村最低生活保障制度落实的步伐,积极推进优惠老龄人群的医疗制度改革,积极探索农村合作医疗制度,有条件的地方要逐步建立集体养老津贴发放制度。要逐步建立和完善老年人特别救助制度,对高龄贫困老人,因病、因故致贫的特困空巢老人和其他突发事故需救助的老人,给予特别救助。进一步建立健全社区老年人医疗保健服务网,对高龄和空巢老人逐步建立健康档案,提供送医送药、定期体检、医疗咨询和健康教育等服务。

同时,要在农村积极推行签订《家庭赡养协议书》的工作。我办于2002年在黄陂区试点的基础上,在六个远郊城区扩大试点,目前已有115个村开展,有6594名老人与子女签订了家庭赡养协议,收到比较好的效果,受到农村老年人的普遍欢迎,子女有了责任感,老人有了安全感。在农村倡导签订家庭赡养协议书,是现阶段我国农村解决老年人养老的一种有效的配套措施,也是《老年法》提倡的。但仅就各级老龄工作部门来推进,力度不够。

(三)尽快逐步建立和完善老年人的社会帮助服务体系

对于绝大多数老年人特别是空巢老人来说,最经常、最直接、最大的需求就是生活照料服务和医护服务,这也是广大老年人的隐忧。一是要规划建立起一个与市民日常生活相关,面向包括老年人在内的全社会的多层次、多方面的服务平台。重点是要扶持以市场为导向、市民有偿消费为主的专业化、规范化、系列化的社会服务机构和中介组织。把现有的“家政服务”“钟点工”等引向市场化、规范化的轨道。二是做好基层细致的基础工作。要对特困老人、空巢困难老人、高龄老人等特殊对象逐一摸底,建立信息库(包括80岁以上的、孤寡老人、低保老人、独居老人、生活不能自理老人、常年生病导致经济困难老人),并制定相应的联络、亲情联络等制度,定期、定人进行有针对性的服务。三是鼓励民间助老活动。充分发挥基层老年协会的作用,组织老年人自我管理、自我服务,特别是组织低龄健康老人为高龄、空巢困难老人进行结对帮扶活动,在基层社区推广更多的在我市已形成的“情感银行”“陪独团”“空巢老人俱乐部”等老年人自我服务形式；同时，要逐步建立社会志愿者队伍参与为老年人的义务服务活动。四是积极探索新的养老方式。如支持社区、民间组织建立新型的“托老所”“家庭养老屋”等。还可研究探索对空巢老人房屋评估置换的养老方式，倡导和形成子女关心、邻里关照、志愿者关爱、老人互相关怀、社会关注空巢老人的良好氛围。

（四）进一步做好老年优待工作

对少数特殊对象老人，可逐步实行“政府购买养老服务”的优待政策。宁波市采用这种方式后效果很好，也得到民政部的充分肯定。凡高龄、空巢且独居的困难老人，可享受由政府出资购买的上门服务政策。由社区落实家庭服务员，每天服务一小时，每一小时按一定的经费标准，所需资金列入政府年度财政预算。由政府出资对特殊对象实施购买养老服务，既解决了行动不便的高龄、困难空巢老人在家养老的困难，又为部分失业者创造就业机会，可以说是一举两得的好事。

（五）在党政主导下积极推进老龄产业化发展，逐步开拓老年市场

这里有一个重要的观念要更新，即老龄问题绝不能简单地只看作是给社会增加压力的负面因素，如果统筹得好它还是一个促进经济发展的强大动力。老龄产业化是解决老龄化问题的重要对策，重要手段和必经之道，同时又可成为城市发展的新的经济增长点，还可以扩大就业。老龄群体是一个很大的消费群体，是一个未被开掘的巨大市场，随着老年人的不断增多和平均生活水平的上升，老年市场需求不仅恒定而且越来越大。据统计目前我国老龄产业需求市场每年约6000亿，其中还不包含老年人的服务需求，老龄产业还相当滞后，远远落于老年人的需要。老龄人群的需求是多方面的，包括老年用品、老年日常生活服务、老年特殊照料护理、老年公寓、老年保健及服务、老年娱乐等，涉及老年人衣、食、住、行、医、乐、寿、葬等方方面面。老年市场的培育、老龄产业的发展需要政府主导下的推进。首先，要制定发展规划，明确阶段目标，做好产业导向；其次，要营造老年市场环境和秩序；其三，要推出扶持的政策措施。目前更为重要的是推出相应的政策措施，鼓励和吸引社会资金、民间资金投资老龄产业，特别是“养老机构”和“老年服务机构”。当前可首先推出相关政策，鼓励民间资金创办老龄服务机构。在工商、税收、贷款、租房、用地、用电等各方面提供优惠政策。上海市政府为促进老龄产业的发展推出一系列新举措。如对养老机构按标准建设、依规运营的新增养老床位每张床位每年补贴5000元；市促进就业专项资金担保的开业贷款，其担保开

业贷款金额最高放宽到50万元，期限可放宽到5年。

（六）大力开展丰富多彩的老年文体活动，多开辟老年人活动场地，充实老年人精神文化生活

各级老龄工作部门和老龄组织，要通过各种方式，利用老年活动团队、老年大学、老体协、老年书画院等载体，引导和吸引广大老年人特别是空巢老年人参与到文体活动中来，让他们走出家庭，融入社会、融入大自然、融入老年人群，让他们在读书学习、写字画画、唱歌跳舞、外出旅游等活动中享受生活的快乐，消除寂寞感，增强自信心。要结合“883计划”和“农村家园建设行动计划”，逐步多开辟老年人活动阵地，建立老年人活动中心、设置老年活动室和健身器材，方便老年人就近开展活动。同时，还要有意识地引导老年人自己学会“自己找乐”，自我调整好心态。

（七）进一步加大宣传，大力营造尊老爱老的社会氛围

要从城市文明创建的角度，努力塑造大都市尊老文明形象。要大力宣传我市提出的“敬老十多”倡议（多回家看看、多陪老人聊聊、多打一个电话问个好、多给老人让个座、多给老人端杯水、多给老人提供方便、多给老人一个微笑、多给老人一份温、多给老人一份理解），倡导市民从小事做起多尊敬老人，特别是家庭子女要多关心自己的父母。同时要加大《老年法》的宣传和执法力度，对不尊重老人，不尽赡养老人义务、虐待老人等行为，进行批评教育、曝光，并支持老人依法起诉。

下表38　武汉市空巢老人基本状况调查表

<table>
<tr><th rowspan="2">内容</th><th colspan="4">性别</th><th colspan="3">年龄</th><th>学历</th><th colspan="2">退休前职业</th></tr>
<tr><th>男性</th><th>%</th><th>女性</th><th>%</th><th>60－69岁</th><th>70－79岁</th><th>80岁以上</th><th>初中以下</th><th>工人</th><th>农民</th></tr>
<tr><td>7个中心城区</td><td>3393</td><td>30</td><td>4087</td><td>37</td><td>2909</td><td>3634</td><td>937</td><td>4772</td><td>4153</td><td>30</td></tr>
<tr><td>6个远城区</td><td>1797</td><td>16</td><td>1878</td><td>17</td><td>1867</td><td>1496</td><td>312</td><td>3577</td><td>318</td><td>3060</td></tr>
<tr><td rowspan="2">合计</td><td>5190</td><td>46</td><td>5965</td><td>54</td><td rowspan="2">4776</td><td rowspan="2">5130</td><td rowspan="2">1249</td><td rowspan="2">8349</td><td rowspan="2">4471</td><td rowspan="2">3090</td></tr>
<tr><td colspan="4">11155（人）</td></tr>
</table>

内容	经济来源			月收入状况			居住状况		
	退休金	低保金	子女求铏等	220 元以下	221 - 500 元	501 元以上	有自己	住子女麟子	其他
7 个中心城区	6079	396	1005	494	2237	4749	5988	488	1044
6 个远城区	1279	121	2275	2571	960	144	2529	882	264
合计（人）	7358	517	3280	3065	3197	4893	8517	1330	1308

内容	主要困难				主要生活需求			
	经济困难	医疗照料	生活照料	精神慰藉	亲属关照	社区关照	文化娱乐	其他
7 个中心城区	864	1568	987	925	2446	1663	959	2524
6 个远城区	1612	304	520	348	1315	336	95	2037
合计（人）	2476	1872	1507	1273	3761	1999	1054	4561

人类的期望——不分年龄人人共享

在即将跨入新世纪的最后一年，联合国第47届大会通过决议，确定1999年为国际老年人年，提出“建立不分年龄人人共享的社会”，作为国际老年人年的主题。把20世纪的最后一年确定为国际老年人年，是世界老龄事业发展史上的第一次，其目的是号召各国政府要高度重视老龄问题，为迎接21世纪的人口老龄化社会做好充分准备。

“建立不分年龄人人共享的社会”这一主题的确切含义是什么呢？

不分年龄人人共享的社会，不能把老年人看成是只领取退休金的老人、病人、社会的包袱和负担，而应该看成是这个社会理所当然的社会参与者、受益者，和一支不可缺少的力量。我们任何人都无法否认，人类社会的财富是靠一代一代人创造、积累、传递、承接下来的，没有上代人的努力，就没有下代人的成果。谁也不能抹去老年人对这个社会的贡献。历史和文化也是靠老年人对下代人的传递而得以延续。因此老年人理应得到尊重、重视和帮助。因为珍视老年人就是对人类文化的珍视，对历史的珍视，对发展的珍视。而那些认为老年人是社会“包袱”的观念，认为老年人的存在是抢占了青年人生存空间和发展机会的观念，显然是孤立的、狭隘的、过时的社会观念。在推进“建立不分年龄人人共享的社会”的过程中，必须改变这种落后观念。纵观国内外老年人的现状，他们不仅不是社会的包袱，而是社会的重要财富。据全国九大城市老年人状况调查，有22.6%的老年人在离退休以后仍然继续工作，他们当中大多数人再就业是为了发挥自己的专长，为社会再做贡献。为保持活力，还有1/3的老年人想继续工作但苦于没有途径和适当的岗位。中国的国情与发达国家相比，有许多特殊的原因，而一些发达国家在继续发挥老年人的作用方面有许多成功的经验,例如推迟退休年龄 ,有的国家老年人若在规定的年龄内提前退休,还要扣除一定比例的退休金;有的国家将老年人的退休年龄延长到了 70 岁,如日本,因为劳动力不足,不得不充分使用老年劳动力,以适应生产发展的需要。这些举措都是为了让老年人完全参与社会发展。外国的举措许多并不完全适合中国的国情,但没有因为年龄而歧视老年劳动人口,并给予同等的劳动报酬等是应该借鉴的。因此我们的社会应该给老年人更多的重视和关怀,应想尽各种办法保持老年人的活力。

不分年龄人人共享的社会,就应该使代际之间亲密融洽、互相扶助、彼此关爱。人口老龄化社会的典型特征就是老年人晚年“空巢”和独居现象增多,目前在发达国家普遍提倡子女要移居到父母身边,同老年父母同住。许多房屋建筑商都以满足老年人与子女之间的交往方便为目的,开发建设适合老人与子女共住的家庭居住结构。还有一些发达国家在倡导老人与子女之间相互扶助的时候,都赞扬了中国在这方面的传统和模式。我国是有代际扶助传统的东方大国,上下代之间几千年来有彼此赡养或扶助的伦理观念和行为模式。随着人口老龄化程度的加剧,过去那种大家庭再度重现,代际之间的亲密融洽,彼此关爱的伦理观念和责任不能淡化。在我国现代化水平还不高的情况下,应该鼓励和提倡老年人在家庭中养老,在子女身边渡过晚年。事实上,在父母与子女同住的家庭中,绝大多数老人在家庭中起着重要作用。另一方面不可否认的是与父母同住的子女,在关心照顾老年人的生活、彼此进行情感交流,尤其是护理年迈多病的父母方面,也起着重要作用。可以说,家庭中老年父母与子女间的关心照顾、互为责任的天伦之乐,是其他任何社会服务所不能替代的。因此在充分发展社会养老的情况下,大力提倡子女赡养父母,父母关爱子女的现代文明,是创造一个充满亲情的现代社会的必经之路。

不分年龄人人共享的社会,还应该创造有利于老年人安度晚年的社会环境,尽力满足老年人的各种特殊需要。老年人由于生理机能的变化而对身体保健和医疗方面有许多特殊需求。据全国九大城市老年人状况调查显示:老年人要求就近医疗的占 21. 2% ,要求减少手续的占 4. 7% ,要求设立家庭病床的占 3. 2% ,要求提高医疗技术的占 8. 5% ,要求改善服务态度的占 7. 2% ,要求提高医疗服务标准的则位居首位。

老年人由于生活空间结构的变化而产生了一系列需求,如对住房与社区环境的特殊需求,对老年教育的需求,对社会交往和娱乐方面的需求。它不仅是党和政府的责任,也是全社会每一成员的责任。因此政府对老年人的特殊需求必须有一系列长远规划,一套基本准则和一系列措施。例如要为老年人提供一个实现个人目标、意愿和潜力的场所,而不能仅仅看作是提供一个容身之地;为老年人提供老年教育,应看作不仅是为了让他们继续学习,满足其精神的需要,而应该看成是通过学习,满足一定程度的社会交往,参加不同形式的社会生活,从而使其长久地保持活跃和独立生活。这些举措对于延缓衰老、减轻国家、社会和家庭的负担都有极重要的意义。

不分年龄人人共享的社会,就是要让老年人参与和融入社会生活,就是要确保老年人能得到公平的分配,公平的发展机会,就是要促进和鼓励代际之间融洽亲密,就是要为老年人提供长远的切实的帮助和服务。为此,我们必须给老年人充分的尊重、充分的包容、充分的理解,并充分发挥老年人的潜力,为创造一个充满自由、平等、和谐长寿的社会环境尽每一个人的责任。

养老模式已进入多元时代

20 世纪 80 年代初,武汉市开始步入老龄化,截至 2006 年底,武汉市 60 岁及以上老年人为 1031257 人,占全市总人口的 12.59%,全市老年人口首次突破百万。这是武汉市步入人口老龄化城市行列以来增幅最高的一年。

老年人口的快速增长,家庭养老功能日益被社会化、专业化的组织承接,预示着社会养老方式已开始从家庭养老向多元化时代转变。与庞大的老年人口不断增长的养老和服务需求相比,目前的养老服务体系还有许多深层次问题需要研究和解决。

调查显示,目前老年人所面临的主要困难排在首位的是经济困难,许多农村空巢老人没有固定的收入来源,经济状况令人担忧。

其次是医疗难题,老人身体差且缺钱看病是普遍现象,低微的收入和昂贵的医疗费用之间的矛盾日益明显,再次是生活照料问题,老人生活空虚,渴望精神慰藉。目前,大部分老人生活比较孤独、空虚,休闲娱乐方式比较单一,仅限于读书、看报、看电视等室内活动,很少能参与社区文体活动或健身。

如何应对这种挑战,从长远看,还是要整合全社会的资源。为使武汉市老人的养老模式得到进一步发展和完善,在政府的社会政策方面要有同步的配套政策和措施,应包括:

一、整合服务体系。要将机构养老、居家养老、社区养老有机整合为一体,其中机构养老的内部也要整合,要把不同身体状况、不同家庭状况、不同经济状况的老年人根据不同的需求安排到合适的养老机构中,同时这些老人还可以在这些不同形式的机构中进行调换。

二、整合公共财政体系。成熟的国家和地区都建立了公共财政体系,并将各种社会福利的支出纳入年度预算,老年人福利一般也在这个范围内。我国的老年福利由政府资助,但是并没有纳入政府长效的公共财政预算中。所以应该将老年人确保在公共财政体系中,同时还要建立规范的老年人补贴制度。

三、整合管理体系。这里包括成立统一的行政管理机构,明确相应的基本管理职能,提升管理水平,形成监督机制等。

四、整合人才队伍。要培养和培训专业化管理人才、专业化护理人才和常规化志愿者队伍。要将从事老年人事业的专业人才从社会的边缘地位提升到恰当的地位,改变他们的经济状况和社会地位。我们要继承中国传统文化中优秀的养老观念,要借鉴西方发达国家的先进模式,结合今天的中国的社会实情,发展老年人事业,为建立和谐社会注入新的活力。

关于武汉市养老事业发展情况的调研报告

随着人口老龄化程度的不断加深，养老已成为社会普遍关注的重大民生问题。为进一步推动我市养老事业健康发展，根据市人大常委会2012年工作要点的安排，在今年7月举行的市十三届人大常委会第四次会议上，将对我市养老事业发展的情况进行专题询问。这是市人大常委会依法首次运用专题询问的方式进行监督。为增强专题询问的针对性，提高人大监督实效，从4月初到5月中旬，市人大常委会组成6个调研组，分赴13个城区和武汉经济技术开发区、东湖新技术开发区、武汉化学工业区及东湖生态旅游风景区，对我市养老事业的发展情况进行了深入调研。

这次专题调研有如下几个特点：一是坚持领导带头、各方参与，增强了调研的全面性。本次专题调研在市人大常委会主任会议的领导下进行，由市人大常委会卢国祥常务副主任、胡绪鹍副主任总负责，常委会6位副主任全员上阵担任各调研组带队领导，各专门（工作）委员会主要负责人任组长，调研组成员从常委会委员、市人大代表和专门（工作）委员会组成人员中选定。带队领导高度重视、带头参加，促进了专题调研的深入开展。各调研组成员来自各部门、各方面，充分发挥各自的工作特点、优势，在全面调研的基础上突出各自特色，增强了专题调研的全面性。二是突出问题导向，增强调研的针对性。本次调研突出了带着问题调研的特点，常委会专题调研总方案确定了落实惠老安康政策、落实养老规划、建设养老服务体系、建设养老机构服务功能、保障老年人权益等6个方面重点内容，各调研组边调研边思考，根据实际对其进行细化、具体化，对养老机构信息化服务平台建设、贫困地区、远城区养老工作、城中村改造后的社区养老服务设施规划与建设、政府资金投入等情况进行了深入了解，使调研工作重点突出，增强了专题调研的目的性和针对性，提升了调研效率。三是深入基层、深入群众，增强调研的客观真实性。各调研组在调研过程中轻车简从，深入基层，深入群众，大兴求真务实之风。在调研对象的选择上，根据投资主体和养老模式精心选择国办、社会办、社区居家养老、养医结合等多种类型养老机构，每种类型兼顾好、中、差不同层次，考察过程中既察看服务机构状况，又主动与在养老人攀谈，从服务对象角度了解养老事业发展情况。在调研方式上，采取集中听取汇报与分组调研相结合、实地考察与召开座谈会相结合等方式，还灵活运用了暗访、不打招呼的随机调研、问卷调查等方式，力求能够掌握第一手资料，以增强调研的客观真实性。各调研组共走访各类养老服务机构70多家，召开座谈会16次，发放调查问卷330份，收回318份。四是坚持调查与研究相结合，增强调研的科学性。各调研组在深入调研的基础上，均形成了有情况、有分析、有建议的调研报告。为深化调研工作，常委会还委托市社会科学院组织专家学者和实际工作人员开展专项课题研究，从理论与实际相结合的高度，全面、系统地研究武汉市养老事业发展的现状、问题，及国内外养老事业发展的先进经验，提出对策建议，形成了《武汉市养老事业发展对策研究》报告，有效增强了调研的实效性。

一、武汉市养老事业发展现状

武汉市养老事业起步于20世纪80年代中期，经过10多年的平稳发展，打下了良好基础。进入新世纪，特别是"十一五"以来，在市委、市政府高度重视和大力推动下，社会保障制度建设大踏步前进，养老事业迈入了加速发展期，初步构建起了以居家养老为基础、社区服务为依托，公办、公助民办养老机构为示范，社会办养老机构为主体，农村养老机构为延伸各类养老服务机构协调发展、多种服务形式相互补充的"五位一体、城乡统筹"养老服务体系。

（一）养老保障基本实现全覆盖

"十一五"以来，围绕保障和改善民生，我市坚持在社会保障制度建设上求突破，在保障能力和服务水平上求提升，积极主动作为，不断开拓创新，使城镇企业职工基本养老保险制度不断完善，养老保险从制度上实现了全覆盖，待遇水平得到了大幅提高。2009 - 2011 年,全市基本养老保险基金累计收入 530.45 亿元,累计支出 443.62 亿元,确保了企业离退休人员养老金能够按时足额发放。2011 年末,新型农村社会养老保险和被征地农民社会保障制度综合覆盖率达 90% 以上,统筹范围内企业退休人员 103.61 万人,人均基本养老金每月 1448 元(为 2006 年的 2.5 倍),社会化发放率 100%。根据近三年数据,养老金支出以每年 20% 以上的速度增长。2011 年全市中心城区退休人员养老金平均水平为 1710 元,其中,60 岁以上为 1753 元,60 岁以下为 1676 元;30.7 万参加新型农村社会养老保险的 60 岁以上老年人,按月领取了养老金,城乡老年人养老需求支付能力明显增强。

(二)医疗保障工作加速推进

“十一五”以来,特别是近三年来,武汉市医疗保障工作迅速推进,基本实现“全民医保”,居民医保、新型农村合作医疗覆盖率达到 97% 以上。政府对医疗保障的投入越来越大。据武汉市医疗保险中心提供的数据,2009 - 2011 年,武汉市基本医疗保险(含职工医保和居民医保)合计收入 179.67 亿元,支出 143.29 亿元,结余 36.38 亿元。职工医保和居民医保的年度最高支付限额分别提高到 24 万元和 13 万元。三年中,老年人医疗保障水平越来越高,60 岁以上老人的支出从 2009 年的 23.05 亿元增加至 2011 年的 38.47 亿元,报销比例从 74.24% 增加至 76.46%。这个报销比例较 60 岁以下人员高出了 3.5 个百分点。

(三)养老服务体系建设成效显著

“十一五”期间,我市持续推进市、区国办城镇养老机构新、改、扩建工作。从 2007 年开始实施农村福利院提档升级,积极推进居家养老服务机制建设试点和全面推广工作,提升服务功能,取得了明显成效。一是养老机构建设实现新跨越。市委、市政府对养老事业高度关注,特别是在养老机构的建设上,坚持国办、社会办、公办民营、民办公助“四轮齐驱”,并给予重点投入。2009 - 2011 年,市区两级财政共投入资金 8.34 亿元,社会资金投入 1.61 亿元。2011 年,全市共有各类养老服务机构 334 家、床位 39477 张,床位数是 2006 年的 2.06 倍,每千名老年人拥有养老床位 29.89 张,达到了国内领先水平,在全国副省级城市中位居第二,仅次于南京。二是居家养老服务网络建设强势推进。以江汉区、武昌区成为全国基本养老服务体系试点区为契机,加快了居家养老服务机制的建立和完善。如江汉区投入 1300 万元建成了万松园、常青街、唐家墩等示范性居家养老服务中心,并建立健全了相关工作制度、服务标准,探索尝试实体化运营方式。从 2010 年开始,全市采取以奖代补的形式投入资金近百万元，仅用两年的时间，就建成并投入使用了居家养老服务中心（站）102 家，实现了中心城区各街道、新城区政府所在地街道居家养老服务中心（站）全覆盖，从而形成了养老服务的基础力量。三是分类保障取得新进展。多次提高“三无”“五保”老人供养标准，实现了全市“三无”“五保”老人在自愿条件下集中供养率 100%，以满足多元化社会养老服务需求为目标，积极推进各类养老机构建设，涌现出一批如江岸区福利院、侨亚老人村、汉兴阳光老年护养中心等中、高档次的养老机构。四是积极探索养医结合新模式，着力推行“养医结合、康护并举”养老新模式，全市首家老年护理院在武昌区阳光养老院内建成并投入运营。江汉区福利院、武昌区福利院、汉兴阳光老年护养中心等多家有条件的养老机构在院内开设了医疗服务设施。

（四）养老事业政策体系逐步完善

一是编制了养老规划和标准。2010 年，武汉市民政局编制了武汉市首部《养老服务业“十二五”发展规划》，先后制定实施了促进养老服务业发展、推进居家养老服务的政策文件和居家养老服务中心建设标准、农村福利院提档升级标准、护理人员规范等一系列文件，有力促进了养老事业发展的制度化、规范化。二是建立完善了政策扶持机制。先后制定实施了关于扶持养老事业发展的各项优惠政策，形成了一套对各类养老服务机构给予建设补贴、运营补贴、以奖代补、政策减免、居民待遇等政策扶持体系，有效激励了各类养老机构的快速发展。近几年，市、区共投入建设补贴和运营补贴 3700 万元。积极推行意外伤害制度，采取市、区、机构给每张床位各资助 50 元的方式，为全市 119 家养老机构、11562 张养老床位办理了意外伤害保险，有效降低了养老机构的运营风险。

（五）敬老优待工作不断加强

近几年来，武汉市老龄办先后推出“五关爱一服务”敬老优待政策，惠及全市百万老人。一是关爱城乡空巢困难老人。自 2006 年起为高龄、困难、行动不便的空巢独居老人提供居家养老服务，累计投入财政资金 7275.4 万元。二是关爱全市百岁老人，每人每年享受补贴达 7500 元，补贴标准为全国最高。三是关爱农村 80 岁以上高龄困难老人。四是关爱城镇 70 岁以上“两无”（无养老金、无退休费）困难老人。五是关爱城镇 80 岁以上高龄困难老人。六是为全市老年人办理《武汉老年人优待证》50 万张，老年人凭老年证可享受免费乘坐市内公共交通车船等优待，市财政每年为此补贴上亿元。

二、武汉市养老事业发展存在的问题与挑战

加快发展养老事业是应对人口老龄化的必然要求和重要举措，自1993年我市跨入老龄化城市以来，人口老龄化压力不断加重，我市养老事业发展面临着严峻挑战。

人口老龄化、高龄化加速发展使养老问题日趋严重，1993年是武汉市跨入人口老龄化城市行列的第一年，当年全市60岁以上老年人口70.74万，占全市总人口的10.23%。2011年末，全市老年人口增长到132.05万，占全市总人口的15.96%，全市各区全部进入老龄化，老龄化水平最高的青山区已达20.12%。1993年到2011年的18年间，我市老年人口增加了61.31万人，年均递增3.4万人，其中"十一五"期间，老年人口年均递增5万人左右，人口老龄化进程明显加快。据测算，到"十二五"末，我市老年人口将达到160万人，人口老龄化水平将提高到18.39%，届时我市人口老龄化快速发展的趋势将会进一步加剧。同时，老年人口高龄化趋势也比较明显，"十一五"期间，全市80岁以上高龄老人从2006年的12.3万人，增至2010年的16.6万人，年均递增8%。人口老龄化与老年人口高龄化的双重挑战，使养老问题显得愈加紧迫。

随着经济社会发展及生育率下降，社会人口流动加速，家庭呈现规模小型化、结构核心化、空巢化的明显态势。据统计，2011年武汉城镇人口家庭规模平均为3.15，3人以下的核心家庭比重达66.4%，家庭规模日益缩小，传统的家庭养老遭遇困难。同时，空巢家庭也不断增多，据调查，2011年全市城乡空巢老人总数32万人，占全市老年人口的24%，其中远城区农村老人空巢率接近40%，中心城区为10.23%。老龄化进程与家庭小型化、空巢化相伴随，与经济社会转型期矛盾相交织，社会养老保障和养老服务需求大幅增加，养老事业由补缺型向适度普惠型转变成为必然选择。本次专题调研中的问卷调查分析表明，调查对象中有77%的老年人希望得到养老机构或居家养老服务中心提供的服务。

养老需求普遍化、分层化对养老事业提出了更高要求，家庭人口结构的变迁和老龄化社会的到来，使居民对社会化养老服务的需求发生变化，正由特殊群体需求向普遍性需求转变；由以往重点追求经济供养向经济有保障、生活有照料、精神有慰藉、个性有发展的全方位需求转变。由于老年人群内部经济水平和社会分层的多样化，老年人群内部的需求也表现出多层次特征，不同老年人之间养老需

求的异质性正在扩大。养老需求的普遍化、分层化对养老事业提出了投资主体多元化、服务对象公众化、服务方式多样化和服务队伍专业化要求。如本次专题调研中的问卷调查分析表明,老年人希望得到养老机构专业服务的人数占被调查者的39.31%,有29.07%的老人特别关注养老机构的服务档次和服务质量。

我市养老事业虽然已经取得了很大成绩,但与人口老龄化的要求相比,还不相适应,还存在一些困难和问题,主要表现为:

(一)养老服务组织发展不平衡,服务功能较弱

一是公办养老机构一床难求,社会办养老机构空置率高。从总体看,市、区公办养老机构在硬件建设、服务功能等方面都处于优势地位,导致供不应求,入住率高达95%以上;而占据半壁江山的社会办养老机构的平均入住率不到60%。公办和社会办养老机构在发展上处于不平衡状态,养老机构服务资源利用不充分。二是养老服务组织硬件设施有限,服务功能不强。受土地资源、投入成本等客观因素制约,我市大部分居家养老服务中心是对租赁场地进行改造而建,没有室外活动场所和康复设施,提供的养老服务有限。目前最大的居家老年活动中心只能容纳100位老年人开展活动。相当一部分养老机构只能解决入住老人基本的吃住问题,而对老年人的文化生活、医疗康复、精神慰藉等需求难以满足。大部分居家社会化养老中心限于资金缺乏与人员不足等条件,只能为老人提供一个简单的活动场所和午餐供应,文化娱乐、康复护理、家政服务等服务还有待进一步开展,更谈不上智能化养老服务了。

(二)养老服务专业化程度不高,服务队伍素质偏低

一是标准不细化,管理不精细。我市对养老机构和居家养老服务中心建设十分重视,制定了建设标准、工作流程和服务操作规范等指导意见,但由于我市养老服务业还处在起步阶段,发展时间比较短,尚未制定健全的具有规范性、指导性的为老服务行业服务评估体系及监管资助办法等。目前尚无专门的养老服务技能培训、鉴定机构和统一的国家职业标准,所以现阶段我市养老服务业无论从服务质量,还是服务功能,都是属于中低水平,不利于整体养老服务业的健康和可持续发展。二是服务队伍不稳定,专业人员缺乏。目前,我市养老服务人才队伍建设严重滞后,专业素质不高是突出的共性问题。养老机服务人员多为农村妇女和城镇下岗人员,文化偏低,年龄偏大,服务素质不高,基本只能提供饮食起居等简单照料服务。由于工资低、工作累、风险大等原因,导致养老机构护理人员招聘难、

流动大,甚至像江汉区福利院这样的示范养老机构,今年春节以来,就有 20 多人辞职,严重影响了福利院的正常运行。化工区八吉府街的农村福利院入住老人 26 人,却只有 3 名工作人员,这 3 人要负责全院的一日三餐服务以及老人的护理和夜间值班等所有工作,而工资每月只有 1100 元。此外,专业医护人员也非常缺乏,全市只有 277 人,其中黄陂、蔡甸空白,不能满足实际需要。三是志愿者队伍急需规范。养老服务志愿者管理机制不完善,服务专业性差,服务往往流于形式,缺乏长期性。

(三)养老资金保障水平总体较低,制约了养老服务支付能力的提升

一是养老金平均水平偏低。我市是老工业基地,由于社保起步水平较低,历史欠账多,基金积累少,养老保险负担率较高等多种原因,导致我市企业退休人员养老金平均水平不高,在全国 15 个副省级城市中位列第 11 位,与当前我市社会经济发展水平明显不相适应。二是养老保险参保率有待进一步提高。由于缴费政策与个人实际承受能力之间存在一定的矛盾,城镇老年居民基本养老保险参保率实际为 96%,还有约 4 万城镇老年居民尚未参保,有待纳入城乡居民养老保障范围。三是养老待遇水平差距大。由于制度、历史及现实等多方面因素影响,社会群体之间的待遇水平差距比较大,各改革历史阶段退休人员之间待遇不平衡矛盾也较突出,中心城区与远城区退休人员养老金相差约 300 元/月,城镇与农村老年保障人口之间相差更大。四是高龄补贴受益面有限。目前我市对城乡 80 岁以上高龄老人的补贴只覆盖到困难老人,2011 年惠及农村对象 45631 人,占全市 16 万高龄老人总数的 28%,今年开始实施的城镇高龄困难老人补贴也只涉及 3500 人,离广州、深圳等市实行的普发政策还有相当大差距。养老资金保障总体水平偏低,客观上制约了老年人养老服务的支付能力,成为导致大量社会办养老服务机构入住率低的一个重要原因。我们在问卷调查中也了解到,有 86% 的调查对象希望养老机构的月费用在 1500 元以下,这从一个侧面反映了多数老年人的支付能力非常有限。

(四)养老事业保障机制有待完善,扶持政策落实不够

一是资金投入渠道单一,总量不足。目前,武汉市养老机构扶助资金主要依赖福彩公益金,难以满足日益增长的营运补贴等资金支出,如居家养老中心每年运营成本在 4 万元以上,而每年政府资助的运营补贴只有 2 万元。多渠道、正常增长的扶助资金保障机制亟待建立。从我市“十二五”期间养老建设资金需求来

看,资金缺口主要集中在市、区公办养老机构的建设上,资金缺口约9.8亿。二是发展空间受限。由于武汉市尚未制定养老事业发展空间布局规划,也未制定在旧城改造和新区建设中配建相应养老服务设施的规定,导致缺乏有效的土地保障计划。特别是在中心城区,已经很难找到开设养老机构的场所,一些已建成的养老机构也因城中村改造或拆迁而停办。用地问题已成为制约养老机构发展的一个瓶颈。三是部分政策措施落实不到位。如水电费按民用标准执行的政策,大部分社会办养老机构是租房开办的,水电表不是单独的,单独安装水电表费用较高,养老机构难以承担。《武汉市人民政府办公厅关于促进我市养老服务业发展的意见》(武政办【2009】130号)文件规定,暂免非营利性养老机构车辆使用税,但从未落实。

(五)多部门管理养老事业,但形成合力不够

养老事业工作内容广泛、牵涉面大。涉及的部门有老干局、民政局、人力资源与社会保障局、医疗卫生、老龄办、人口与计划生育委员会、农业局、司法局等多个部门,这些又涉及党委口和政府口等许多层面。长期以来,这些部门和单位的工作具有独立性,各自分别对当地政府或上级主管机关负责,在代表政府提供公共服务时,基本是各自为战,各自出台相关政策或规定,管理过程中很难形成合力。

四、国家对养老事业发展提出新精神新要求

从20世纪80年代初期开始,人口老龄化问题已引起党和政府的关注,近三十年来不断推出关于养老事业发展的政策与文件,提出新精神和新要求。2006年2月9日,国务院办公厅转发了全国老龄委办公室、发展改革委、教育部、民政部、劳动保障部、财政部、建设部、卫生部、人口计生委、税务总局《关于加快发展养老服务业的意见》。

2010年,党的十七届五中全会提出了"优先发展社会养老服务"的方针,国务院《中国老龄事业发展"十二五"规划》提出了"发展适度普惠型的老年福利事业"的要求,国务院《社会养老服务体系建设规划(2011-2015年)》提出了"十二五"时期社会养老服务体系建设的指导思想、基本原则、基本内涵、功能定位、建设任务和保障措施。

为基本建立起制度完善、组织健全、规模适度、运营良好、服务优良、监管到位、可持续发展且与人口老龄化进程相适应、与经济社会发展水平相协调、以居家

为基础、以社区为依托、以机构为支撑的社会养老服务体系，国家提出了五方面基本要求：

（一）在多元主体功能定位上，坚持政府创造环境和发挥社会力量作用相统筹

政府要制定政策、增加投入、提供条件、加强监管、支持社会力量兴办养老服务机构，政府及其民政部门应当直接举办少量基本服务型、示范性养老机构或采取资助社会机构、发放补助、购买服务等方式予以保障，应充分发挥市场配置资源的基础性作用，采取政策扶持、公建（办）民营、民办公助、政府购买服务等多种方式，支持各类市场主体、社会主体参与养老服务事业发展。

（二）在养老资源供给模式上，坚持资金保障和服务保障相匹配

实行资金保障和服务保障相匹配，推进社会养老服务由补缺型向适度普惠型转变，推动建立高龄补贴、养老服务补贴和护理补贴等制度，为经济状况困难老年人养老服务提供适当的资金支持。应大力发展养老服务机构、服务设施、服务队伍和老年人互助服务，为所有有需求的老年人提供生活照料、家政服务、康复护理、精神慰藉、安全援助和社会参与等多方面服务。

（三）在养老体系建设内涵上，坚持居家、社区、机构相衔接

推进社会养老服务体系建设，必须完整准确地把握以居家为基础、社区为依托、机构为支撑的基本内涵，重视和巩固居家养老的基础作用，重点发展居家养老服务，大力发展社区养老的依托作用和发展社区日间照料服务。应发挥养老机构设施、人员和技术等方面的优势，辐射周边社区，支持居家养老和社区照料服务，提高整个社会养老服务的专业化水平。

（四）在养老机构建设运营上，坚持按标准建设和实际适用相并重

养老机构要实现规范化设计、建设和管理，应优先发展供养型和养护型养老机构，在建设规模上，不单纯追求超大规模，避免养老机构大而不当、入住率低；在建设档次上，一般应当保持非营利属性。

（五）在养老服务规划布局上，坚持分类指导和资源整合相结合

把握全局，突出重点，科学规划，做到城乡统筹，更加重视农村养老服务，居家、社区、机构均衡发展，更加重视居家养老和社区服务；公办、民办协调推进，更加重视扶持民办机构；非营利性、营利性机构和服务共同发展，更加重视以需求为导向；充分整合和利用现有资源，盘活存量资产，避免盲目发展、重复建设和资源浪费。

为了贯彻落实党中央、国务院的决策部署，解决好社会养老服务这一重大民生问题，民政部决定在“十二五”期间，连续开展“社会养老服务体系建设推进年”活动，大力推进我国社会养老服务体系迈上一个新台阶。

五、全国副省级以上城市养老事业发展的先进经验及借鉴

近年来，全国副省级以上城市立足当地实际，大力推进养老事业发展，在实践中探索总结出许多好的经验和做法，值得我们认真学习借鉴。

（一）规划先行，落实目标考核责任

杭州市将养老事业纳入经济和社会发展总体规划，把它摆上党委政府的重要议事日程，列入年度目标管理考核体系；天津市政府发布民政服务设施布局规划，预留养老服务设施建设用地，破解了养老服务用地难的问题；成都市出台养老设施布局规划（2011－2020），按照“就近活动、就近服务、重心下移”原则，加强基层养老服务设施规划建设，乡镇（街道）养老服务中心和村（社区）养老服务站综合服务体室内场地面积按创建敬老模范城市相关标准建设，即分别达到200平方米和100平方米以上，并配套老年健身、文化娱乐、康复训练、应急救助服务等设施。

（二）完善机构养老分类发展政策和服务分工机制

北京市《关于加快养老服务机构发展的意见》明确提出，政府投资建设的保障型养老服务机构，以城镇“三无”、农村“五保”及其他低收入老年人为服务对象。政府通过政策扶持社会力量建设的普通型养老服务机构，以一般工薪老年人为服务对象；政府引导社会力量投资建设的高档型养老服务机构，以满足养老服务高档需求为目标。着重发展护养型养老服务机构，不断提高全市护养型养老床位比例。

（三）着力推进社区养老服务体系建设

宁波市围绕居家养老服务工作的运作实施和服务管理等，先后出台了《关于促进居家养老服务规范运作的指导意见》《关于推进农村居家养老服务工作的指导意见》《关于开展城市社区居家养老服务工作绩效评估的通知》《居家养老服务机构等级评定规范——宁波市地方标准》《关于开展“以老助老”服务的指导意见》等一系列具体政策文件，初步建立起较为完备的居家养老政策制度体系。北京市出台了居家养老（助残）服务“九养政策”，促进了居家养老服务体系的初步建立。

大连市大力加强城乡社区养老服务设施建设，从2010年开始，利用3年时间，按照每所社区养老服务中心至少辐射2000名老年人标准，在全市城乡社区建设255所社区养老服务中心。南京市鼓楼区由政府出资租赁闲置厂房，无偿用于社会力量开展居家养老服务，有效破解了中心城区养老服务场所紧张的难题。深圳市居家养老以“主导社区、面向老人、专业服务”为特点，实行多元化服务载体，政府不直接提供服务，主要鼓励、推动民营化市场的发展，由市场根据老人需求提供服务。

杭州市以“一册三网”为平台，搭建养老服务社会化信息网络。“一册”即编印一本《社区服务手册》，分发到每家每户；“三网”即互联网、电视网、电话网。社区建立社区服务网站，利用电视“模转数”时机，在数字电视上开辟“社区是我家”频道；利用“96345”市民电话服务网，打通联盟成员单位与服务对象的沟通渠道。通过“三网”提供的社区服务信息，使服务机构与服务对象能快速、方便地互动沟通，最后实现任何老人、任何时间、任何地点、通过任何通信设备、享受任何服务的“5A”目标。

（四）积极扶持社会办养老服务机构健康发展

天津市对社会力量兴办养老机构实行贷款优惠，对具有本市户籍、符合市下岗失业人员小额担保贷款条件的个人兴办养老机构，可申请2－5万元的小额担保贷款；对持续经营2年以上，设置床位200张以上，需要贷款的养老机构，每吸纳1名护理人员，可由市小额贷款担保基金给予2万元额度的贷款担保，担保最高额度不超过50万元；对通过银行按揭贷款购置房屋用于养老机构，与区县民政部门签订3年以上养老用房协议的，可对其按揭贷款每年给予50%的贴息，年度最高贷款贴息额不超过万元。

上海市推行“以奖代补”资助模式提升民办养老机构管理服务水平。针对民办养老机构运作压力大、缺少监管手段的现状，通过第三方对养老机构评价考核，将评价考核与日常运作资助挂钩，按照考核分数给予差别化的日常运作资助补贴。

哈尔滨市2011年在社会办养老机构中“开展标准化建设年”活动，通过实施老年公寓升级达标、助老家庭连锁改造、精品助老家庭建设“三个工程”，建立哈尔滨市社会办养老机构达标升级改造验收标准、小型养老机构连锁助老家庭改造验收标准和小型养老机构连锁精品助老家庭改造验收标准，完成30个标准化社会办养老机构、187个社会办小型养老机构和20个精品助老家庭“三个一批”改造任务,快速提升了社会办养老机构的服务质量和管理水平。

(五)积极推进养老与医疗对接

为满足社区中独居老人、重病老人、高龄老人和离休干部的基本卫生服务需求,上海市广泛推行家庭病床服务,根据相关文件,在保证医疗安全的前提下,为老年人提供家庭病床服务,开展定期查房和简易诊疗,保证老年人卫生服务的整体性和延续性,2011年,全市家庭病床诊疗109.71万人次,全年开放家庭病床6.57万张;天津市老年公寓通过自己设立医疗机构或与社区医疗站联系建立业务关系等形式,解决了养老公寓医疗职能薄弱的难题,做到养老公寓内简单医疗不出门。

(六)重视以需求为导向,建立养老需求评估制度

上海市长宁区统一引入评估机制,改过去按年龄段实施补贴的简单操作为按身体实际评估等级给予不同标准补贴,使政府补贴更趋合理。浦东新区采取通过整合资源,招募具有医学、康复、护理专业的人员,建立起了一支24人的专业、职业化的养老服务需求评估员队伍,形成了“区级+街镇”的两级评估网络,确保养老床位优先提供给低收入、失能、独居等养老困难老年人。天津市统一制定了居家养老服务需求评估标准,统一组织评估人员培训,印发了《天津市居家养老服务需求评估表》,由各区县民政部门负责组织对符合条件的老年人进行照料等级评估工作。

六、进一步推进武汉市养老事业发展的对策建议

武汉市提出了建设国家中心城市的宏伟目标,国家中心城市,人民幸福,“老有所养”必是其题中应有之义。面对养老这样一个长期、复杂、艰巨的社会问题,我们必须采取科学的、强有力的应对战略和对策,突出各级政府推进养老服务事业发展的主导地位,以养老服务社会化、专业化和规范化为方向,坚持政府主导、政策扶持、社会参与、市场运作,推动社会养老服务由救助补缺向适度普惠转变,积极构建和完善与人口老龄化进程相适应、与建设国家中心城市目标相协调的社会养老服务体系。

(一)转变思想观念,提高对养老事业发展重要性的认识

健康长寿是人类孜孜以求的目标,人口老龄化是社会发展的客观规律,工业

文明、现代文明进步导致人口死亡率和生育率降低、健康水平提高,必然会使一个国家或地区或早或迟进入老龄化社会。从这个意义上讲,人口老龄化是文明进步的结果,是社会发展的成就。因此,我们要以健康、积极的态度,正确对待人口老龄化带来的挑战和问题,既不能对老龄化的严峻形势漠然视之、无动于衷,也不能将其视为灾难、累赘,举措失当。要充分认识我国是在经济不发达、社会保障不完备而“未富先老”“未备先老”的情况下进入老龄化社会的特殊性,充分认识人口老龄化对经济、社会、文化发展带来的深刻影响,充分认识庞大老年群体养老、医疗、社会服务等方面日趋加重的压力,切实增强推进养老事业发展的紧迫感、使命感和责任感。

人口老龄化不仅仅是老年人口数量增多和比重提高的问题,带来的也不仅仅是老年人的民生保障问题,而且是关系经济社会可持续发展、关系国家中心城市内涵和品质的重大问题。因此,应对人口老龄化,加快发展养老事业,不仅仅是一个或几个部门的事,也不仅仅是政府的事,而是一项带有全局性、综合性、系统性的任务,政府、企业、社会、家庭和子女仍然是养老的基本场所,都应承担相应责任,形成共识,合力推进。

非营利性养老服务机构是养老服务体系的重要组成部分,无论是公办还是民办,其目的都是为社会承担养老服务,社会效益大于经济效益,要在政策扶持、市场准入等方面一视同仁、平等对待,以激励更多企业、社会组织、个人参与养老事业,承担社会责任,共同应对人口老龄化的挑战。

在应对人口老龄化的过程中,公共政策安排不能只是一种应急策略,必须同经济社会可持续发展相协调,必须体现战略性、前瞻性。所谓战略性,就是说,养老事业是经济社会事业全局的一个子系统,它要配合整个经济社会发展的格局和发展战略,不仅要有利于增进老年人福祉,促进社会公平正义,也要为扩大消费、拉动内需、转变发展方式、建设国家中心城市做出贡献;所谓前瞻性,是指养老政策既要充分考虑中长期养老需求的规模、结构、分布、质量,又要充分考虑各个养老制度的财务可持续性即经济发展水平所能承受的负担问题,包括公共财政可持续供给的强度和能力。

(二)强化政府主导,营造良好的养老事业发展环境

要根据武汉市建设国家中心城市的战略目标和经济社会发展实际,坚持规划先行,编制具有前瞻性、可操作性,体现武汉特色的养老服务设施建设布局规划,

明确规划选址、用地性质、建设时序等内容，全面推进我市养老服务设施科学、合理、可持续发展。要将养老服务设施用房与医院、学校等社区配套设施作为同等重要的内容，以约束性指标列入城市居住区配套用房，新建小区在交付时须配套相应面积的居家养老服务用房，老旧小区要通过腾退、置换相应房产予以配置。

政府投入坚持分类资助、分级负担、引导投资的原则，要在进一步积极争取中央、省转移支付资金补助、彩票公益金返点额度的同时，继续加大财政对养老服务体系建设的投入。支持公办养老机构建设，妥善解决区级公办社会福利机构建设的补贴问题，加快市级老年活动中心建设步伐。将养老服务机构、居家养老服务中心的一次性建设补贴和营运补贴经费列入同级财政预算，建立、完善养老事业财政投入随GDP和CPI指数变化的正常增长机制。高度重视和关注高龄老年群体，完善高龄补贴制度，逐步提高标准，扩大范围，采取措施确保补贴及时发放到位，为高龄老人养老服务提供适当的资金支持。建立、完善养老事业财政投入资金监管制度，加强监督检查，提高资金使用效益。

制定完善各类养老服务机构建设标准，明确服务项目和服务价格；制定各项具体服务项目的内容和标准，做到服务行为规范化；制定社会养老服务质量评估办法，构建服务质量监控体系，全面提高社会养老服务质量和水平。通过登记评定、标准引导和信息化管理，提高养老服务行业的规范化水平。研究制定养老服务的地方法规、规章和规范性文件，建立公开、平等、规范的准入、监管、退出机制，配套完善相关制度措施，将各类养老机构纳入监管范围，为养老服务事业发展提供制度保证。

对国家、省、市已出台的各项优惠政策，市政府及有关部门要加强协调，加大检查监督力度，推动有关建设规费、税费减免及水、电、气、电话、有线电视等方面优惠政策落实到位，把好事办好，促进各类养老服务机构降低运营成本，提高服务能力。

(三)提升服务功能，完善养老服务体系建设

进一步加强养老服务机构建设，加快推动示范性养老机构建设，建好市社会福利院、第二社会福利院，充分发挥其示范引导作用，到“十二五”末，全市13个区和武汉经济技术开发区、东湖新技术开发区、武汉化学工业区、东湖生态旅游风景区要各建成一所集生活照料、医疗康复、文体娱乐等多种功能于一体，床位规模适当，具有示范作用的大型综合性养老服务机构。通过设施改造、功能增强、质量提

升,加快乡镇敬老院服务功能和服务方式转变,到2015年底,实现全市敬老院向农村区域性社会养老服务中心转型,在满足农村五保对象集中供养的同时,积极为有需求的其他老年人提供养老服务。根据社会参与、市场推动的原则,扶持鼓励社会办养老服务机构,重点扶持一批护理型养老机构,为失能、失智老人提供照料、康护服务。建立完善社区居家养老服务网络体系,结合城乡幸福社区建设,进一步加强城乡居家养老服务网络建设,为居家老年人提供生活照料、家政、康复护理和精神慰藉等服务,让老年人既不离开家庭,又能获得专业化的社会服务。到2015年,全市建成街道、社区养老服务中心(站)300个以上,建立农村互助式居家养老服务中心50个以上,实现中心城区全覆盖和农村乡镇全覆盖。

加强养老机构和社区养老服务医疗设施建设,鼓励支持养老服务机构开展老年疾病康复、老年护理、临终关怀等医疗服务;加强卫生服务机构与养老机构的联合,通过在医疗机构内增设养老床位、开设护理院、指派医护人员巡诊等多种方式,提升养老服务功能。

结合"智慧城市"建设,以养老需求为导向,开发建立全市养老服务信息管理系统,逐步在全市推广应用包括社区老人基本信息、机构养老信息管理、社区居家养老服务、社区日托站服务、养老服务需求评估等子系统在内的养老服务信息管理应用系统,实现信息化管理。到2015年,城市各街道、社区居家养老服务中心(站),普遍建立养老服务热线电话、居家养老呼叫服务网络平台,各城区公办福利机构普遍使用智能化管理系统。

(四)发挥市场作用,促进养老服务业协调可持续发展

要善于运用市场机制进行资源配置,采取政策扶持、公建(办)民营、政府购买服务等多种方式,支持各类市场主体、社会主体参与养老事业发展。积极推动社会专业服务机构开展规模化连锁经营服务,或者输出管理团队、开展承包服务,不断提高社会养老服务供给水平和效率。研究居家养老服务经费由补服务机构改为补老年人的可行性,增加服务对象选择权,促进养老服务业提高运营绩效和服务质量。

养老保险、医疗保险等社会保障制度是养老事业发展的基础,应继续扩大城乡基本养老保险覆盖面,全面实施城镇居民养老保险制度,稳妥推进机关事业单位养老保险制度改革,大力发展补充养老保险,补充医疗保险,形成覆盖全体城乡居民、各个民生领域的社会保险体系。进一步提高城乡养老保险标准,建立健全

与经济社会发展相适应的企业退休人员基本养老金正常调整机制，稳步提高社会保险的待遇水平，逐步缩小城乡、单位、群体之间不合理的待遇差。积极推进企业年金制度实施，支持商业养老保险产品发展，探索建立长期护理保险制度。建立、完善高龄补贴、养老服务补贴、护理补贴等制度，提高老年人养老服务消费能力，使老年人希望得到社会化养老服务的意愿能够转化为现实的有效需求。

（五）加强队伍建设，提高养老服务专业化水平

加强敬老院管理，认真做好敬老院法人登记工作，切实做到有职责、有人员、有经费。将社区居家养老服务中心（站）纳入政府的公益性岗位开发，按照服务老年人数量的一定比例配备工作人员。养老服务机构安排本市户籍“4050”、城镇零就业家庭、城乡低保户、长期失业人员、低保边缘户人员等就业困难人员再就业的，按规定享受有关社会保险补贴、岗位补贴等再就业扶持政策。

推行养老服务机构工作人员和居家养老服务护理员持证上岗、定期培训制度，严格执行《养老护理员国家职业标准》，支持社会力量兴办养老护理人员培训基地，规模化培训护理人员。加强各类养老服务机构管理人员、护理人员职业技能培训，将其纳入城乡就业培训体系，提高养老服务专业化水平。

大力发展各类志愿者服务组织，建立健全志愿者服务活动长效机制，开展志愿者与被服务老人的结对服务和有针对性的专业服务，探索建立在养老服务中引入专业社会工作人才的机制，推动养老机构开发社工岗位。

（六）完善组织保障，形成推进养老事业发展的强大合力

市、区政府要高度重视养老事业发展，建立政府主导、民政牵头、部门协同、社会参与的领导体制和运行机制，立足当前，着眼长远，把养老事业列入重要议事日程。市社会养老服务体系建设领导小组和办公室要统筹抓好政策落实的组织协调、监督检查、总结推广等工作，通过深入实际调查研究，及时解决遇到的矛盾问题，调度、协调、推进各项政策落实到位。各区和各相关职能部门要切实树立一盘棋观念，认真履行各自职责，简化工作程序，优化政策标准，主动服务，合力推进我市养老事业健康发展。

我市民政、人社、老龄、老干等部门负有管理养老事务的职能，各级各类老年大学、老年体协、关工委等社团或组织也都在积极开展老年人活动。为了形成科学的老龄工作管理体制机制，可以将市、区两级的老龄（人少事多）和老干（人多事少）部门进行整合，在党委和政府的统一领导下实行两块牌子一套人马。同时将

市、区两级的老年大学、老年体协、关工委等社团或组织纳入其中,由老龄办(老干局)进行统一管理。通过这一改革,彻底杜绝“老”字号机构分散无序、多头管理、资源浪费的现象。

加强养老服务工作重要性的宣传,在社会各界形成共识。广泛深入开展敬老、爱老、养老、助老的美德教育,增强全社会的养老意识、敬老意识。做好对老年人及子女的权利和义务教育,引导成年子女自觉履行赡养和照顾老年人的义务。大力宣传养老服务工作先进典型和先进经验,形成良好的社会风尚和舆论氛围。

常青花园社区养老服务需求调查报告

《老年友好社区可及可托付可持续》课题组

一、调查的背景

武汉市常青花园社区为20世纪90年代中期始建的大型新型住宅区，经过20年的建设发展，已经成为汉口北部集居住、商务、金融、行政、娱乐、教育、卫生、交通、通讯、高科技为一体的多功能综合性新型社区。至2014年上半年，定居在社区的总人口已增长到6万余人，其中，60周岁以上老年人有10369人，占总人口的18%（注：以上数据不含武汉工业学院人口）。至今，常青花园社区老龄化程度已超过同期武汉市老龄化水平。如何科学构建政府、单位、社会、家庭、老年人"五位一体"的养老服务模式，为老年人提供最需要的养老服务，已成为常青花园社区全体居民和管理者共同关注的民生话题。为此，武汉市社会科学院与武汉市东西湖区常青花园管理委员会共同决定开展"老年友好社区可及可托付可持续"课题研究。这是常青花园社区20年发展史上首次大型老龄问题调查。

根据研究需要，本次问卷结构设计分为老年人基本状况、老年人的养老需求与意愿，调查和评估辖区内养老服务设施和服务功能、企业和社会组织的养老服务能力，分析当前养老问题中的主要矛盾和问题，并以此为依据推出养老服务、企业经营和社区管理相结合的发展模式，力求早日实现"居家养老、服务到家"的"常青花园老人梦"。

二、调查的过程

今年6月初，常青花园社区管理委员会张爱明书记及老年大学杨庚寅校长多次与我们课题组联系，希望能根据常青花园社区的实际状况与条件进行实地调查研究。随后武汉市社会科学院的黄红云研究员及武汉市老龄办综合处的江克松处长到常青花园社区，走访了第一至第五社区以及社区养老院、与有关养老服务的企业等单位，确定了调研主题和基本内容。6月23日，课题组召开了第一次会议，决定用抽样调查的形式对常青花园五个社区内2000名60岁以上老人进行调查，委托社区服务网格员进行问卷的发放，最后在7月10日之前将问卷回收。6月27日，课题组两名成员亲自来到常青花园第五社区，跟随社区网格员进行调查问卷的实地发放和采访，随机对6户老人进行了入户调查。调查中发现了一些实际问题，也让成员们实地感受到社区养老服务对于老年人的重要意义，尤其对于高龄老人以及没有生活自理能力的老人，更是意义重大。

7月10日问卷收齐后，课题组的小组成员对实际回收的1914份调查问卷进行输机处理，通过专业的数据分析软件对数据进行详细的问卷分析。7月30日，课题组成员和常青花园管委会各社区书记及社会企业代表进行了第二次会议，会议就回收的1914份调查问卷的数据进行了简单的分析说明，并根据分析数据来确定下一步的调查安排。各社区书记就他们各自社区养老的具体发展提出了许多意见和能够解决及亟待解决问题的办法，社会企业代表也纷纷表达了对于社区养老事业的支持。会议就常青花园社区老年人出行难，社区老人医疗需求和居家养老服务中心等几个大问题进行了详细的讨论，提出各自的看法。

三、调查对象的基本情况及特点

常青花园社区现有60岁以上老年人10369人，其中男性5006人，女性5369人；常住人口9941人，流动人口428人，空巢老人583人，60－64岁3229人，65－69岁2804人，70－74岁1438人，75－79岁1076人，80岁以上1822人。为对常青花园社区养老服务情况做全面的了解，我们此次问卷调查采取抽样调查方式，以60岁以上老年人为调查对象，共发放问卷2000份，分发到五个社区，其中一社区340份，二社区500份，三社区500份，四社区350份，五社区310份。最终收回的问卷有1913份，收回率高达95.7%，为我们进一步研究提供了有力的数据支撑和研究保证。

本次调查的问卷设计有18道单选题，5道多选题，1道问答题，以期从多个方面对调查对象的社区养老情况作全面的了解。题目大致分为三类：一调查对象的基本情况,包括老年人的性别、年龄、学历、婚姻状况、子女数量、是否拥有房产、居住现状、月退休金(养老金)额、月基本生活支出、月医药费支出以及身体健康状况等;二调查对象的养老意愿,包括养老服务承受价格、最喜欢的养老方式、最需要的养老服务、最担心的养老问题、最主要的养老困难,以及对社区养老的建议等;三调查对象的养老现状,社区养老服务现状、社区养老服务的提供主体、社区养老服务存在的问题等。

(一)调查对象的现状与家庭生活

(1)老年人的基本现状。在调查对象中,女性老年人1002人,占52.4%;男性老年人911人,占47.6%。女性老年人略高于男性多,这个特征与老年人性别结构普遍状况吻合。从年龄状况看,60-69岁老年人992人,占52.1%;70-79岁老年人655人,占34.4%;而80岁以上老人占总量的13.4%。由此推测,常青花园的老年人大多数在60-79岁之间,他们构成了老年人主体。从文化程度看,文盲老年人127人,占6.7%;小学学历的老年人366人,占19.2%;初中学历的老年人620人,占32.5%;高中(中专)学历的老年人585人,占30.6%;大专及以上211人,占11.1%。这一数据显示,常青花园的老年人绝大多数是有文化的,高中以上学历占比41.7%,这对于社区养老服务的文化宣传教育工作是有利的因素。从另一个角度看,老年人文化层次越高,在精神养老方面的要求就越高,这个特点值得关注。从婚姻状况看,结过婚的老年人1885人,占99%;没结过婚的老年人19人,占1%。表明绝大多数老人有过或正过着正常的婚姻家庭生活。他们当中,有1个孩子的老年人459人,占24.1%;有2个孩子的老年人863人,占45.4%;有3个孩子的老年人413人,占21.7%;有4个孩子以上的老年人143人,占7.5%;没有孩子的老年人23人,1.2%。数据显示,绝大多数老年人是有子女的,这为社区老年人实现"居家养老,服务到家"的目标奠定了一定的基础。

(2)老年人的居住和经济状况。对这个方面的调查是为了了解发展居家养老,老年人自身准备了那些物质基础,这些数据的准确性,在一定程度上决定社区在提供相应对策的准确性。1.老年人的房产状况,他们当中,有房产的老年人1044人,占55.2%;没房产的老年人847人,占44.8%。数据显示,有房产的老年人与没有房产的老年人几乎各占一半。这个数据提示我们,在常青花园的老年人群体中,有没有房产,对于养老方式的选择是有差别的,我们提供的养老服务应该有所差异。2.居住状况,与子女们住在一起的老年人1021,占54.1%;和老伴生活在一起,是空巢家庭的老年人688人,占36.4%;一个人单独居住,是空巢家庭的老年人179人,占9.5%。这个数据所显示的与上面“子女数量”所显示的一致,都表明家庭养老具有重要作用。3.每月的退休费(养老金),2000元以上的老年人853人,占45.1%;1500-2000元的老年人627人,占33.2%;1000-1500元的老年人274人,占14.5%;1000元以下的老年人136人,占7.2%。退休金(养老金)是老年人的工资收入,是老年人购买养老服务的保证。数据显示,常青花园老年人的收入水平分化是比较明显的,我们在做社区养老服务设计时必须要考虑到老年人不同的收入水平。退休费(养老金)在1500元以上的老年人大约占80.0%,所以制定相关社区养老服务的收费标准时,应该主要地以该收入水平的老年人为参考。同时,我们也不能忽略其余的约占20.0%收入偏低的老年人的需求,也应该提供适合他们的相应的社区养老服务。4.每月基本生活费支出,在500元以下的老年人149人,占8.0%;在500元-1000元的老年人733人,占39.5%;在1000元-2000元的老年人554人,占29.9%;在2000元以上的老年人419人,占22.6%。数据显示,常青花园老年人的月生活费支出水平也存在比较大的差异,这一特征同上述“每月的退休费(养老金)”所反映的问题相似,都表明社区养老服务应该与老年人的经济条件相符。服务收费不能过低,但也不能超过老年人所能承担的范围。

(3)老年人的身体与医疗现状。身体一般的老年人1007人,占52.9%;身体不好患有高血压糖尿病等的老年性疾病的老年人530人,占27.8%;身体健康没什么疾病的老年人274人,占14.4%;身体很不好患有严重疾病的老年人94人,占4.9%。从这一数据可以看出,常青花园至少有三分之一的老年人认为自己身体有疾病,这不是一个小的数字。这一现象提示我们,社区养老服务应该把对老年人的医疗服务作为一个工作重点,并致力于为老年人提供方便有效的医疗服务。调查表明,生活能够自理的老年人1642人,占86.1%;半自理的老年人235人,占12.3%;不能自理的老年人29人,占1.5%。这一数据显示,绝大部分的老年人能够自理生活,但也有少部分老年人处于不能自理和半自理的状况,所以,社区养老服务应该按照这些不同的比例,设计出比较丰富的内容,让这些生活自理能力不同的老人均能得到相应的养老服务。从每月的医药费支出看,支出在100元以下的老年人384人,占20.3%;支出为100元-500元的老年人803人,占42.4%;支出为500元-1000元的老年人498人,占26.3%;支出为1000元以上的老年人208人,占11%。数据显示,70.0%多的老年人月医药费支出在500元以下,这为社区养老服务的医疗服务收费提供了一个参考依据。

(4)老年人的文化娱乐生活。经常参加的活动(多选),选择看电视听广播阅读的老年人939人,占49.1%;选择聊天散步做家务带孩子的老年人721人,占37.7%;选择唱歌跳舞下棋练字的老年人496人,占25.9%;选择参加老年文体活动的老年人476人,占24.9%;选择从事志愿服务等公益性活动的老年人236人,占12.3%;选择无的老年人296人,占15.5%。数据显示,80%以上的老年人经常参加各种休闲娱乐活动,这表明老年人对精神生活的需求是比较大的,社区养老服务应该为丰富老年人的精神生活提供条件,让老年人在"健康养老"的同时更能够"快乐养老"。

(二)调查对象的养老意愿

(1)老年人期盼的最好养老方式是什么?选择在家里养老的老年人1449人,占77.7%;选择在社区居家养老服务中心的老年人230人,占12.3%;选择在福利院或老年公寓养老的老年人150人,占8.0%;选择在日托中心养老的老年人36人,占1.9%。数据显示,大多数的老年人选择家庭养老模式,有一部分老年人接受社区居家养老服务中心模式以及老年公寓养老模式。这为社区养老服务模式的制定与设计提供了参考,它表明,家庭养老模式是主要的模式,在此基础上,可以辅之以社区居家养老服务中心模式和老年公寓模式。三者可以相辅相成地为老年人提供养老服务。

(2)老人能够承受的养老服务价格如何?直接表态说什么价格都不能承受的233人,占12.3%;能承受500元以下/月的老年人727人,占38.5%;能承受500元-1000元/月的老年人642人,占34%;能承受1000元-2000元/月的老年人220人,占11.6%;能承受2000元以上/月的老年人68人,占3.6%。数据显示,大多数老年人能够承受的价格在500元左右,这个服务价格承受力的选择与老年人的经济收入紧密相联。前面老年人每月收入大多在2000元左右。老人用收入的四分之一来支付养老服务价格,对他们来说,如果没有外援的情况下,可能就是一个极限。这个底线为我们制定社区养老服务的价格提供了重要参考,即每个月为老人提供的服务,其收费应该控制在500元左右,这样才会得到大多数老年人的接受和认可。超过或者低于这个标准都不符合实际,超过它,会失去很多老年人的支持。

调查表明:能够承受的一餐盒饭价格,选择8元的老年人1140人,占62%;选择5元的老年人554人,占30.1%;选择15元的老年人145人,占7.9%。数据显示,90%以上的老年人希望供餐价格不要太高。这对送餐服务是个挑战,如果定价太高,盒饭没有销路,如果定价太低,质量不能保证、生意难以为继。

(3)老人目前最需要的服务是什么?选择医疗上门的老年人601人,占31.9%;选择水电维修的老年人439人,占23.3%;选择家政的老年人307人,占16.3%;选择送餐的老年人253人,占13.4%;选择陪读、聊天、心理慰藉的老年人69人,占3.7%;选择法律咨询的老年人23人,占1.2%;选择日常代购的老年人20人,占1.1%;选择其他服务的老年人172人,占9.1%。数据显示,医疗上门和水电维修是老年人最需要的两种服务,家政与送餐次之。这为我们制定社区养老服务的内容指明了方向。社区养老服务应该将医疗服务、水电维修放在重中之重的位置,同时也要把向老年人提供便捷的家政和送餐服务作为次要的重点工作。

(4)老人目前最担心的养老问题是什么?选择身体不好,有一种或几种疾病的老年人715人,占37.7%;子女不在身边,没人照顾自己的老年人400人,占21.1%;经济困难的老年人265人,占14%;寂寞和空虚的老年人76人,占4%;各方面都还行,没什么困难的老年人439人,占23.2%。数据显示,老年人最担心的问题主要集中在身体健康、需要照顾以及经济方面。这再次说明,社区养老服务的主要内容是为老年人提供良好的医疗服务,为孤独的老年人提供更多更丰富的精神生活,以及为经济条件较低的老年人提供一些必要的必需的援助。

(5)老年人面临最大的困难是什么?选择医疗上门的老年人676人,占36.2%;选择水电维修的老年人468人,占25%;选择其他服务的老年人241人,占12.9%;选择送餐的老年人207人,占11.1%;选择家政的老年人178人,占9.5%;选择陪读、聊天、心理辅导等精神慰藉服务的老年人52人,占2.8%;选择日常代购的老年人22人,占1.2%;选择法律服务的老年人25人,占1.3%。这一数据与上述"目前最担心的养老问题"所表明的问题一致。

四、常青花园社区养老服务现状

(一)社区服务设施运行状况调查

选择老年活动服务中心的老年人901人,占47.1%;选择居家养老服务的老年人445人,占23.3%;选择10分钟养老服务圈的老年人194人,占10.1%;选择其他的老年人52人,占2.7%;选择不知道的老年人649人,占33.9%。数据显示,大多数的老年人选择了老年活动服务中心,以及不知道。这说明,社区现有的老年活动服务中心在社区老年人心中有比较高的熟悉度,由此可见老年人活动服务中心是比较受老年人欢迎的养老服务设施,因此,这方面的服务设施应该得到重视和强化。另外,还有三分之一的老年人不知道现有养老服务设施,这表明,常青花园社区养老服务的观念和信息还没有深入人心,未被老年人所认识。这个问题应该在推广社区养老服务时得到相当的重视,要让更多的老年人知道并接受社区养老服务这项工作及其内容,如此社区养老服务的工作才能更好地展开。

(二)社区养老服务工作人员状况

老人认为承担社区养老服务工作的是社区群干的有1305人,占70.6%;社区志愿者承担的726人,占38%;老人互助的357人,占18.7%;选择民办机构的336人,占17.6%;选择其他的90人,占4.7%。数据显示,社区工作人员仍然是社区养老服务的主要力量,志愿者次之,而相比之下,民办机构人员显得非常少。这种现状与社区养老服务的发展趋势是相背的,必须改变。社区养老服务目前以及未来的发展趋势是政府主导,企业承接,所以民办机构的服务人员应该逐渐地成为社区服务的主要力量,社区工作人员以及志愿者应该逐渐成为次要的力量。

(三)社区养老服务工作面临的困难

选择工作人员太少任务太多忙不过来的老年人1186人,占62%;选择经费太少难以支撑服务活动的老年人1108人,占57.9%;选择缺乏专职专业人员的老年人842人,占44%;选择信息平台没有建成需求信息难覆盖的老年人405人,占21.2%;选择其他的老年人74人,占3.9%。数据表明,目前常青花园的养老服务无论在数量上,还是在质量上都是不够的,这也正是我们这次调研力求解决的问题之一。

五、老年人的期盼与建议

期盼一:从国家和政府角度看,资金投入应该到位,应提供更多基本的服务项目、服务网点;工作应该务实,说到应做到;应该切实做好养老服务的宣传工作,做到让人熟悉认可等。具体建议有:小区内部以及小区与外部交通衔接与出行更方便;集市场、商店、餐饮为一体的老年服务设施更多更优。

期盼二:从社区角度看,应该提高社区医疗服务的质量和价格,应建立科学的医疗服务体系，其作用应能够辐射到尽量多的老年人；应该建设社区养老服务中心并充分发挥其作用；应该提供便利的交通条件，以方便老年人日常的出行活动；应该提供可靠的规范的家政服务；应该经常向老年人了解实际情况，跟踪社区养老服务的动态情况；应该多给老人子女做宣传教育工作，加强他们赡养老人的意识；应该改善社区养老院的服务质量与价格；提供送餐服务以解决老年人一日三餐，且价格应合理；增加老年人相关的社交活动，以丰富老年人的精神生活等。

期盼三：从老年人自身角度看，应该改变关于养老的观念，不给子女、社会添负担；改善自己的生活条件，努力丰富自己的老年生活；加强身体锻炼，保持心情乐观愉快等。

六、居家养老服务的对策与建议

（一）在政府主导下，增强社区自筹、机构投资，联合社会企业共同承担社区养老责任，实现互惠共赢

现在政府对于养老服务问题给予了高度重视，每年都会根据实际情况给予一定的补助，社区可以联系相应的社会机构和组织，与政府共同承办社区的一些养老服务项目，让社区的老人能够得到相应的帮助。

（二）把社区养老服务工作列入规划

大力发展居家养老，建立社区居家养老服务中心、社区助老服务社、居家型社区养老院，同时发展由社区服务人员上门提供的日托、陪伴、家政、送餐、医疗保健等多种服务，老人可以灵活选择，使老年人既有居家的自由，又有可享受服务的便利。对特殊需要的老人，如患老年痴呆症、瘫痪等需专业护理的老人，政府应支持建立专门类别的养老机构，以提高护理质量，减轻家庭负担。

（三）构建一个集医疗、社区服务、娱乐、餐饮、市场、商店等为一体的真正的居家养老服务中心

这个中心不仅有娱乐，还应该让老年人在丰富自身空余时间的同时，满足自己的各项需求，使老年人的生活更加便捷，更加轻松。

（四）实现城市交通主干道与小区道路之间出行站点的科学布局

交通设施与交通布局的完善可以方便老年人出行，参与各项日常生活活动和业余生活活动，最好能在社区实行电瓶车接送服务，以此代替老年人步行。

（五）吸纳一支具有专业素养的家政服务队伍

社区养老服务不仅仅是靠服务人员数量的增加，更是靠服务人员业务素养的提高，一支完善而又有素养的家政服务团队，更能给老年人带来舒心、安心的养老服务。

（六）聘请社区退休同志参与社区的管理建设工作

老年人之间想法比较一致，通过自己管理自己、服务自己的方式，发动人们参与社区养老建设，同时可以动员社区的青年学生参与自愿助老的服务。

（七）提高养老服务的质量与数量

有许多老年人呼吁更多的服务人员来为社区养老提供服务，这是一个比较直接的想法，但是又存在着很现实的困难。就像警察之于群众，教师之于学生一样，这个困难十分难克服。怎么办呢？好在它是可以克服的，但克服的路径肯定不是增加更多的人的数量，而是增加服务的数量。我们认为，给老年人的服务可以分为两类：一是技术含量不高的，非专业的服务；二是技术含量高的，专业的服务。那么对于不同的服务可以由不同的人来提供。前者可以面向社会广泛召集，这样服务的数量就有了保证；后者应该从科技方面入手，研究比较智能高效的手段来解决，这样也能在服务的数量上得到保证。总之，不需要存在数量庞大的专门服务养老的工作人员，因为即使有这样一个庞大的服务队，依旧不会足够，这一点看看警察与教师的缺乏就可以知道了。

（八）加大对老年人子女的宣传与引导

养老问题，结合中国的传统与现实，主要是一个家庭内的问题，其次才是一个社会问题。为什么这么说呢？因为这两者是前者决定后者，而不是后者决定前者。家庭问题解决了，社会服务不到位对养老也不会有太大的冲击；但是，如果社会服务到位了，而家庭内部有问题，如子女不孝不赡养老人，则养老问题依然会很严重。这告诉我们，在推广社区养老服务的工作中，我们的对象必定不能只是老年人，还必须有一部分的宣传工作对老年人的子女及其家庭，对他们的宣传和教育若有效果则会事半功倍。

七、附件:调查数据的交叉分析

(一)与最需要的服务相关之分析

(1)不同性别与目前最需要的一项服务之间的交叉分析

选择目前最需要的服务为送餐服务的男性有13.3%,女性有13.7%,两者比重相差不大,可见该项服务与性别之间的相关性不大,不过相比之下,女性对于送餐服务的需求略高于男性;选择家政服务的男性有16.4%,女性有16.0%,两者比重相差不大,故该项服务与性别之间的相关性不大,但相比之下,男性对于家政服务的需求略高于女性;选择医疗上门服务的男性有33.7%,女性有29.9%,可见该项服务中男性的需求比女性的需求大;选择水电维修的男性有21%,女性有24.9%,可见该项服务中女性的需求大于男性的需求;选择日常代购服务的男性有1.2%,女性有0.9%,故该项服务与性别之间的相关性不大,但相比之下,男性需求略高于女性;选择法律咨询服务的男性有1.8%,女性有1.6%,故该项服务与性别之间的相关性不大,但相比之家,男性对该项服务的需求略微高于女性。选择陪读聊天、心理慰藉服务的男性有4.3%,女性有3.1%,故该项服务中,男性的需求大于女性。选择其他服务的男性有8.3%,女性有9.8%,因此女性对于其他服务的需求是大于男性的。

(2)不同的年龄和最需要的服务之间的交叉分析

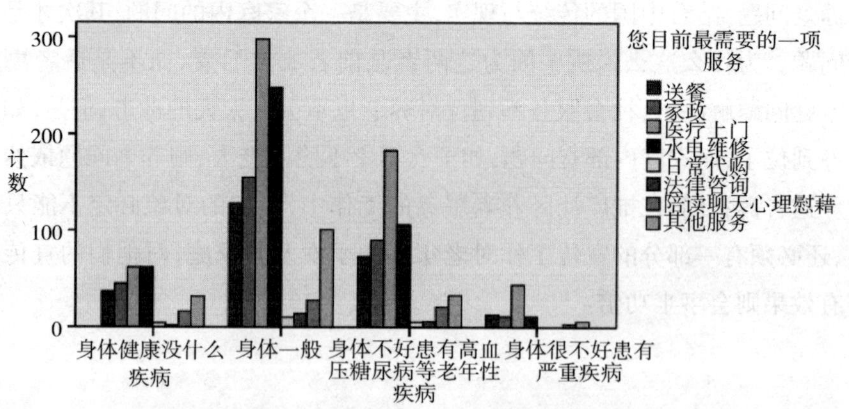

下图1 不同年龄最需要的服务

选择目前最需要的服务为送餐服务的:年龄在60-69岁的有11.6%,年龄在

70－79岁的有15.8%,80－89岁的有14.6%,90岁以上的有19.0%。年龄与送餐服务之间基本保持正相关关系。

选择目前最需要的服务为家政服务的:年龄在60－69岁的有15.3%,70－79岁的有16.5%,80－89岁的有20.4%,90岁以上的有9.5%。可见年龄段在60－89岁之间的,年龄与送餐服务之间呈正相关,90岁以上的对该项服务需求很少。

选择目前最需要的服务为医疗上门服务的:60－69岁的有28.6%,70－79岁的有33.9%,80－89岁的有38.9%,90岁以上的有38.1%。可见医疗上门服务与年龄之间的关系为正相关关系。

选择目前最需要的服务为水电维修的:60－69岁的有27.9%,70－79岁的有19.7%,80－89岁的有12.4%,90岁以上的有9.5%。可见水电维修服务的需求与年龄之间成负相关关系。

选择目前最需要的服务为日常代购的:60－69岁的有0.7%,70－79岁的有1.9%,80－89岁的有0.4%,90岁以上的有0.0%,可见日常代购服务与年龄之间的相关性不明显,对其需求最大的为年龄段在70－79岁的老年人。

选择目前最需要的服务为法律咨询的:60－69的有2.1%,70－79岁的有0.9%,80－89岁的有1.8%,90岁以上0.0%,可见法律咨询服务与年龄之间的相关性不明显,其需求最大的群体为60－69岁的老年人,其次为80－89岁的老年人。

选择目前最需要的服务为陪读聊天、心理慰藉的:60－69岁的有3.0%,70－79岁的有3.9%,80－89岁的有5.8%,90岁以上有0.0%。可见年龄在60－89岁之间的老年人,年龄与陪读聊天、心理慰藉服务呈正相关,90岁以上的对这项服务没有什么需求。

选择目前最需要的服务为其他的:60－69岁的有10.8%,70－79岁的有7.5%,80－89岁的有5.8%,90岁以上的有23.8%。可见年龄阶段在60－89岁的老年人中,其他服务的需求与年龄之间呈负相关关系,90岁以上的老年人对其他服务需求最高。

(3)不同的学历与目前最需要的一项服务之间的交叉分析

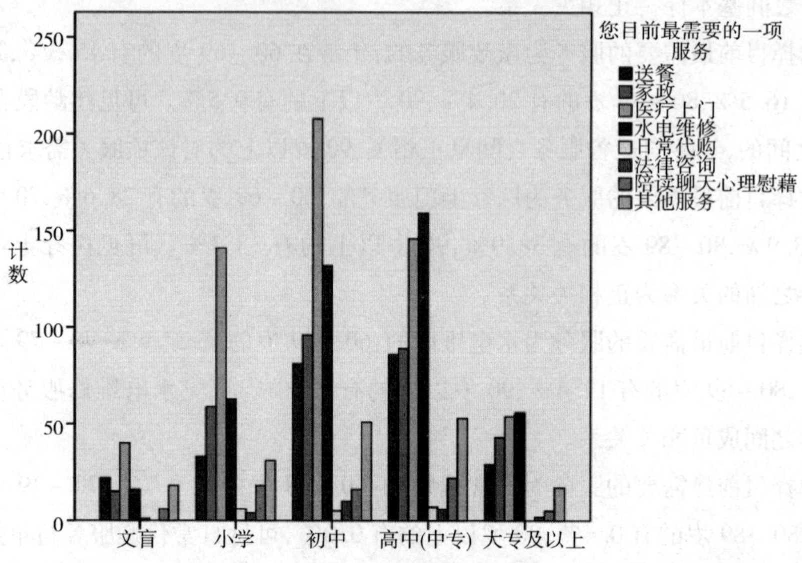

下图 2　不同学历最需要的服务

选择目前最需要的服务为送餐服务的:文盲有 18.3%,小学文化的有 9.2%,初中文化的有 13.4%,高中(中专)文化的有 15.1%,大专及以上文化的有 14.1%。可见对于送餐服务的需求和学历之间的相关性不大。

选择目前最需要的服务为家政服务的:文盲有 12.5%,小学文化的有 16.5%,初中文化的有 15.7%,高中(中专)文化的有 15.7%,大专及以上文化的有 20.9%。可见家政服务需求与学历之间大致呈正相关。

选择目前最需要的服务为医疗上门服务的:文盲有 33.3%,小学文化的有 39.5%,初中文化的有 34.4%,高中(中专)文化的有 25.9%,大专及以上文化的有 26.2%。可见医疗上门服务需求与学历之间相关性不大,不过初中及以下学历的老年人对于医疗上门需求十分大。

选择目前最需要的服务为水电维修服务的:文盲有 13.3%,小学文化的有 17.6%,初中文化的有 22.3%,高中(中专)文化的有 27.8%,大专及以上文化的有 27.2%。可见水电维修服务的需求与学历之间基本保持正相关关系。

选择目前最需要的服务为日常代购服务的:文盲有 0.8%,小学文化的有 2.0%,初中文化的有 0.8%,高中(中专)文化的有 1.2%,大专及以上文化的有

0.0%。可见日常代购服务需求与学历之间相关性不大,其中小学文化对于日常代购需求最高,其次是高中(中专)文化对于代购的需求也比较高。

选择目前最需要的服务为法律咨询服务的:文盲有0.8%,小学文化的1.7%,初中文化的有2.3%,高中(中专)文化的有1.4%,大专及以上文化的有1.0%。可见法律咨询服务与学历之间的相关性也不大,对该项服务需求最高的是初中学历的人群,其次是小学和高中(中专)学历的人群。

选择目前最需要的服务为陪读聊天、心理慰藉服务的:文盲有5.8%,小学文化的有4.8%,初中文化的有2.6%,高中(中专)文化的有3.7%,大专及以上文化的有2.4%。可见陪读聊天、心理慰藉服务的需求与学历之间基本保持负相关关系。

选择目前最需要的服务为其他服务的:文盲有15.0%,小学文化的有8.7%,初中文化的有8.4%,高中(中专)文化的有9.2%,大专及以上文化的有8.3%。可见其他服务需求与学历之间基本保持负相关关系。

(4)不同的婚姻状况与最需要的一项服务之间的交叉分析

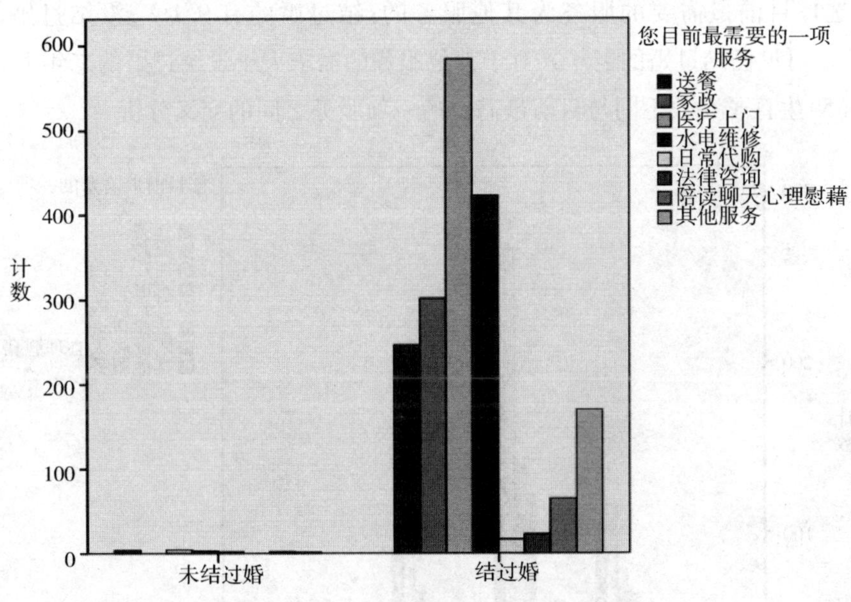

下图3 不同婚姻最需要的服务

选择目前最需要的服务为送餐服务的:结过婚的有13.4%,没结过婚的有22.2%。可见没结过婚的对送餐服务需求更高。

选择目前最需要的服务为家政服务的：结过婚的 16.3%，没结过婚的有 0.0%。可见结过婚的对家政服务需求很高，没结过婚的对家政服务没有需求。

选择目前最需要的服务为医疗上门服务服务的：结过婚的有 31.8%，没结过婚的有 27.8%。可见结过婚的比没结过婚的医疗上门需求更高。

选择目前最需要的服务为水电维修服务的：结过婚的有 23.1%，没结过婚的有 16.7%。可见结过婚的比没结过婚的更需要水电维修。

选择目前最需要的服务为日常代购服务的：结过婚的有 0.9%，没结过婚的有 16.7%；没有结过婚的对于日常代购的需求远大于结过婚的。

选择目前最需要的服务为法律咨询服务的：结过婚的有 1.7%，没结过婚的有 0.0%。可见结过婚的对于法律咨询服务的需求大于没有结过婚的。

选择目前最需要的服务为陪读聊天、心理慰藉服务的：结过婚的有 3.5%，没结过婚的有 11.1%。可见没有结过婚的老年人对于陪读聊天、心理慰藉服务的需求远大于结过婚的老年人。

选择目前最需要的服务为其他服务的：结过婚的有 9.1%，没结过婚的有 5.6%。可见已结过婚的老年人对于其他服务的需求大于没结过婚的老年人。

(5)生育子女数不同与目前最需要的一项服务之间的交叉分析

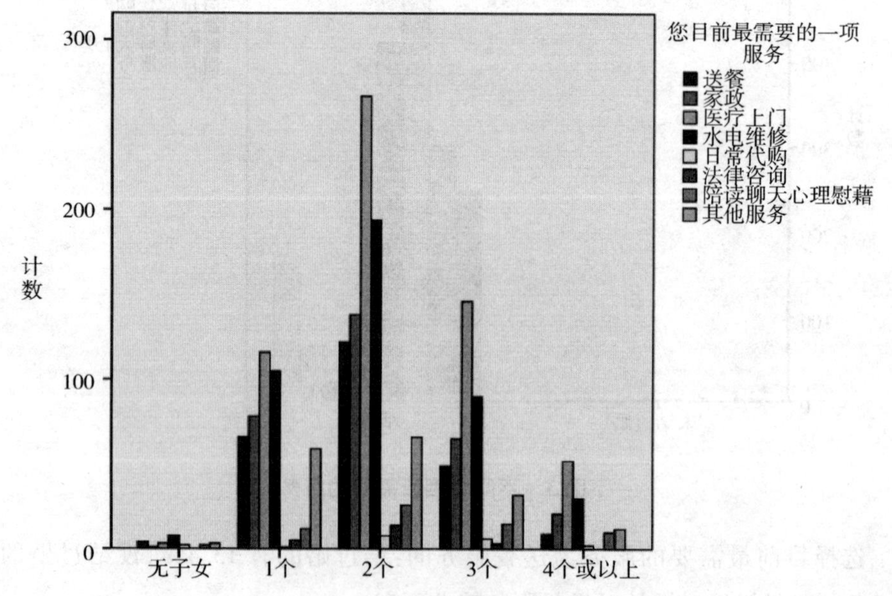

下图 4　子女数与最需的服务

目前最需要的服务选择送餐服务的：无子女的有17.4%，一个子女的有14.8%，两个子女的有14.6%，三个子女的有12.0%，四个或以上子女的有6.6%。可见拥有子女数越多的老年人对于送餐服务的需求越低。

目前最需要的服务选择家政服务的：无子女的有4.3%，一个子女的有17.5%，两个子女的有16.3%，三个子女的有15.9%，四个或以上子女的有15.3%。可见除去无子女的老年人对于家政服务的需求低以外，拥有子女数与家政服务需求呈负相关关系。；

目前最需要的服务选择医疗上门服务的：无子女的有13.0%，一个子女的有26.1%，两个子女的有32.0%，三个子女的有35.7%，四个或以上子女的有38.0%。可见拥有子女数与医疗上门服务需求之前呈正相关关系。

目前最需要的服务选择水电维修服务的：无子女的有34.8%，一个子女的有23.8%，两个子女的有23.2%，三个子女的有22.0%，四个或以上子女的有22.6%。可见水电维修服务需求与拥有子女数之间呈负相关关系。

目前最需要的服务选择日常代购服务的：无子女的有8.7%，一个子女的有0.2%，两个子女的有1.0%，三个子女的有1.7%，四个或以上子女的有1.5%。可见除去没有子女的老年人对于日常代购的强烈需求，基本上入场代购服务和年龄之间呈正相关趋势。

目前最需要的服务选择法律咨询服务的：无子女的有0.0%，一个子女的有1.8%，两个子女的有2.3%，三个子女的有0.7%，四个或以上子女的有0.0%。可见除去无子女者对法律咨询没有需求以外，拥有子女数与法律咨询需求呈负相关关系。

目前最需要的服务选择陪读聊天、心理慰藉服务的：无子女的有8.7%，一个子女的有2.5%，两个子女的有3.1%，三个子女的有4.2%，四个或以上子女的有7.3%。可见除去无子女和四个子女以上的老年人对陪读聊天、心理慰藉服务需求较大以外，该项服务与子女数呈正相关关系。

目前最需要的服务选择其他服务的：无子女的有13.0%，一个子女的有13.3%，两个子女的有7.6%，三个子女的有7.8%，四个或以上子女的有8.8%。可见其他服务与拥有子女数之间基本呈负相关关系。

(6)目前的居住状况与目前最需要的一项服务之间的交叉分析

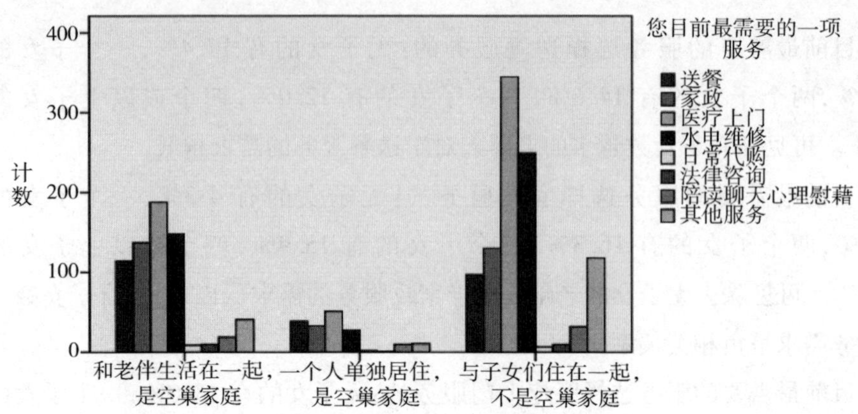

下图5　居住状况与最需要的服务

目前最需要的服务选择的是送餐服务的：和老伴生活在一起，是空巢家庭的有17.0%，一个人单独居住，是空巢家庭的有22.3%，与子女们住在一起，不是空巢家庭的有9.8%。可见家庭陪伴人数越多，送餐需求越低。。

目前最需要的服务选择的是家政服务的：和老伴生活在一起，是空巢家庭的有20.3%，一个人单独居住，是空巢家庭的有18.9%，与子女们住在一起，不是空巢家庭的有13.1%。可见两老人住在一起，空巢家庭的对家政服务需求最高，其次是一个人独处、空巢家庭，和子女生活在一起对家政服务的需求低。

目前最需要的服务选择的是医疗上门服务的：和老伴生活在一起，是空巢家庭的有28.0%，一个人单独居住，是空巢家庭的有29.1%与子女们住在一起，不是空巢家庭的有34.8%。可见和子女住一起的老人对医疗需求最高，其次是一个人独处，需求最低的是两老住一起、空巢的家庭。

目前最需要的服务选择的是水电维修服务的：和老伴生活在一起，是空巢家庭的有22.2%，一个人单独居住，是空巢家庭的有16 .0%，与子女们住在一起，不是空巢家庭的有25.2%。可见随着家庭陪伴人数的增多，对于水电维修的需求增加。

目前最需要的服务选择的是日常代购服务的：和老伴生活在一起，是空巢家庭的有1.3%，一个人单独居住，是空巢家庭的有1.1%，与子女们住在一起，不是空巢家庭的有0.8%。可见两老住在一起的空巢家庭对日常代购的需求比较急切，其次是一个人独处的老人，需求最低的是和子女住一起的老人。

目前最需要的服务选择的是法律咨询服务的：和老伴生活在一起，是空巢家庭的有1.9%，一个人单独居住，是空巢家庭的有0.6%，与子女们住在一起，不是空巢家庭的有1.3%。可见两老住一起的空巢家庭对法律咨询需求最大，其次是和子女住一起的老人，需求最少的是独处的老人。

目前最需要的服务选择的是陪读聊天、心理慰藉服务的：和老伴生活在一起，是空巢家庭的有3.1%，一个人单独居住，是空巢家庭的有5.7%，与子女们住在一起，不是空巢家庭的有3.1%。可见对于陪读聊天、心理慰藉独处的老人需求最大，两老住一起的空巢家庭和与子女住一起的老人对该项需求小一些。

目前最需要的服务选择的是其他服务的：和老伴生活在一起，是空巢家庭的有6.1%，一个人单独居住，是空巢家庭的有6.3%，与子女们住在一起，不是空巢家庭的有11.9%。由此可见，对其他需求最高的是与子女住一起的老人，其次是独处老人，再次是两个老人的空巢家庭。

(7)不同的每月退休费与最需要的一项服务之间的交叉分析

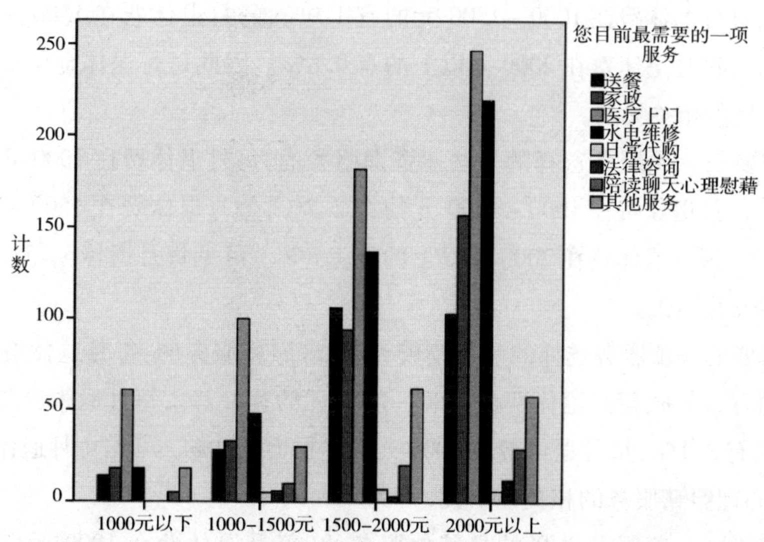

下图6　退休金与最需要的服务

最需要的一项服务选择的是送餐服务的：每月退休费在1000元以下的有10.4%，每月退休费在1000－1500元的有10.6%，每月退休费在1500－2000元的有17.3%，每月退休费在2000元以上的有12.3%。可见每月退休金在2000元以内的，退休金与送餐服务成正比，退休金每月2000元以上的有回落。

最需要的一项服务选择的是家政服务的:每月退休费在1000元以下的有13.3%,每月退休费在1000-1500元的有12.5%,每月退休费在1500-2000元的有15.2%,每月退休费在2000元以上的有18.8%。可见每月退休费与家政服务的选择之间呈正相关关系。

最需要的一项服务选择的是医疗上门服务的:每月退休费在1000元以下的有45.2%,每月退休费在1000-1500元的有38.0%,每月退休费在1500-2000元的有29.7%,每月退休费在2000元以上的有29.7%。可见每月退休费与医疗上门服务之间呈负相关关系。

最需要的一项服务选择的是水电维修服务的:每月退休费在1000元以下的有13.3%,每月退休费在1000-1500元的有18.6%,每月退休费在1500-2000元的有22.5%,每月退休费在2000元以上的有26.3%。可见每月退休费与水电维修服务之间呈正相关关系。

最需要的一项服务选择的是日常代购服务的:每月退休费在1000元以下的有0.0%,每月退休费在1000-1500元的有1.9%,每月退休费在1500-2000元的有1.1%,每月退休费在2000元以上的有0.8%。因此每月退休金与日常代购服务需求呈负相关关系。

最需要的一项服务选择的是法律咨询服务的:每月退休费在1000元以下的有0.7%,每月退休费在1000-1500元的有2.7%,每月退休费在1500-2000元的有1.0%,每月退休费在2000元以上的有1.8%。可见每月退休金与法律咨询服务的相关性不大。

最需要的一项服务选择的是陪读聊天、心理慰藉服务的:每月退休费在1000元以下的有3.7%,每月退休费在1000-1500元的有4.2%,每月退休费在1500-2000元的有3.1%,每月退休费在2000元以上的有3.2%。可见每月退休金与陪读聊天、心理慰藉服务的相关性不大。

最需要的一项服务选择的是其他服务的:每月退休费在1000元以下的有13.3%,每月退休费在1000-1500元的有11.4%,每月退休费在1500-2000元的有10.1%,每月退休费在2000元以上的有6.9%。可见随着每月退休金的递增,其他服务需求下降。

(8)每月基本生活支出与目前最需要的一项服务之间的交叉分析

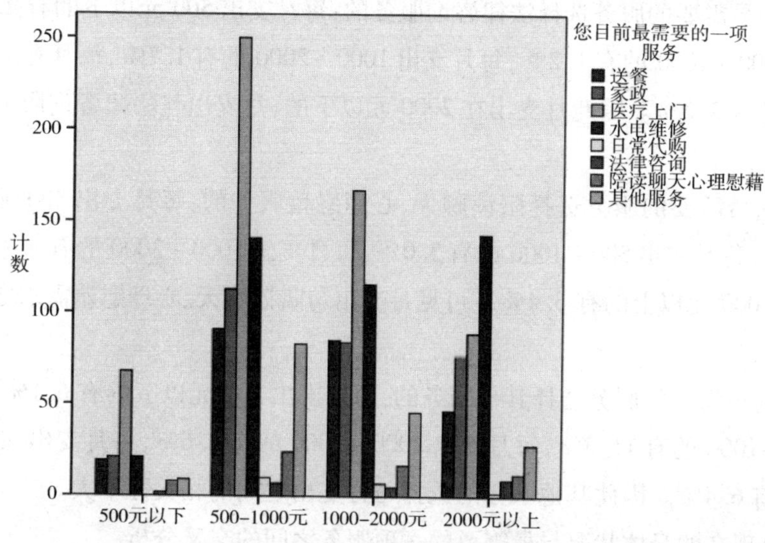

下图7　每月支出与最需要的服务

目前最需要的服务选择送餐服务的:每月支出500元以下的有12.8%,每月支出500-1000的有12.6%,每月支出1000-2000的有15.9%,每月支出在2000元以上的有11.6%。可见每月生活支出与选择送餐服务之间的关系不太大,月支出在1000-2000的老人可能更易于选择该服务。

目前最需要的服务选择家政服务的:每月支出500元以下的有14.2%,每月支出500-1000的有15.6%,每月支出1000-2000的有15.7%,每月支出在2000元以上的有18.7%。可见家政服务与月支出呈正相关。

目前最需要的服务选择医疗上门服务的:每月支出500元以下的有45.9%,每月支出500-1000的有34.9%,每月支出1000-2000的31.1%,每月支出在2000元以上的有21.9%。可见月支出越高,医疗上门服务需求越低。

目前最需要的服务选择水电维修服务的:每月支出500元以下的有14.2%,每月支出500-1000的有19.8%,每月支出1000-2000的有21.7%,每月支出在2000元以上的有35.2%。可见水电维修服务需求与月支出呈正相关关系。

目前最需要的服务选择日常代购服务的:每月支出500元以下的有0.0%,每月支出500-1000的有1.4%,每月支出1000-2000的有1.5%,每月支出在2000元以上的有0.5%。因此月支出在2000元以下的,月支出与日常代购呈正相关,但月支出2000元以上的对此需求小。

目前最需要的服务选择法律咨询服务的:每月支出500元以下的有2.0%,每月支出500-1000的有1.2%,每月支出1000-2000的有1.7%,每月支出在2000元以上的有2.2%。因此月支出在2000元以下的,月支出与法律咨询服务的关联性不大。

目前最需要的服务选择陪读聊天、心理慰藉服务的:每月支出500元以下的有4.7%,每月支出500-1000的有3.0%,每月支出1000-2000的有3.7%,每月支出在2000元以上的有3.4%。可见月支出与陪读聊天、心理慰藉需求之间的关系不大。

目前最需要的服务选择其他服务的:每月支出500元以下的有6.1%,每月支出500-1000的有11.5%,每月支出1000-2000的有8.6%,每月支出在2000元以上的有6.4%。因此其他服务的选择与月支出之间的相关性不大。

(9)现在的身体状况与最需要的一项服务之间的交叉分析

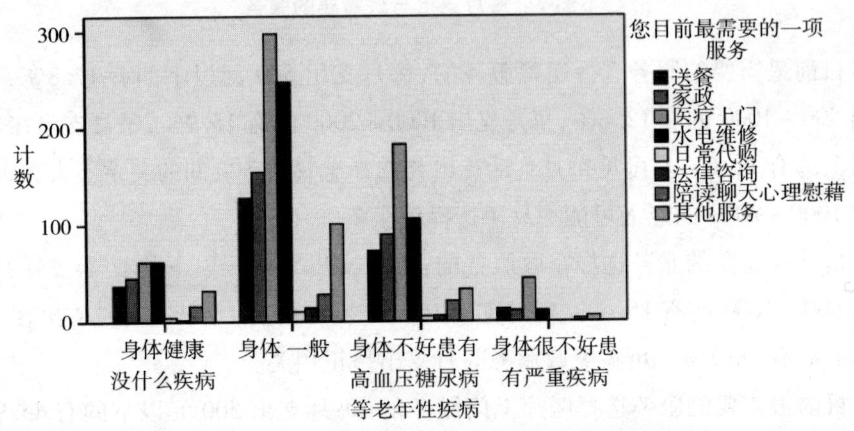

下图8 身体状况与最需要的服务

最需要的服务选择的是送餐服务的:身体健康没什么疾病的有14.0%,身体一般的有13.0%,身体不好患有高血压糖尿病等老年性疾病的有14.1%,身体很不好患有严重性疾病的有14.6%。因此送餐服务与健康状况之间没有必然联系。

最需要的服务选择的是家政服务的:身体健康没什么疾病的有17.0%,身体一般的有15.7%,身体不好患有高血压糖尿病等老年性疾病的有17.1%,身体很不好患有严重性疾病的有12.4%。因此家政服务与健康状况之间没有必然联系。

最需要的服务选择的是医疗上门服务的:身体健康没什么疾病的有23.9%,身体一般的有30.2%,身体不好患有高血压糖尿病等老年性疾病的有35.3%,身体很不好患有严重性疾病的有50.6%。因此身体越差,越需要上门医疗服务。

最需要的服务选择的是水电维修服务的:身体健康没什么疾病的有23.5%,身体一般的有25.4%,身体不好患有高血压糖尿病等老年性疾病的有20.4%,身体很不好患有严重性疾病的有12.4%。因此身体越差对水电维修服务的需求越小。

最需要的服务选择的是日常代购服务的:身体健康没什么疾病的有1.5%,身体一般的有1.0%,身体不好患有高血压糖尿病等老年性疾病的有1.2%,身体很不好患有严重性疾病的有0.0%。可见日常代购需求与身体健康状况相关性不大。

最需要的服务选择的是法律咨询服务的:身体健康没什么疾病的有1.5%,身体一般的有1.8%,身体不好患有高血压糖尿病等老年性疾病的有1.5%,身体很不好患有严重性疾病的有1.1%。除去身体健康没什么疾病的人对该需求略高,剩下的身体越差越需要法律咨询服务。

最需要的服务选择的是陪读聊天、心理慰藉服务的:身体健康没什么疾病的有6.4%,身体一般的有2.7%,身体不好患有高血压糖尿病等老年性疾病的有4.2%,身体很不好患有严重性疾病的有2.2%。因此身体状况与陪读聊天、心理慰藉之间关联性不大。

最需要的服务选择是其他服务的:身体健康没什么疾病的有12.1%,身体一般的有10.2%,身体不好患有高血压糖尿病等老年性疾病的有6.2%,身体很不好患有严重性疾病的有6.7%。因此身体健康状况越差,其他服务越少。

(10)现在生活能否自理与目前最需要的一项服务之间的交叉分析

目前最需要的服务为送餐服务的:生活能自理的有13.0%,生活半自理的有17.0%,生活不能自理的有10.3%。可见生活半自理的人对送餐服务需求相对较高。

目前最需要的服务为家政服务的:生活能自理的有16.6%,生活半自理的有13.0%,生活不能自理的有24.1%。可见生活不能自理的人对家政服务需求相对较高。

目前最需要的服务为医疗上门服务的:生活能自理的有30.2%,生活半自理

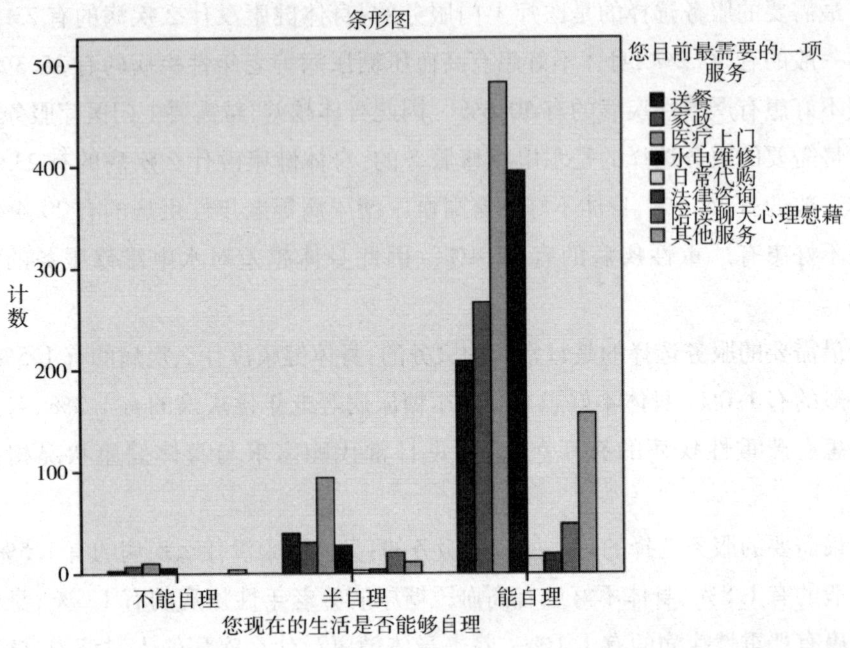

下图9 能否处理与最需要的服务

的有40.9%，生活不能自理的有34.5%。可见生活半自理的人对医疗上门服务的需求相对较高。

目前最需要的服务为水电维修服务的：生活能自理的有24.8%，生活半自理的有11.7%，生活不能自理的有17.2%。可见生活能自理的人对于水电维修需求相对较高。

目前最需要的服务为日常代购服务的：生活能自理的有1.0%，生活半自理的有1.7%，生活不能自理的有0.0%。可见生活半自理的人对于日常代购的需求相对较高。

目前最需要的服务为法律咨询服务的：生活能自理的有1.6%，生活半自理的有3.0%，生活不能自理的有0.0%。可见生活半自理的人对于法律咨询的需求相对较高。

目前最需要的服务为陪读聊天、心理慰藉服务的：生活能自理的有3.1%，生活半自理的有7.8%，生活不能自理的有0.0%。可见生活半自理的人对于陪读聊天、心理慰藉的需求相对较高。

目前最需要的服务为其他服务的：生活能自理的有9.7%，生活半自理的有

4.8%，生活不能自理的有13.8%。可见生活不能自理的人对于其他需求较高。

(11)不同月退休金(养老金)与目前最需要的服务(多选)之间的交叉分析

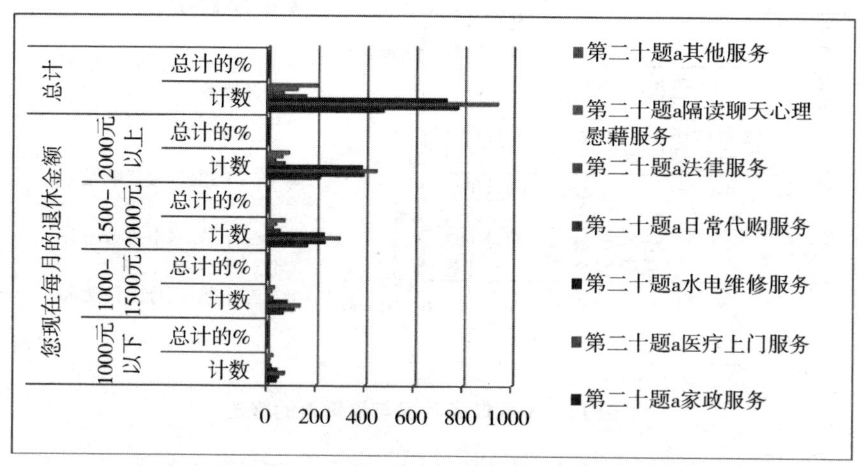

下图10 不同退休金与最需要的服务

(12)不同月生活支出费与目前最需要的服务(多选)之间的交叉分析

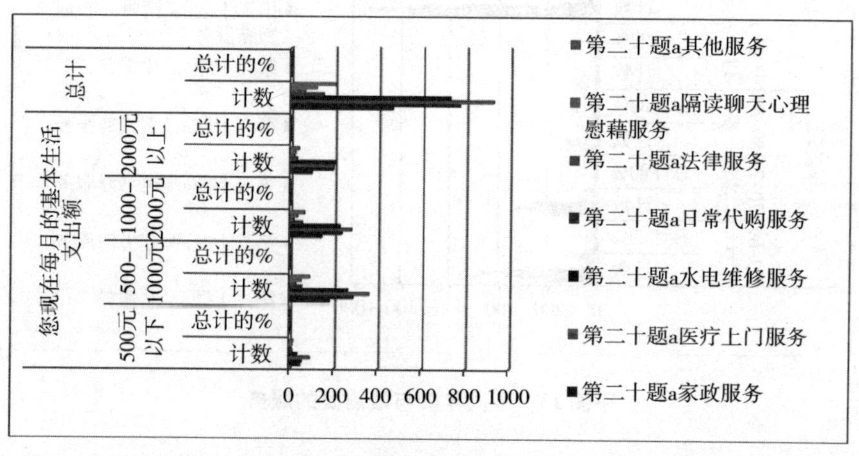

下图11 不同生活支出与最需要的服务

(13)不同身体健康状况与目前最需要的服务(多选)之间的交叉分析

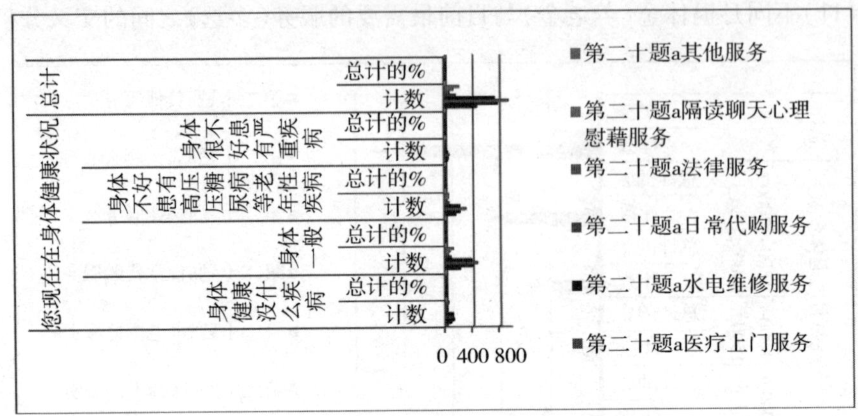

下图 12 不同健康状况与最需要的服务

(14)不同年龄段与目前最需要的服务(多选)之间的交叉分析

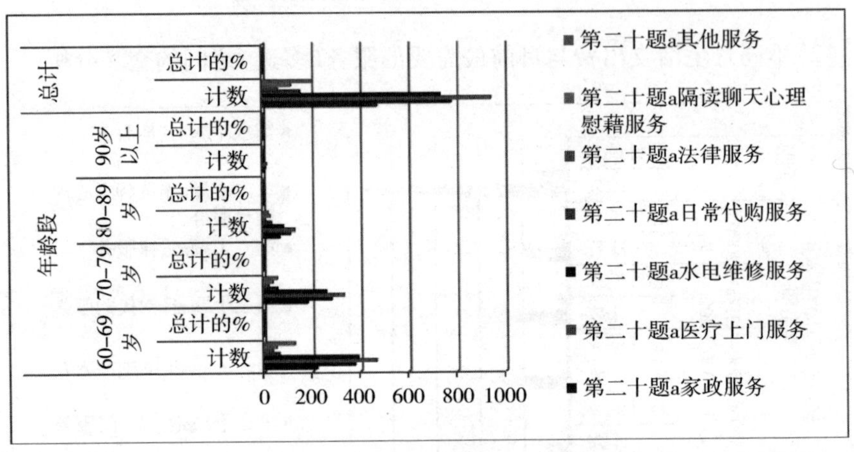

下图 13 不同年龄与最需要的服务

1. 通过分析可以看出,不同年龄与送餐服务之间的比例分别为:60 – 69 岁的有 11.6%,70 – 79 岁的有 15.8%,80 – 89 岁的有 14.6%,90 岁以上有 19.0%。随着年龄的增长,对送餐服务的需求也会上升。

2. 通过分析可以看出,不同年龄与家政服务之间的比例分别为:60 – 69 岁的有 15.3%,70 – 79 岁的有 16.5%,80 – 89 岁的有 20.4%,90 岁以上有 9.5%。可见 60 – 89 岁家政需求与年龄成正比,90 岁的老年人对家政需求比较低。

3. 通过分析可以看出,不同年龄与医疗上门服务之间的比例分别为:60－69岁的有28.6%,70－79岁的有33.9%,80－89岁的有38.9%,90岁以上有38.1%。可见随着年龄增高,对医疗上门服务的需求增加。

4. 通过分析可以看出,不同年龄与水电维修服务之间的比例分别为:60－69岁的有27.9%,70－79岁的有19.7%,80－89岁的有12.4%,90岁以上有9.5%。可见随着年龄增高,对于水电维修服务的需求下降。

5. 通过分析可以看出,不同年龄与日常代购之间的比例分别为:60－69岁的有0.7%,70－79岁的有1.9%,80－89岁的有0.4%,90岁以上有0.0%。可以看出不同年龄阶段的人对丁日常代购的需求普遍比较低。

6. 通过分析可以看出,不同年龄与法律咨询服务之间的比例分别为:60－69岁的有2.1%,70－79岁的有0.9%,80－89岁的有1.8%,90岁以上有0.0%。可见不同年龄阶段对于法律咨询服务的需求普遍比较低。

7. 通过分析可以看出,不同年龄与陪读聊天,心理慰藉服务之间的比例分别为:60－69岁的有3.0%,70－79岁的有3.9%,80－89岁的有5.8%,90岁以上有0.0%。大致可见随着年龄上涨,需要陪读聊天,心理慰藉服务的人越来越多,但是其中90岁以上的却没有人需要这项服务。

8. 通过分析可以看出,不同年龄与其他服务之间的比例分别为:60－69岁的有10.8%,70－79岁的有7.5%,80－89岁的有5.8%,90岁以上有23.8%。可见90岁以上的人群对于其他服务的需求比重比较高,但是剩下的人群随年龄增大,需求越低。

(二)与最担心的养老问题相关之分析

(1)您目前最担心的养老问题与性别之间的交叉分析

目前最担心的问题是经济困难的:男性有14.5%,女性有13.4%。可见男性经济困难比例比女性大。

目前最担心的问题是身体不好,有一种或者几种疾病的:男性有36.9%,女性有38.4%。可见女性身体不好,有一种或几种疾病的比男性比重大。

目前最担心的问题是子女不在身边,没人照顾自己的:男性有22.4%,女性有20.1%。可见最担心子女不在身边,没人照顾自己的男性比女性比重大。

目前最担心的问题是各方面都还行,没什么困难的:男性有21.7%,女性有24.4%。可见女性相比之下各方面都还行,没什么困难的比重要大一些。

目前最担心的问题是空虚和寂寞的:男性有 4.5%,女性有 3.6%。可见男性比女性更担心空虚和寂寞问题。

(2)年龄与目前最担心的养老问题之间的交叉分析

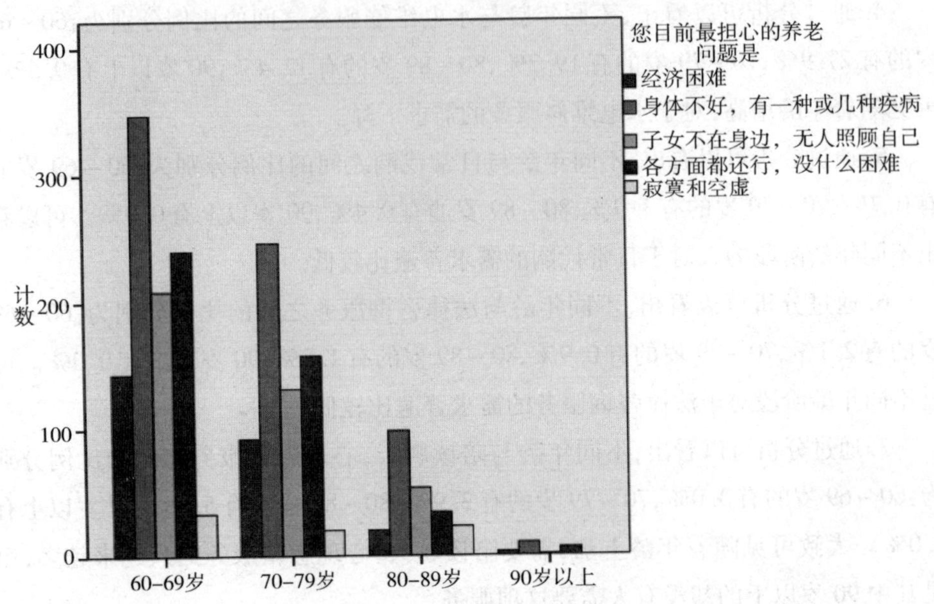

下图 14 年龄与最担心的养老问题

选择目前最担心的养老问题是经济困难的:60 - 69 岁的有 14.7%,70 - 79 岁的有 14.2%,80 - 89 岁的有 8.7%,90 岁以上的有 15.0%。可见 90 岁以下经济困难问题随着年龄上涨而降低,90 岁以上的经济困难问题较突出。

选择目前最担心的养老问题是身体不好、有一种或几种疾病的:60 - 69 岁的有 35.9%,70 - 79 岁的有 38.1%,80 - 89 岁的有 43.0%,90 岁以上的有 50.0%。可见年龄与选择身体不好、有一种或几种疾病呈正相关。

选择目前最担心的养老问题是子女不在身边没人照顾自己的:60 - 69 岁的有 21.5%,70 - 79 岁的有 20.3%,80 - 89 岁的有 23.5%,90 岁以上的有 5.0%。可见年龄与选择子女不在身边没人照顾自己之间相关关系不明显。

选择目前最担心的养老问题是各方面都还行,没什么困难的:60 - 69 岁的有 24.5%,70 - 79 岁的有 24.3%,80 - 89 岁的有 14.8%,90 岁以上的有 30.0%。可见 80 - 89 岁的老年人认为各方面都还行没什么困难的比重最少,90 岁以上的比重最大。

选择目前最担心的养老问题是空虚和寂寞的:60－69岁的有3.4%,70－79岁的有3.1%,80－89岁的有10.0%,90岁以上的有0.0%。可见80－89岁的老人目前最需要陪伴。

(3)学历与目前最担心的养老问题之间的交叉分析

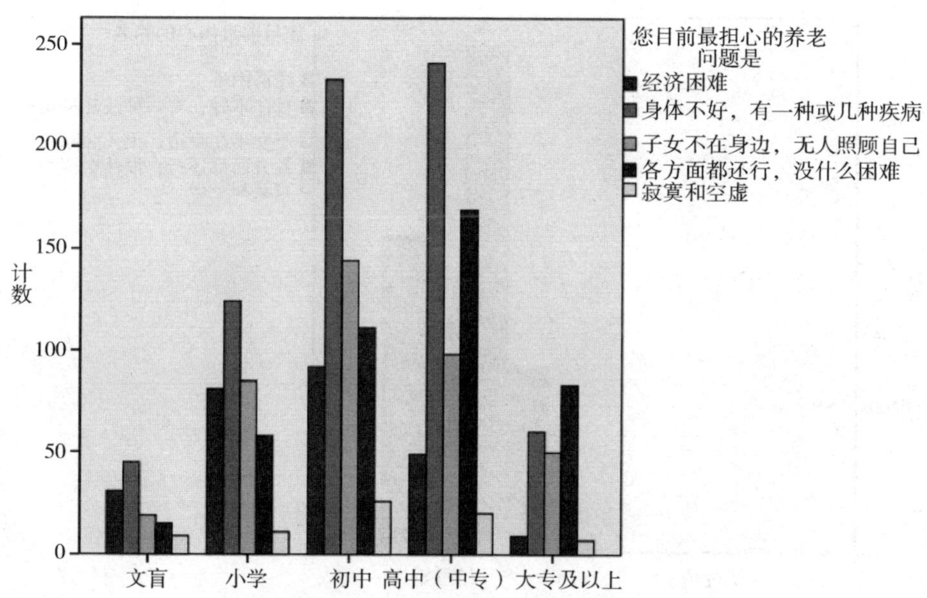

下图15　学历与最担心的养老问题

目前最担心的问题是经济困难的:文盲有26.2%,小学文化有22.4%,初中文化有15.0%,高中(中专)文化有8.5%,大专及以上文化有4.3%。可见文化程度越高,经济困难越少。

目前最担心的问题是身体不好,有一种或几种疾病的:文盲有36.9%,小学文化有34.5%,初中文化有39.0%,高中(中专)文化有41.8%,大专及以上文化有28.6%。可见身体健康状况与学历之间的相关性不明显。

目前最担心的问题是子女不在身边,没人照顾的:文盲有17.2%,小学文化有23.8%,初中文化有23.7%,高中(中专)文化有16.9%,大专及以上文化有24.3%。可见文化程度与担心子女不在身边、没人照顾之间相关性不明显。

目前最担心的问题是各方面都还行,没什么困难的:文盲有12.3%,小学文化有16.3%,初中文化有18.1%,高中(中专)文化有29.4%,大专及以上文化有39.5%。可见文化程度越高的人遇到的困难越少。

目前最担心的问题是空虚和寂寞的:文盲有7.4%,小学文化有3.0%,初中文化有4.2%,高中(中专)文化有3.5%,大专及以上文化有3.3%。可见文化程度越低的人,越容易感到空虚和寂寞。

(4)婚姻状况与目前最担心的养老问题之间的交叉分析

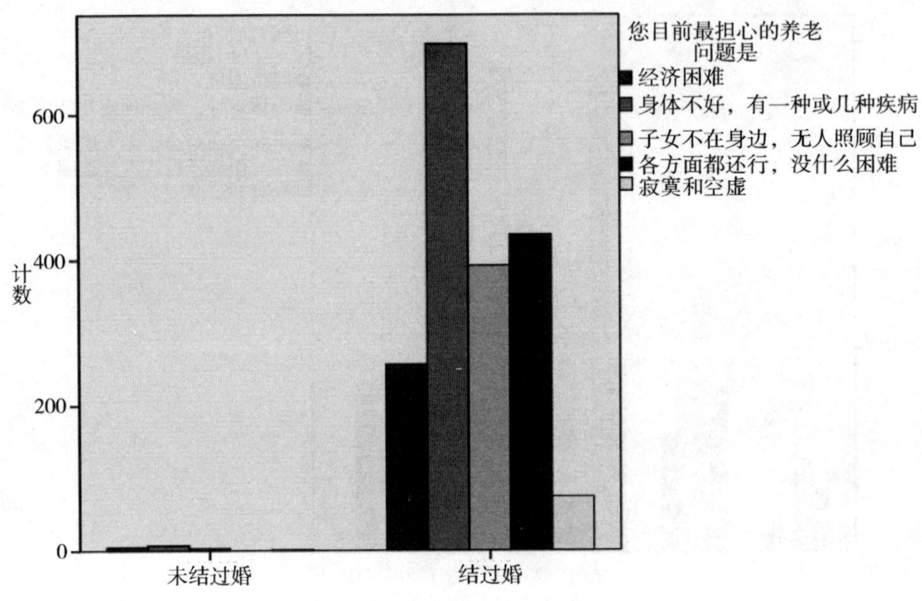

下图16 婚姻与最担心的养老问题

目前最担心的养老问题是经济困难的:结过婚的有13.8%,没结过婚的有29.4%,没结过婚的老年人更担心经济困难问题。

目前最担心的养老问题是身体不好,有一种或几种疾病的:结过婚的有37.7%,没结过婚的有47.1%。可见没结过婚的人更担心身体不好、有一种或几种疾病问题。

目前最担心的养老问题是子女不在身边,没人照顾自己的:结过婚的有21.2%,没结过婚的有17.6%。可见结过婚的比没结过婚的更担心子女不在身边,没人照顾自己的问题。

目前最担心的养老问题是各方面都还行,没什么困难的:结过婚的有23.4%,没结过婚的有0.0%。可见结过婚的人远远比没结过婚的人感到各方面都还行,没什么困难。

目前最担心的养老问题是空虚和寂寞的:结过婚的有4.0%,没结过婚的

5.9%。可见没结过婚的老年人比结过婚的老年人更担心空虚和寂寞问题。

(5)生育子女数与目前最担心的养老问题之间的关系

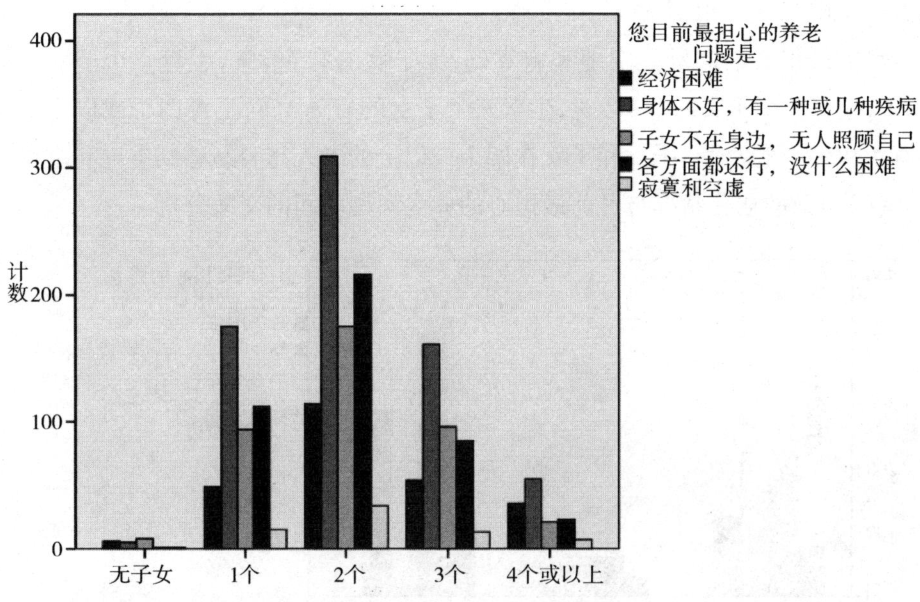

下图17 子女数与最担心的养老问题

目前最担心的问题是经济困难的:无子女的有28.6%,生育一个子女的有10.9%,生育两个子女的有13.3%,生育三个子女的有13.3%,生育四个或以上子女的有25.2%。可见没有子女和子女数在四个或以上的老年人最担心经济困难问题。

目前最担心的问题是身体不好、有一种或几种疾病的:无子女的有23.8%,生育一个子女的有39.6%,生育两个子女的有36.6%,生育三个子女的有39.2%,生育四个或以上子女的有38.5%人。可见除去没有子女的对于身体状况的担忧比较少外,基本上剩下的都比较担心。

目前最担心的问题是子女不在身边、没人照顾自己的:无子女的有38.1%,生育一个子女的有21.2%,生育两个子女的有20.7%,生育三个子女的有23.5%,生育四个或以上子女的有15.4%。可见子女数越多,越少有老人担心没人照顾自己。

目前最担心的问题是各方面都还行,没什么困难的:无子女的有4.8%,生育一个子女的有24.9%,生育两个子女的有25.4%,生育三个子女的有20.8%,生育四个或以上子女的有 16.1%。可见生育两个子女及以下的老年人随着子女数增多,感到各方面都还行,没什么困难的老人增多;生育三个子女及以上的老年人随着子女增多,感到困难越多。

目前最担心的问题是空虚和寂寞的:无子女的有 4.8%,生育一个子女的有 3.3%,生育两个子女的有 4.0%,生育三个子女的有 3.1%,生育四个或以上子女的有 4.9%。可见没有子女和子女在四个或以上的老人越容易感到空虚和寂寞。

(6)目前的居住状况与目前最担心的养老问题之间的交叉分析

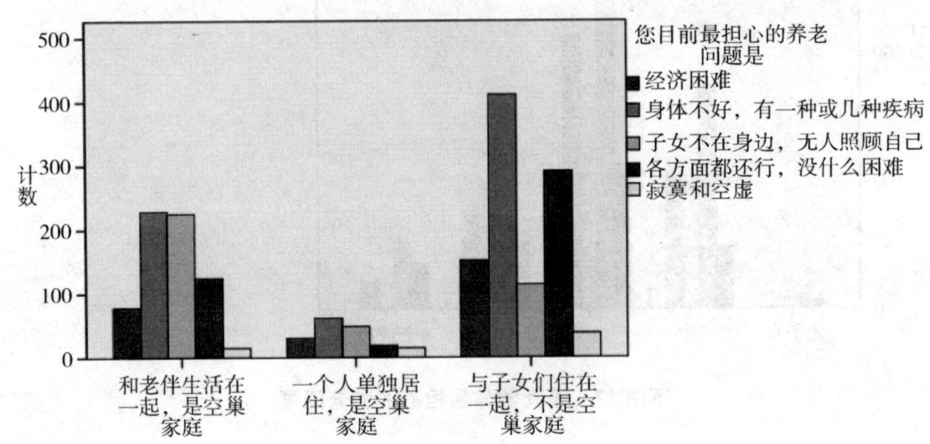

下图 18　居住状况与最担心的养老问题

目前最担心的问题是经济困难的:和老伴生活在一起,是空巢家庭的有 11.5%,一个人单独居住,是空巢家庭的有 17.5%,与子女住在一起,不是空巢家庭的有 15.1%。可见一个人独处与和子女居住在一起的老人最担心经济问题。

目前最担心的问题是身体不好,有一种或几种疾病的:和老伴生活在一起,是空巢家庭的有 34.5%,一个人单独居住,是空巢家庭的有 35.0%,与子女住在一起,不是空巢家庭的有 40.8%。可见与子女居住在一起的老人最担心身体不好。

目前最担心的问题是子女不在身边,没人照顾自己的:和老伴生活在一起,是空巢家庭的有 33.4%,一个人单独居住,是空巢家庭的有 28.2%,与子女住在一起,不是空巢家庭的有 11.4%。可见与老伴住在一起的空巢家庭最担心子女不在身边没人照顾自己的问题,其次是独处的老人比较担心这个问题。

目前最担心的问题是各方面都还行,没什么困难的:和老伴生活在一起,是空巢家庭的有 18.4%,一个人单独居住,是空巢家庭的有 10.7%,与子女住在一起,不是空巢家庭的有28.9%。可见随着家庭陪伴人数的增多,感到各方面都还好的老年人比重加大。

目前最担心的问题是空虚和寂寞的:和老伴生活在一起,是空巢家庭的有2.2%,一个人单独居住,是空巢家庭的有8.5%,与子女住在一起,不是空巢家庭的有3.7%。可见独处老人最容易感到空虚寂寞。

(7)每月退休费(养老金)与目前最担心的养老问题之间的交叉分析

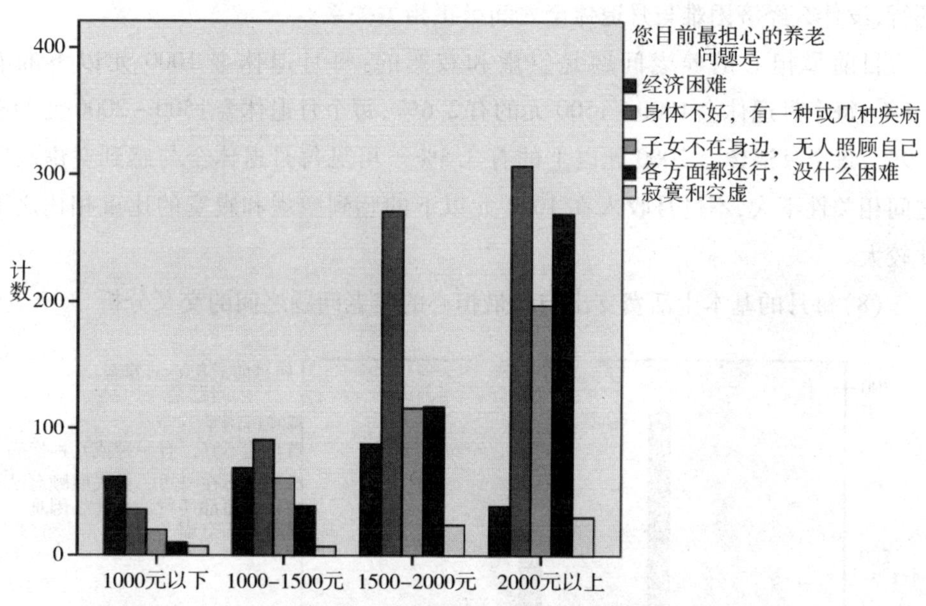

下图19　退休金与最担心的养老问题

目前最担心的养老问题是经济困难的:每月退休金1000元以下的有45.6%,每月退休金1000－1500元的有25.5%,每月退休金1500－2000元的有14.2%,每月退休金2000元以上的有4.6%。可见经济困难与月退休金额之间呈负相关关系。

目前最担心的养老问题是身体不好,有一种或几种疾病的:每月退休金1000元以下的有27.2%,每个月退休金1000－1500元的有33.9%,每个月退休金1500－2000元的有44.1%,每个月退休金2000元以上的有36.6%。可见担心身体不好有一种或几种疾病与月退休金之间呈正相关关系。

目前最担心的养老问题是子女不在身边,没人照顾自己的:每月退休金1000

元以下的有14.7%,每月退休金1000-1500元的有23.2%,每月退休金1500-2000元的有19.0%,每月退休金2000元以上的有23.4%。可见担心子女不在身边,没人照顾自己与月退休金之间相关性不大。

目前最担心的养老问题是各方面都还行,没什么困难的:每月退休金1000元以下的有7.4%,每个月退休金1000-1500元的有14.8%,每个月退休金1500-2000元的有18.8%,每个月退休金2000元以上的有31.9%。可见感到各方面都还行,没什么经济困难与月退休金之间呈正相关关系。

目前最担心的养老问题是空虚和寂寞的:每月退休金1000元以下的有5.1%,每个月退休金1000-1500元的有2.6%,每个月退休金1500-2000元的有3.9%,每个月退休金2000元以上的有3.5%。可见每月退休金与感到空虚寂寞之间相关性不大,不过月收入在1000元以下的感到空虚和寂寞的比重相比之下比较大。

(8)每月的基本生活费支出与您最担心的养老问题之间的交叉分析

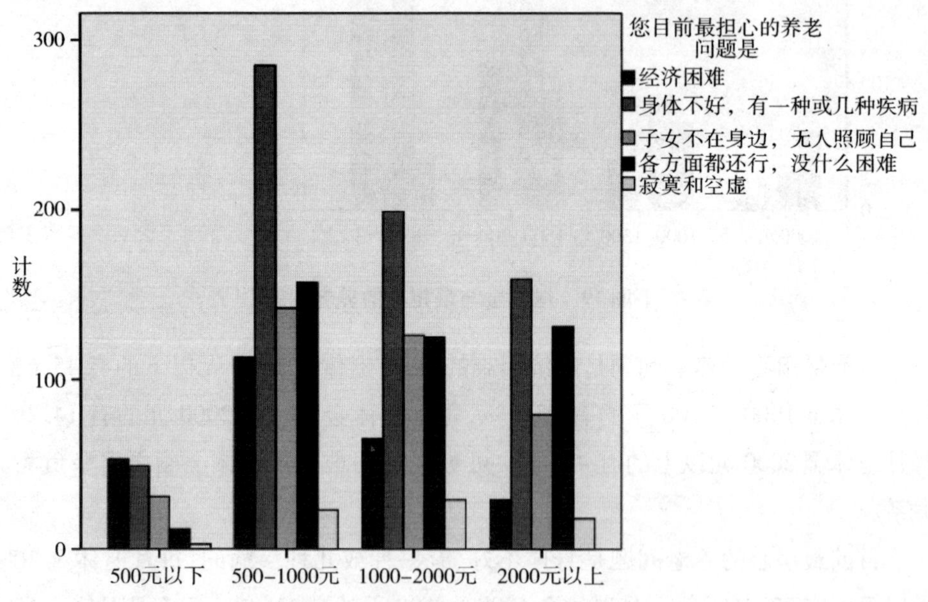

下图20 生活支出与最担心的养老问题

选择目前最担心的养老问题为经济困难:月基本生活支出在500元以下的有35.8%,月基本生活支出在500-1000元的有15.6%,月基本生活支出在1000-

2000 的有 11.9%,月基本生活支出在 2000 元以上的有 7.0%。可见每月基本生活支出与经济困难之间呈负相关。

选择目前最担心的养老问题为身体不好有一种或几种疾病:月基本生活支出在 500 元以下的有 33.1%,月基本生活支出在 500 - 1000 元的有 39.4%,月基本生活支出在 1000 - 2000 的有 37.2%,月基本生活支出在 2000 元以上的有 38.1%。可见身体不好有一种或几种疾病与每月基本生活支出之间相关性不明显。

选择目前最担心的养老问题为子女不在身边,没人照顾自己:月基本生活支出在 500 元以下的有 20.9%,月基本生活支出在 500 - 1000 元的有 20.0%,月基本生活支出在 1000 - 2000 的有 22.9%,月基本生活支出在 2000 元以上的有 19.2%。可见每月基本生活费支出与子女不在身边,没人照顾自己之间相关性明显。

选择目前最担心的养老问题为各方面都还行,没什么困难:月基本生活支出在 500 元以下的有 8.1%,月基本生活支出在 500 - 1000 元的有 21.8%,月基本生活支出在 1000 - 2000 的有 22.7%,月基本生活支出在 2000 元以上的有 31.4%。可见每月基本生活支出与感到各方面都还行,没什么困难之间呈正相关。

选择目前最担心的养老问题为空虚和寂寞:月基本生活支出在 500 元以下的有 2.0%,月基本生活支出在 500 - 1000 元的有 3.2%,月基本生活支出在 1000 - 2000 的有 5.2%,月基本生活支出在 2000 元以上的有 4.3%。可见每月基本生活支出与感到空虚和寂寞之间基本保持正相关关系。

(三)与能承受的养老服务价格相关之分析

(1)每月退休费与能承受的养老服务价格之间的交叉分析

能承受的养老价格选择难以承受的,月退休金 1000 元以下的有 27.6%,1000 - 1500 元的有 16.2%,1500 - 2000 的有 13.4%,2000 元以上的有 8.1%。可见每月退休费与选择不能承受之间呈负相关。

能承受的养老价格选择每月 500 元以下的,月退休金 1000 元以下的有 53.7%,1000 - 1500 元的有 50.2%,1500 - 2000 的有 39.5%,2000 元以上的有 31.7%。可见每月退休费与选择能承受每月 500 元以下呈负相关。

能承受的养老价格选择每月 500 - 1000 元的,月退休金 1000 元以下的有

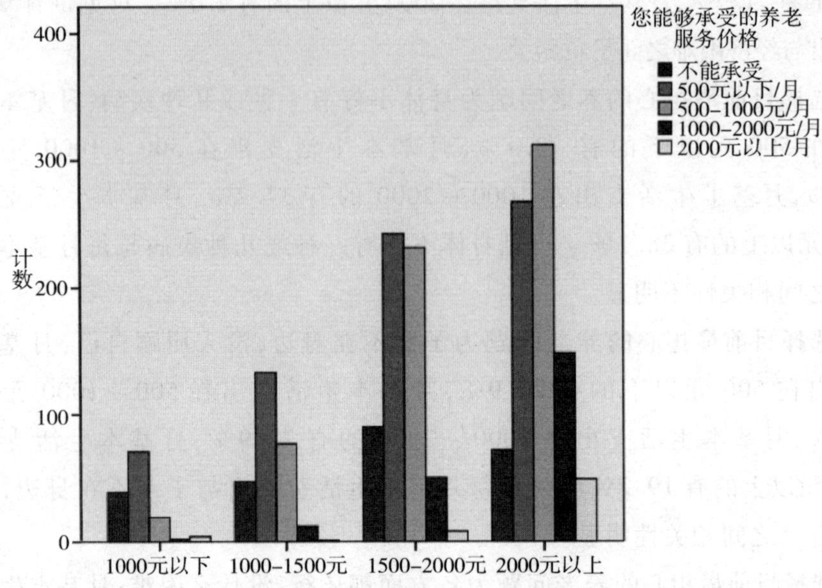

下图 21　退休金与养老服务价格

14.2%,1000 - 1500 元的有 28.8%,1500 - 2000 的有 37.3%,2000 元以上的有 36.8%。可见每月退休费与选择能承受每月 500 - 1000 之间基本呈正相关。

能承受的养老价格选择 1000 - 2000 的,月退休金 1000 元以下的有 1.5%,1000 - 1500 元的有 4.4%,1500 - 2000 的有 8.4%,2000 元以上的有 17.6%。可见每月退休费与选择能承受每月 1000 - 2000 元呈正相关。

能承受的养老价格选择 2000 元以上的,月退休金 1000 元以下的有 3.0%,1000 - 1500 元的有 0.4%,1500 - 2000 的有 1.5%,2000 元以上的有 5.8%,每月能承受 2000 以上的除去月收入 1000 元以下的老人。可见剩下的老人月退休金与能承受的养老价格呈正相关。

(2)每月的基本生活费支出与能承受的养老价格之间的交叉分析

您能接受的养老服务价格为不能接受的:每月基本生活费支出在 500 元以下的有 21.8%,500 - 1000 的有 9.8%,1000 - 2000 的有 13.1%,2000 元以上的有 12.9%。可见每月基本生活费支出与选择养老服务价格为不能接受相关性不明显。

您能接受的养老服务价格为 500 元以下的:每月基本生活费支出在 500 元以下的有 57.8%,500 - 1000 的有 40.1%,1000 - 2000 的有 35.3%,2000 元以上的

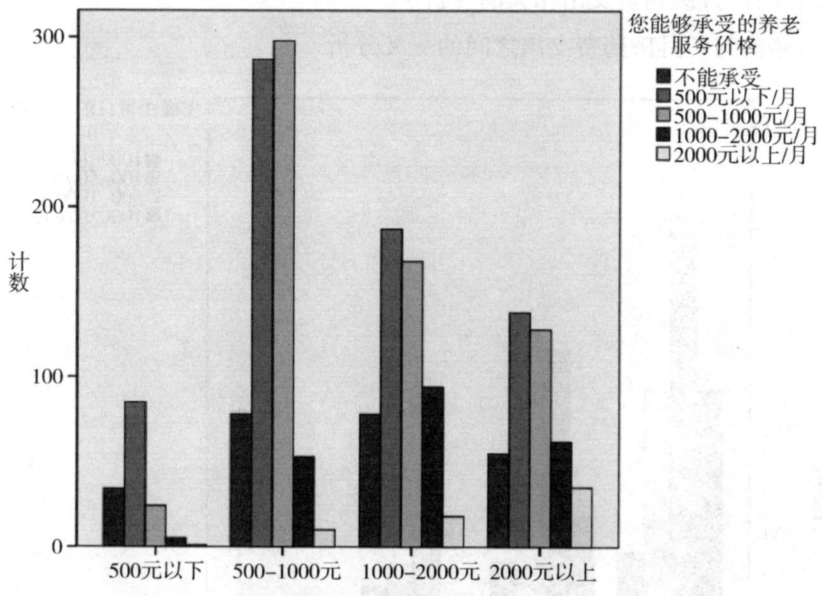

下图22　生活支出与养老服务价格

有33.0%。可见能接受养老费在500元以下每月的，随着每月生活费支出的提高，比例在逐渐减小。

您能接受的养老服务价格为500－1000元的：每月基本生活费支出在500元以下的有16.3%，500－1000的有41.4%，1000－2000的有30.6%，2000元以上的有30.6%。可见两者相关性不太明显，但是月生活费支出在500－1000元的老年人占能接受养老服务价格为500－1000元的比重最大。

您能接受的养老服务价格为1000－2000元的的：每月基本生沽费支出在500元以下的有3.4%，500－1000的有7.3%，1000－2000的有17.7%，2000元以上的有14.8%，能接受的养老服务价格在1000－2000元的老人。可见基本上月收入越高，所占比重越大。

您能接受的养老服务价格为2000元以上的：每月基本生活费支出在500元以下的有0.7%，500－1000的有1.4%，1000－2000的有3.3%，2000元以上的有8.6%。可见能接受养老服务价格在2000元以上的老人，随每月基本生活费支出的增多比重增大。

(四)与每月医药费支出相关的分析

(1)年龄与每月医药费支出之间的交叉分析

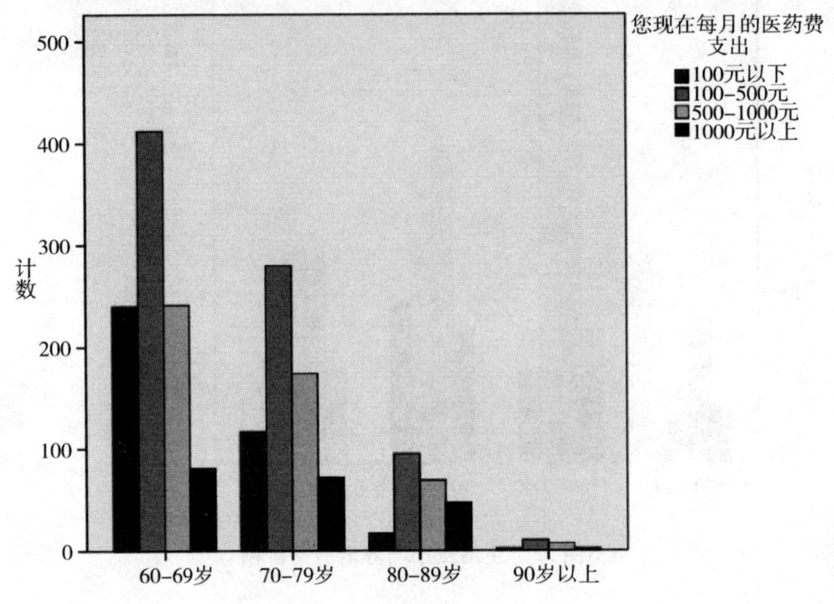

下图 23 年龄与医药费支出

每月的医药费支出在 100 元以下的:60 - 69 岁的占 24.9%,70 - 79 岁的占 18.1%,80 - 89 岁的占 7.4%,90 岁以上的占 9.5%,每月的医药费支出在 100 元以下的。可见除去 90 岁以上的老年人,剩下的老年人年龄越大,所占比重越小。

每月的医药费支出在 100 - 500 元的:60 - 69 岁的占 42.0%,70 - 79 岁的占 43.5%,80 - 89 岁的占 41.7%,90 岁以上的占 47.6%。可见每月的医药费支出在 100 - 500 元的老年人,基本上年龄越大,所占比重就越大。

每月的医药费支出在 500 - 1000 元的:60 - 69 岁的占 24.6%,70 - 79 岁的占 27.1%,80 - 89 岁的占 30.4%,90 岁以上的占 33.3%。可见每月的医药费支出在 500 - 1000 元的,年龄越大,所占比重就越大。

每月的医药费支出在 1000 元以上的:60 - 69 岁的占 8.5%,70 - 79 岁的占 11.3%,80 - 89 岁的占 20.4%,90 岁以上的占 9.5%。可见每月医药费支出在 1000 元以上的,除了 90 岁以上的老人,剩下的老年人年龄越大,比重越大。

(2)每月退休费与每月医药费支出之间的交叉分析

每月医药费支出在 100 元以下的:每月的退休费在 1000 元以下的占 34.8%,

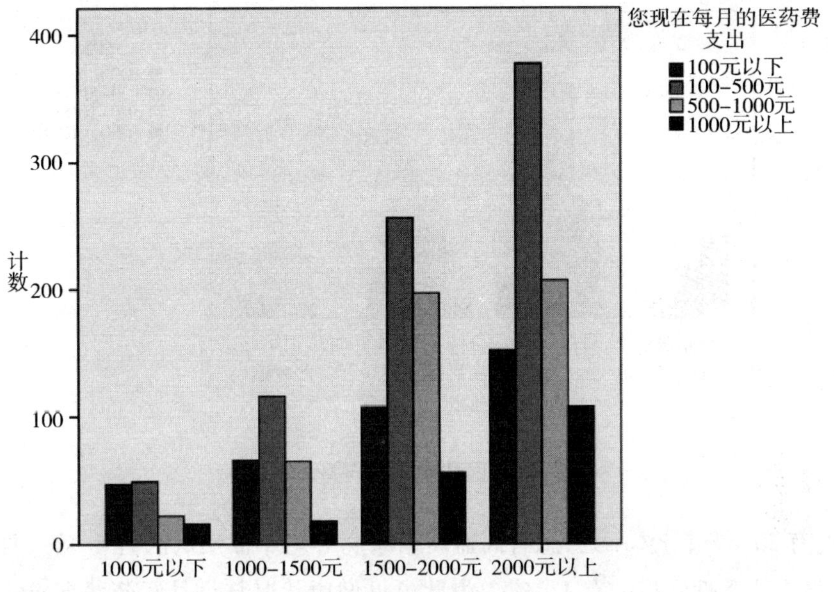

下图24　退休金与医药费支出

1000－1500 元的占 24.9%，1500－2000 元的占 17.8%，2000 元以上的占 18.0%。可见每月医药费在 100 元以下的，每月退休费越多，所占比重越少。

每月的医药费支出在 100－500 元以下的：每月的退休费在 1000 元以下的占 36.3%，1000－1500 元的占 43.5%，1500－2000 元的占 41.4%，2000 元以上的占 44.5%。可见基本上每月医药费支出在 100－500 元的，每月退休费越多，所占比重越大。

每月的医药费支出在 500－1000 元以下的：每月的退休费在 1000 元以下的占 16.3%，1000－1500 元的占 24.2%，1500－2000 元的占 31.6%，2000 元以上的占 24.7%。可见每月医药费支出在 500－1000 元以下的，月退休费在 1500－2000 元的所占比重最多，月退休费在 1000 元以下的所占比重最少。

每月的医药费支出在 1000 元以上的：每月的退休费在 1000 元以下的占 12.6%，1000－1500 元的占 7.4%，1500－2000 元的占 9.1%，2000 元以上的占 12.7%。可见每月的医药费支出在 1000 元以上的，月退休费在 2000 元以上的所占比重最高。

(3)每月的医药费支出与现在的身体健康状况之间的交叉分析

每月的医药费支出在 100 元以下的：身体健康没什么疾病的有 52.4%，身体

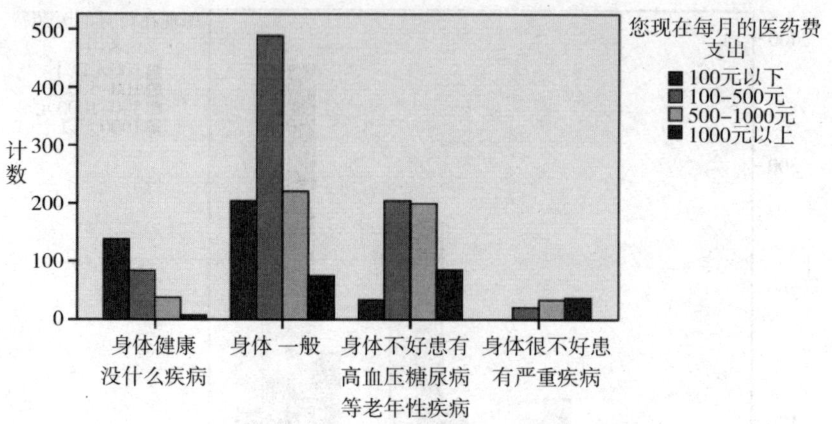

下图 25　医药费支出与身体状况

一般的有 20.6%，身体不好，患有高血压糖尿病等老年性疾病的有 6.4%，身体很不好，患有严重性疾病的有 1.1%。由此可见健康状况与每月医药费支出之间呈负相关。

每月的医药费支出在 100－500 元以下的：身体健康没什么疾病的有 31.0%，身体一般的有 49.5%，身体不好，患有高血压糖尿病等老年性疾病的有 38.9%，身体很不好，患有严重性疾病的有 22.3%。由此可见身体一般的老年人选择每月医药费支出在 100－500 元的比重大。

每月的医药费支出在 500－1000 元以下的：身体健康没什么疾病的有 14.0%，身体一般的有 22.2%，身体不好，患有高血压糖尿病等老年性疾病的有 38.1%，身体很不好，患有严重性疾病的有 37.2%。可见每月医药费在 500－1000 之间的老年人，身体越不好，所占比重越大。

每月的医药费支出在 1000 元以上的：身体健康没什么疾病的有 2.6%；身体一般的有 7.6%，身体不好，患有高血压糖尿病等老年性疾病的有 16.6%，身体很不好，患有严重性疾病的有 39.4%。可见每月医药费在 1000 元以上的，身体越不好的老年人所占比重越大。

（五）与认为的最好的养老方式相关之分析

（1）生育子女数与认为最好的养老方式之间的交叉分析

认为最好的养老方式是在家养老的：无子女的有 30.4%，一个子女的有 74.4%，两个子女的有 78.7%，三个子女的有 79.8%，四个或以上子女的有

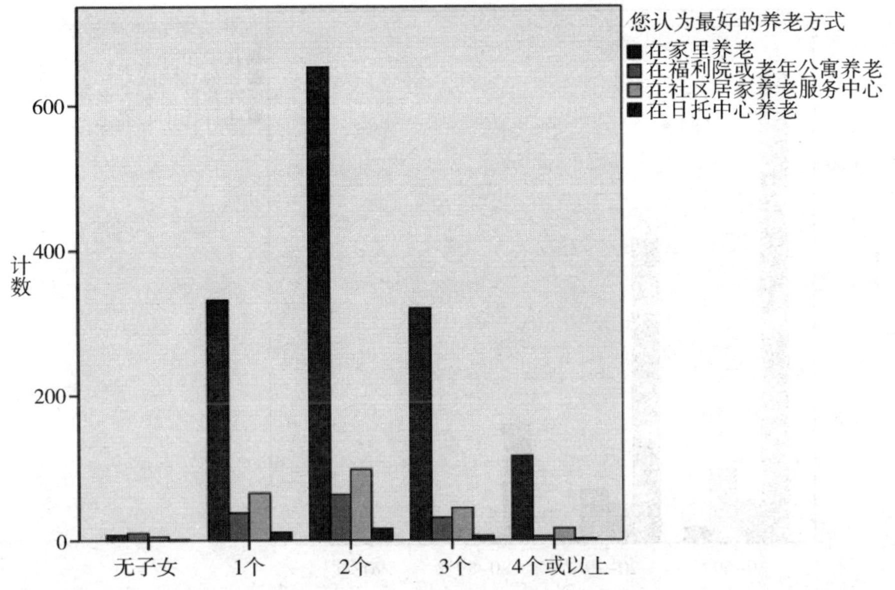

下图26　子女数与最好的养老方式

83.6%。由此可见随着子女数增多,老人更愿意选择在家养老。

认为最好的养老方式是在福利院或老年公寓养老的:无子女的有43.5%,一个子女的有8.4%,两个子女的有7.6%,三个子女的有7.9%,四个或以上子女的有3.6%。由此可见随着子女数增多,老人选择在福利院或老年公寓的减少。

认为最好的养老方式是在社区居家养老服务中心养老的:无子女的有21.7%,一个子女的有14.7%,两个子女的有11.7%,三个子女的有10.9%,四个或以上子女的有11.4%。由此可见随着子女数增多,选择在社区居家养老服务中心养老的老年人数基本保持递减。

认为最好的养老方式是在日托中心养老的:无子女的有4.3%,一个子女的有2.4%,两个子女的有1.9%,三个子女的有1.5%,四个或以上子女的有1.4%。可见随着子女数的增多,选择日托养老中心养老的老年人减少。

(2)年龄与认为最好的养老方式之间的交叉分析

认为最好的养老方式是在家养老的:60-69岁有78.1%,70-79岁有75.4%,80-89岁有83.0%,90岁以上有71.4%。可见无论任何年龄段,都更愿意选择在家养老,尤其是80-89岁之间的老年人。

认为最好的养老方式是在福利院或老年公寓养老的:60-69岁有7.2%,70

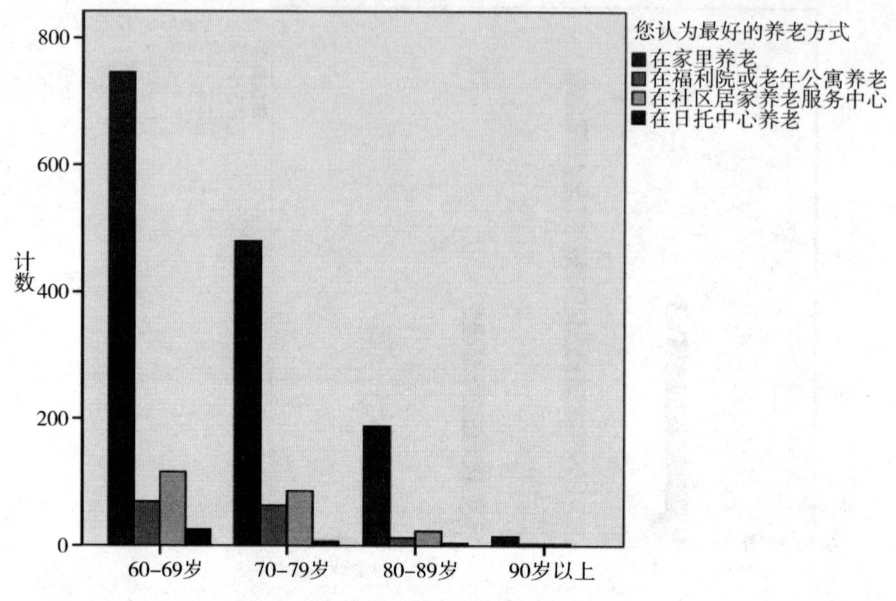

下图 27　年龄与最好的养老方式

-79 岁有 10.0%,80-89 岁有 5.2%,90 岁以上有 14.3%。可见选择最好的养老方式是在福利院或老年公寓与年龄之间关联性不大,不过 90 岁以上的老年人更愿意选择这种方式。

认为最好的养老方式是在社区居家养老服务中心养老的:60-69 岁有 12.1%,70-79 岁有 13.5%,80-89 岁有 10.0%,90 岁以上有 14.3%。由此可见随着年龄的增长,选则在社区居家养老服务中心养老基本上呈上升趋势,除去 80-89 岁区间的老人对此倾向比较弱。

认为最好的养老方式是在日托中心养老的:60-69 岁有 2.6%,70-79 岁有 1.1%,80-89 岁有 1.7%,90 岁以上有 0.0%。可见年龄与认为最好养老方式是日托养老中心之间相关性不大。

(3)每月退休费与认为最好的养老方式之间的交叉分析

认为最好的养老方式是在家养老的:每月退休费为 1000 元以下的有 83.1%,1000-1500 的有 79.9%,1500-2000 的有 74.6%,2000 元以上的有 78.7%。可见大家普遍比较易于接受在家养老的方式,尤其是每月退休费在 1000 元以下的老年人。

认为最好的养老方式是在福利院或老年公寓养老的:每月退休费为 1000 元

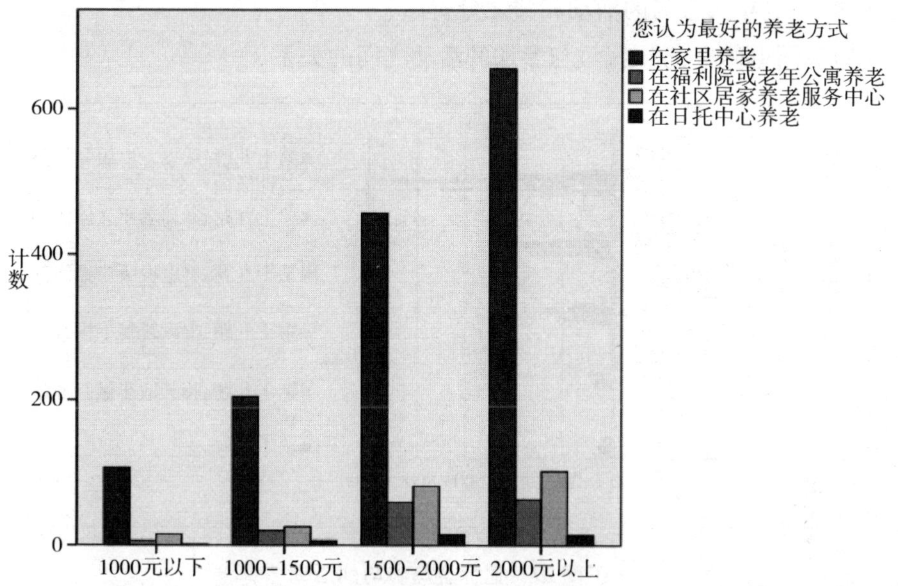

下图 28 退休金与最好的养老方式

以下的有 4.6%,1000-1500 的有 8.1%,1500-2000 的有 9.7%,2000 元以上的有 7.5%。可见月收入 2000 元以下的,每月退休费与认为最好在福利院养老或老年公寓养老之间呈负相关关。

认为最好的养老方式是在社区居家养老服务中心养老的:每月退休费为 1000 元以下的有 11.5%,1000-1500 的有 9.7%,1500-2000 的有 13.3%,2000 元以上的有 12.1%。可见认为最好的养老方式是在社区居家养老服务中心的与月退休费之间相关性不明显。

认为最好的养老方式是在日托中心养老的:每月退休费为 1000 元以下的有 0.8%,1000-1500 的有 2.3%,1500-2000 的有 2.4%,2000 元以上的有 1.7%,可见月收入 2000 元以下的老人,每月退休费与认为最好的养老方式是在日托中心养老之间呈负相关。

(六)与老年人参与的活动相关之分析

(1)不同退休金(养老金)与参加的活动之间的关系

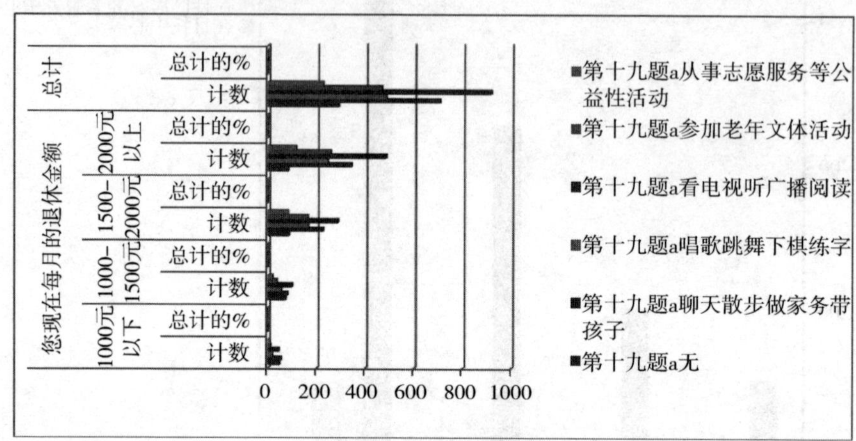

下图 29　退休金与参与的活动

(2)不同月生活支出与参与的活动之间的交叉分析

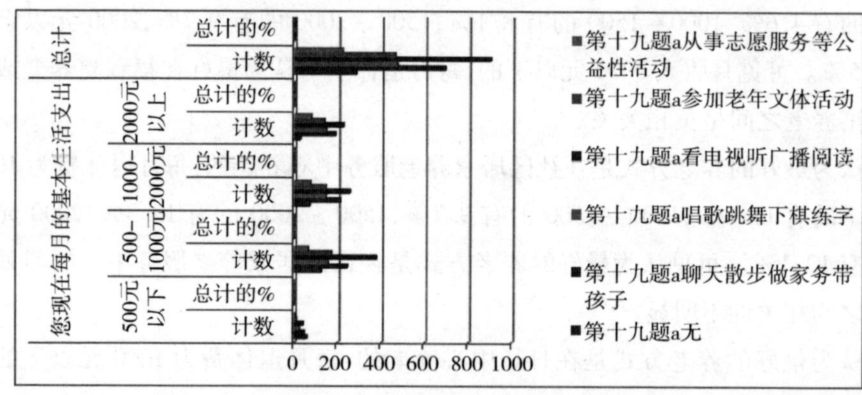

下图 30　生活支出与参与的活动

(3)不同身体健康状况与参与的活动之间的交叉分析

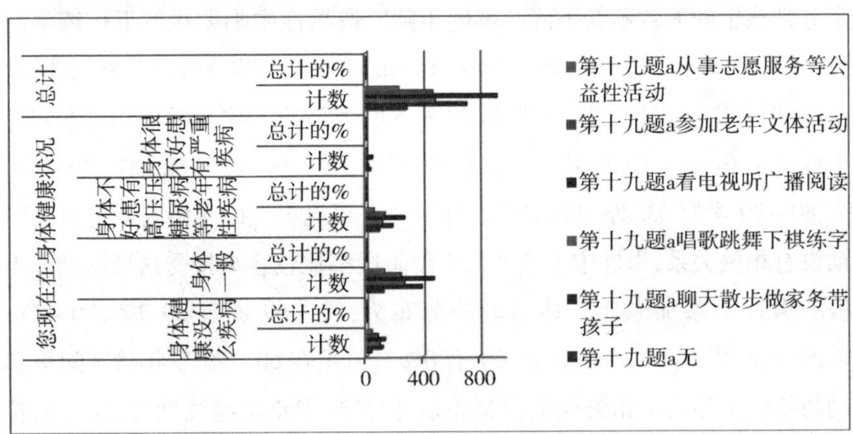

下图31　健康状况与参与的活动

(4)参与的活动与不同年龄之间的交叉分析

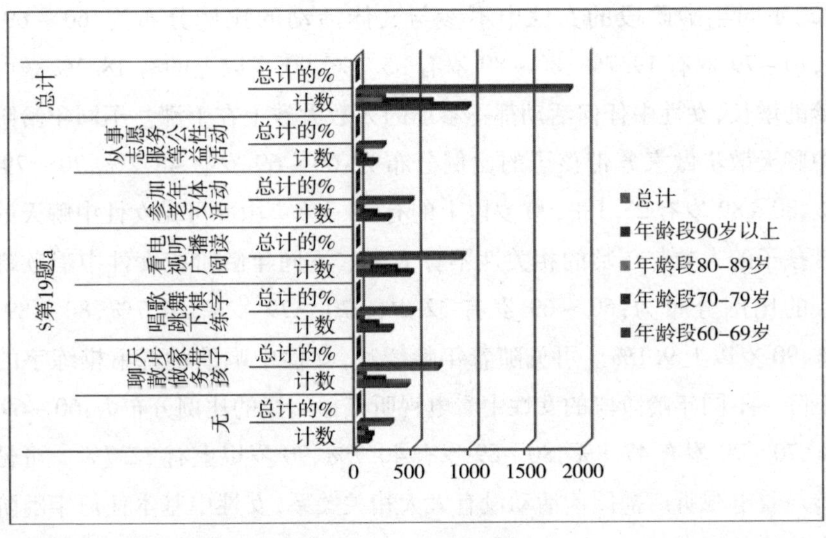

下图32　年龄与参与的活动

1. 经过分析可以看出,不同年龄阶段的男性中不参与文体活动的比例分布为:60－69岁有11.1%,70－79岁有16.9%,80－89岁有21.6%,90岁以上的有50%。可见随着年龄的增长,男性中任何活动都不参加的人数也在上涨。不同年龄阶段的男性中聊天散步做家务带孩子的比例分布为:60－69岁有39.7%,70－79岁有

32.7%,80-89岁有22.4%,90岁以上的有0%。可见随着年龄增长,男性中聊天散步做家务带孩子的人数不断下降。不同年龄阶段男性中唱歌跳舞下棋练字的比例分布为:60-69岁有27.4%,70-79岁有26.1%,80-89岁有12.8%,90岁以上0%。可见随着年龄增长,男性中唱歌跳舞下期练字的人数不断下降。不同年龄阶段的男性中看电视听广播阅读的比例分布为:60-69岁有52.2%,70-79岁有52.4%,80-89岁有63.2%,90岁以上有50%。可见男性的年龄与看电视听广播阅读活动没有相关关系,男性中无论任何年龄阶段都比较容易接受这项活动。不同年龄阶段的男性中参加老年文体活动的分布为:60-69岁有20.2%,70-79岁有23.2%,80-89岁有15.2%,90岁以上有0%。可见在60-79岁年龄区间里参加文娱活动与年龄不存在正相关或负相关关系,但是随着年龄继续增加,参与文娱活动的男性人数变少。不同年龄阶段的男性中从事志愿服务等公益性活动的分布为:60-69岁有14.2%,70-79岁有8.3%,80-89岁有9,6%,90岁以上有0%。可见随着年龄的增长,从事志愿服务等公益活动的男性人数在下降。

(2)不同年龄阶段的女性中不参与文体活动的比例分布为:60-69岁有9.8%,70-79岁有19.7%,80-89岁有35.2%,90岁以上的有18.2%。可见随着年龄的增长,女性中任何活动都不参加的人数大致上在上涨。不同年龄阶段的女性中聊天散步做家务带孩子的比例分布为:60-69岁有48.2%,70-79岁有35.8%,80-89岁有23.1%,90岁以上的有27.3%。由此可见女性中聊天散步做家务带孩子的人数与年龄的相关性不算太大。不同年龄阶段女性中唱歌跳舞下棋练字的比例分布为:60-69岁有32.2%,70-79岁有24.7%,80-89岁有10.2%,90岁以上9.1%。可见随着年龄增长,女性中唱歌跳舞下棋练字的人数不断下降。不同年龄阶段的女性中看电视听广播阅读的比例分布为:60-69岁有44.5%,70-79岁有47.8%,80-89岁有40.7%,90岁以上有72.7%。可见女性的年龄与看电视听广播阅读活动没有太大相关关系,女性中基本任何年龄阶段都比较容易接受这项活动,相比之下90岁以上的更乐于这种方式。不同年龄阶段的女性中参加老年文体活动的分布为:60-69岁有34.5%,70-79岁有23.4%,80-89岁有16.7%,90岁以上有9.1%。可见女性参加老年文体活动与其年龄呈负相关关系,不同年龄阶段的女性中从事志愿服务等公益性活动的分布为:60-69岁有17.5%,70-79岁有10.4%,80-89岁有4.6%,90岁以上有0%。可见随着年龄的增长,从事志愿服务等公益活动的女性人数在下降。

(5)不同学历与参与的活动之间的交叉分析

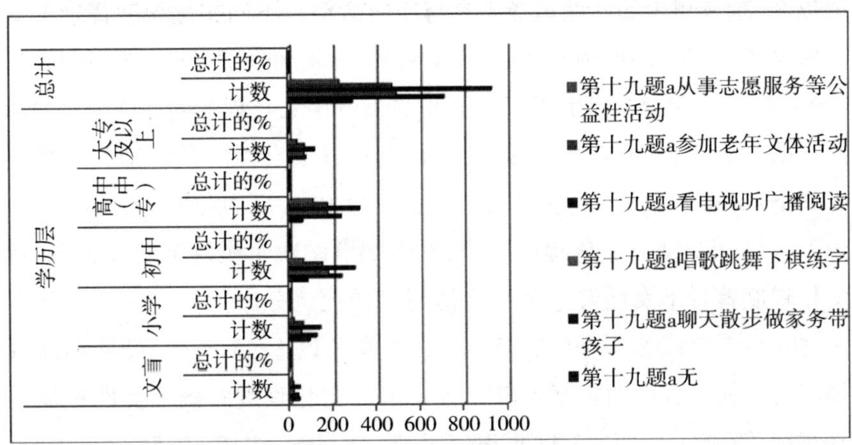

下图32 学历与参与的活动

1. 不同文化程度条件下男性不参加文娱活动的比例分布如下：文盲28.6%，小学31%，初中15.8%，高中(中专)9.0%，大专及以上5.3%，可见随着文化程度的增高，越来越多的男性选择参与到文娱活动中来。不同文化程度背景下男性聊天散步做家务带孩子比例分布如下：文盲26.2%，小学28.4%，初中35.2%，高中(中专)34.8%，大专及以上38.6%。可见随着文化程度的增高，男性中聊天散步做家务带孩子的人数也在增多。不同文化程度背景下男性唱歌跳舞下棋练字的比例分布如下：文盲16.7%，小学14.8%，初中26.1%，高中(中专)27.2%，大专及以上31.1%。由此可见随着文化程度的增高，男性唱歌跳舞下棋练字的人数也在增高。不同文化程度背景下男性看电视听广播阅读的比例分布如下：文盲33.3%，小学38.7%，初中52.5%，高中(中专)61.7%，大专及以上63.6%。可见随着文化程度增高，男性看电视听广播阅读的人数也在增多。不同文化程度背景下男性参加老年文体活动的比例分布如下：文盲14.3%，小学14.2%，初中18.0%，高中(中专)24.1%，大专及以上29.5%。由此可见随着文化程度的增高，男性参加老年文体活动的人数也在增多。不同文化程度背景下男性从事志愿服务等公益行活动的比例分布如下：文盲4.8%，小学4.5%，初中6.7%，高中(中专)16.9%，大专及以上17.4%。由此可见随着文化程度的增高，男性从事志愿服务等公益行活动的人数也在增多。

2. 不同文化程度背景下女性不参加文娱活动的比例分布如下：文盲38.3%，

小学21.7%，初中11.7%，高中(中专)12.7%，大专及以上6.5%。可见随着文化程度的提高，越来越少的女性选择不参与任何活动。不同文化程度背景下女性聊天散步做家务带孩子的比例分布如下：文盲32.1%，小学39.1%，初中43.1%，高中(中专)47.1%，大专及以上32.5%。可见女性中文化程度的差别与参与聊天散步带孩子的行为关联性不大。不同文化程度背景下女性唱歌跳舞下棋练字的比例分布如下：文盲11.1%，小学15.5%，初中32.0%，高中(中专)33.0%，大专及以上36.4%。可见随着文化程度增长，女性唱歌跳舞下棋练字的人数不断增加。不同文化程度背景下女性看电视听广播阅读的比例分布如下：文盲39.5%，小学39.1%，初中47.0%，高中(中专)50.2%，大专及以上45.5%。可见女性看电视听广播阅读与文化程度的关联不算太大。不同文化程度背景下女性参加老年文体活动的比例分布如下：文盲9.9%，小学18.8%，初中30.5%，高中(中专)36.4%，大专及以上40.3%。可见随着文化程度的提高，女性参加老年文体活动的比例逐渐增大。不同文化程度条件下女性从事志愿服务等公益活动的比例分布如下：文盲6.2%，小学5.3%，初中14.1%，高中(中专)19.9%，大专及以上16.9%。可见文化程度越高的女性越乐于从事志愿服务等公益活动。

(七)与面临的最主要困难相关分析

(1)不同月退休金(养老金)与面临的最主要困难之间的交叉分析

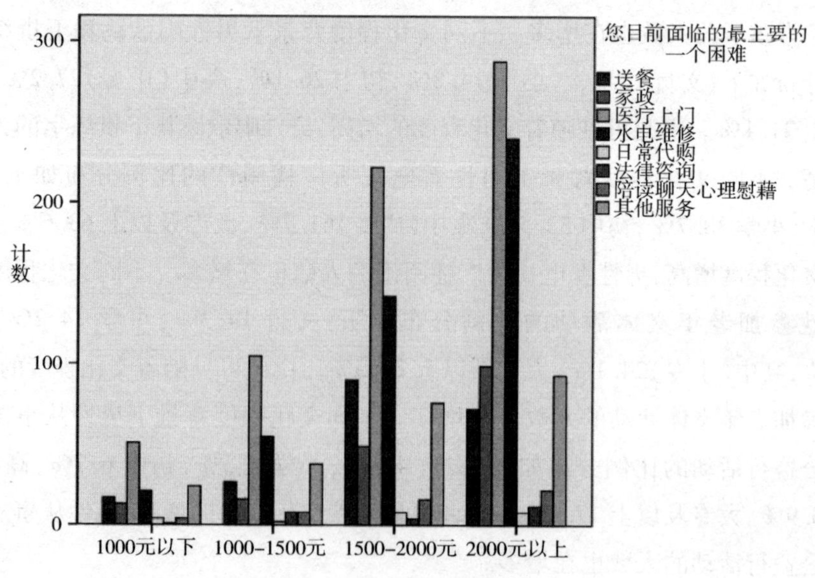

下图34　退休金与面临的困难

(2)不同月基本生活支出与面临的最主要困难之间的交叉分析

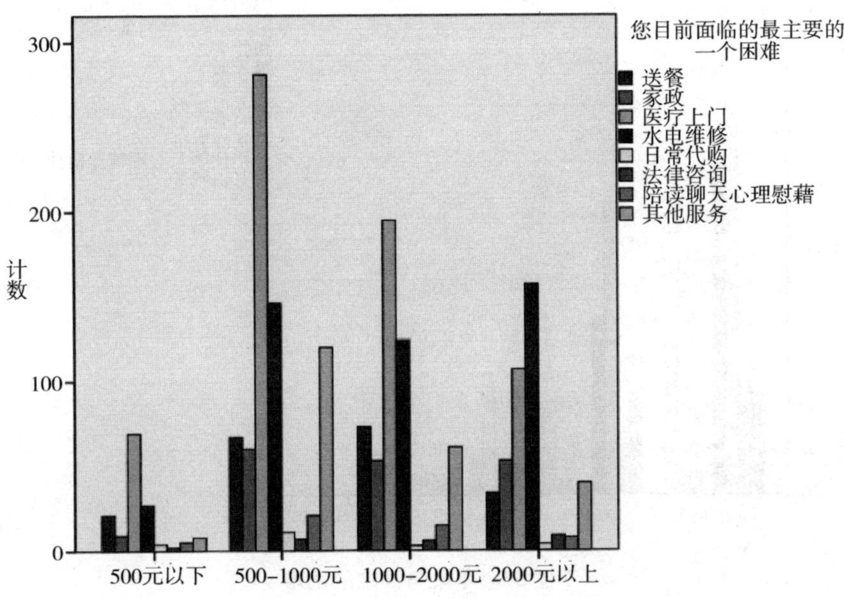

下图35　生活支出与面临的困难

(3)不同身体健康状况与面临的最主要困难之间的交叉分析

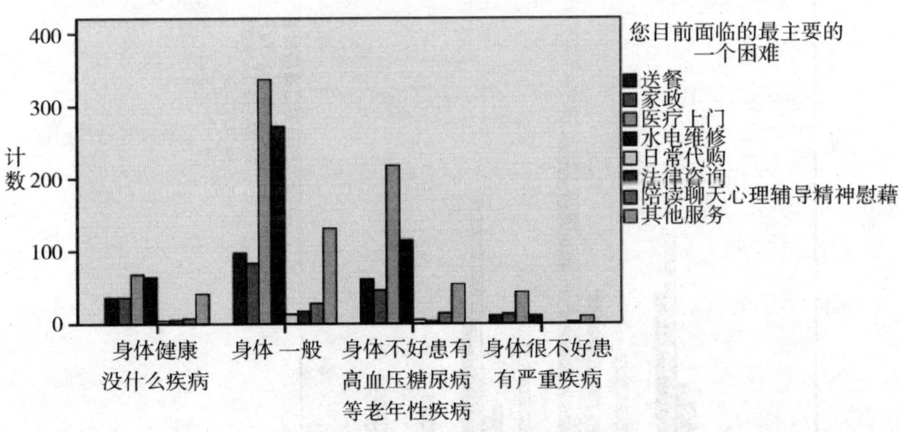

下图36　健康状况与面临的困难

(4)不同年龄与面临的最主要困难之间的交叉分析

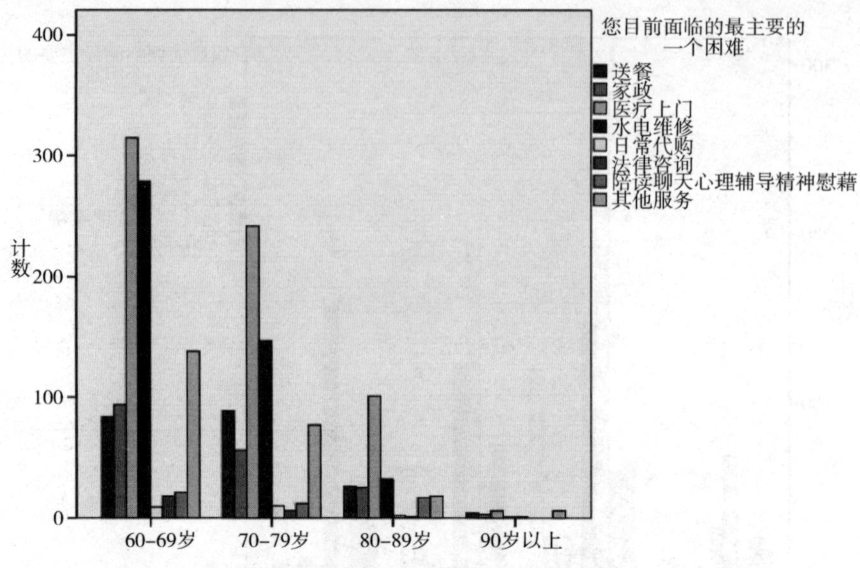

下图37　年龄与面临的困难

(5)不同子女数量与面临的最主要困难之间的交叉分析

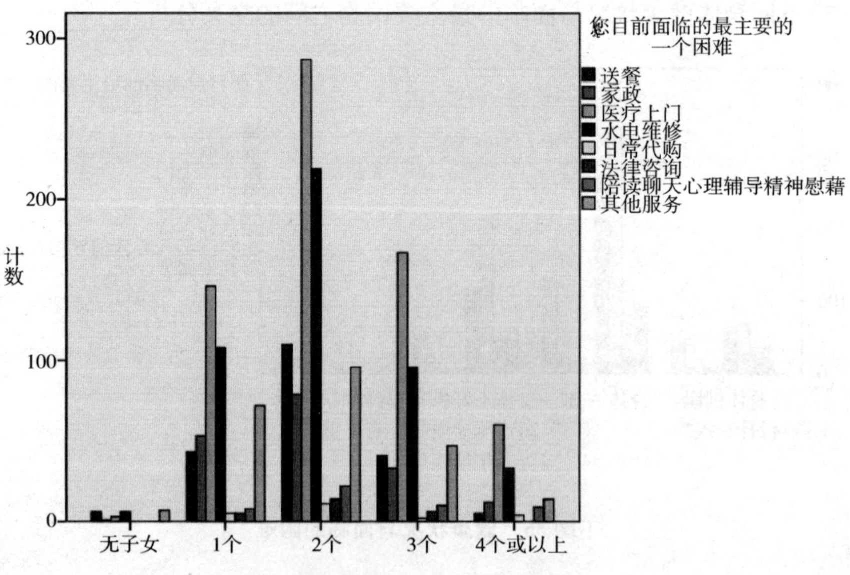

下图38　子女数与面临的困难

老年友好城市:可及可托付可持续

——关于大力发展养老服务业的建议

"一键通"为何不通? 关键原因在于其背后缺乏完善的服务体系支撑。随着我市即将迈入重度老龄化社会,仅靠政府"单打独斗"已难以为继,积极构建政府、企业、社会"大三角"支撑体系,特别是大力发展养老服务业,创建老年友好城市,已是突围当前养老困境的根本出路。

一、需求"井喷"催生机遇

2013年,我市60岁以上老龄人口145.62万人,比上年增长8.33万人,增长率为6.02%,为近20年来我市老龄人口增长最多的一年。其中,高龄、空巢老人占比很高,65岁以上高龄人口为95.76万人,占总人口的11.65%,占老龄人口的65.76%。高龄群体中有18%的失能、半失能人口,有76.6%的社区高龄独居老人。中心城区空巢老人已占到老龄人口的30%,接近30万人。另据推算,未来5年60岁以上老年人年均递增数量10万人左右,到2020年底全市老年人将突破200万人,占总人口的比例将超过25%。届时我市将正式迈入重度老龄化城市之列。

"银发潮"来袭,一方面催生了养老服务需求(健康医疗、经济供养、精神情感、生活照料、文体娱乐、安全、参与社会发展等)"爆发式"增长,另一方面则暴露了由于准备不够导致的养老设施不足、护理人员缺乏、服务内容单一等养老服务短板。例如,理论上我市应需要约29万张养老床位,而目前供给量仅为5万多张;需要护理人员10万人,而目前仅有1万多人。这种供需之间的巨大矛盾,让整个社会"手忙脚乱",同时也为养老服务业的发展带来了新的契机。

二、四大难题制约发展

(一)顶层设计有待优化

认为居家养老就是家庭养老,提供服务不足。许多社区养老服务中心仅仅是为老人提供简单文化娱乐活动的场所,甚至成为麻将室或长期闲置,广大老年人多层次、多元化养老需求难以满足。社区养老服务行政色彩浓厚,大部分工作由街道社区承担,政府直接充当市场主体,行政命令替代市场推动,导致"一键通"虽然市、区投入了大量人力物力财力,结果却并不令老年人满意,且后续工作难以科学推进。养老设施和服务供需不平衡,公办养老院一床难求,而民办的142家养老机构入住率仅60%多,特别是新城区空置率更高,总体上看还有待于调整发展思路,优化顶层设计。

(二)市场发育不够充分

我市的养老服务企业多以健康管理为主,以引导老年人消费保健品为主要盈利模式。养老产业规模不大,行业链条很短,经营业态单一,行业盈利能力普遍偏弱。家政、物业机构参与养老服务形式很好,但缺乏政策引导。老人消费能力不足、养老服务潜在需求转化为现实消费需要时间过程等因素,在一定程度上也阻碍了市场发育。调研中我们发现,多数公办养老机构和设施由于体制机制束缚,服务质量不高、效率较低、财政负担很重。而民办养老机构由于投资多、风险大、回报慢、政策支持不落地,投资者不愿或不敢进入,远未成为我市社会养老的主体力量。护理队伍严重不足,按照失能老人一般占全部老人20%这个规律来测算,我市失能老人约29万人,大多数业内人士认为护理人员与失能老人1∶3比例较合适,由此需要的护理员约10万人,而目前仅有1万多人,平均一个护理员要照顾8位老人,缺口很大,有的民办养老院这一比例高达1∶14,远远超出了1∶4的国家养老护理标准。目前,我市护理人员以农村中老年妇女为主体,其中45－64岁的约占80%,小学以下文化程度的占75%,没有经过岗前培训的占70%以上,月工资大多在1500元以下,待遇差、素质低、人难招、人难留已成为当下各类养老服务机构共同的难题。

(三)资金匮乏渠道单一

养老服务一开始就是由政府主导,在资金投入方面政府也是主力军,爱心企业和个人、福利机构、慈善组织与养老事业之间的有效对接机制尚未建立。目前,有近万名老人享受政府为其购买的每天1小时免费居家服务。这项惠民工程实施8年来深受好评,但政府购买价格是18元/小时,持续3年没有改变,而如今家政市场钟点工的价格早已升至25元/小时以上。市政府2010年起为入住养老院的老人购买了意外伤害保险,但对享受政府购买居家养老服务的老人还未覆盖,存在有较大的风险隐患。随着老龄人口的快速攀升,资金不足和渠道单一问题将更加凸显。

三、长沙"万众和"模式值得借鉴

长沙市万众和社区网络服务公司是目前国内专门从事居家养老服务业的标杆性民营机构,它的经验受到了民政部的肯定和推广。其主要做法是:针对长沙市的实际情况和老年人的实际需求,探索了一种政府主导与支持、社区监管与协助、市场实施与运作、有偿服务与低偿服务相结合的连锁型社区居家养老服务模式。该公司投资建立的"96880(就来帮帮您)呼叫平台"采取会员制,每位老人自愿一次性交纳会费388元后,即可在湖南省内任何地方进行医疗、送餐、家政、出行、法律援助等全方位居民请求服务。每位会员老人配备的"一键通"手机可以直接连接到该公司网络平台,通过记录在服务管理系统中的电子档案,及时处理突发的疾病救治和走失状况。此外公司还大力开发社区增值服务,如职业技能培训、物业管理、青少年托管、职业介绍等服务项目,在增值服务中获得了良好的经济回报。目前,该公司已发展会员2万多个,在全国增加了连锁经营网点,员工已达到2000多人。这种通过政府购买服务和开发产品增值功能,将福利性和营利性与企业经营及社区工作相结合的养老服务业创新模式,非常值得政府推广和其他民营资本借鉴学习。

四、多方合力突围养老困境

养老服务是一个系统工程,也是一项德政和民心工程,需要政府、企业、家庭、社会多方参与,分工协作,合力而为。

(一)科学规划顶层设计

建议由市政府牵头,召集相关部门对发展我市养老服务业做深入系统的论证和研究,就享受养老服务优惠政策的主体、项目、幅度、规则等做出具体界定,向社会公开招标,积极吸引市场主体平等参与竞争,使优惠扶持政策更加公开透明,更具有可操作性。同时研究制度行业标准,建立行业自律和约束机制,使各类养老服务企业在政策、法规范围内运营并持续健康发展。

(二)鼓励发展“养老连锁店”

借鉴长沙“大众合”模式,积极扶持具有较强实力和良好信誉的家政或物业公司(如武汉友缘家政公司)投身到居家养老服务业中,树品牌、强信誉,实行连锁经营,向规模要效益。企业与街道社区深度合作,开发针对大多数工薪阶层老人的服务项目,兼顾好公益性和商业性。

(三)探索优化“医养结合”模式

选取1至2家市级民院作为试点,将老年病专科、康复科、理疗科进行整合,转换成专为失能老人提供医疗康复服务的专门机构,如北京将全市9000家医院的床位向养老服务领域开放。我市有6000家医院,如能部分向养老服务开放,将会大大缓减养老机构不足的压力。探索建立医保支付衔接制度,如上海依托医保制度,对80岁以上城镇职工医保老人经评估达到相应护理需求等级的,提供居家医疗护理服务。

(四)完善落实扶持优惠政策

一要完善政府养老服务补贴制度,适当扩大和提高为低收入老人提供养护服务补助的覆盖面和金额标准,鼓励和资助工薪阶层家庭成员在家照顾失能失智老人;二要尽快建立从社区患民资金和福彩收入中专门划出一块资金作为居家养老服务专项资金的预算制度,例如上海明确将福彩公益金的60%作为政府购买养老服务基金。要切实落实税收、土地等优惠政策,特别是对非营利养老机构加大优惠扶持力度,探索爱心企业、个人、宗教、慈善组织向养老事业捐赠款项和物资的对接机制和途径。

(五)整合资源形成合力

一是要稳步推进居家养老服务信息平台建设,吸引养老企业和社会组织加盟,使老人得到体现“政府信誉”和价格优惠适度的专业化服务;二是为各类志愿者提供助老服务平台,科学构建“银发劳务储蓄”制度,为高龄、失能、失智老人提供义务服务;三是一方面要通过加大扶持力度降低养老机构运营成本,提高养老护理员待遇,另一方面应利用老年大学、社区学校、职业学校等免费或低收费机构培训养老护理人员;四是探索建立第三方评估机制,评估结果与政府补贴挂钩,以确保政府资源能够公平合理分配。

我们可以从香港社会养老模式中学什么

今年9月20日至9月24日，应香港中国安老集团邀请，我对香港社会的养老状况进行了考察，分别参观了中国安老集团的两家安老院、香港基督教信义会社会服务部的安老院、老年日托中心和一家为安老院服务的药物配送集团等，听取了这几家单位负责人的情况介绍，观看了老年人在养老院的生活情况及由牙科医生组成的医疗组织对老人检查与治疗，同时还就香港政府对社会养老的政策支持和具体做法进行了交流。考察达到了预期目的，使我们从香港社会养老模式中学到了不少东西。调查表明，武汉公办养老院一床难求，社区托老所则大多缺失，而社会办养老院普遍存在混住、护工短缺、医疗缺位和老人心理孤独等诸多问题。养老已是家庭、社会、政府所共同面临的大问题。近年，内地一些城市也声称要引进"港式养老服务"，我们不妨看看，香港的养老政策究竟有哪些做法值得借鉴。

一、香港社会养老的基本特点。

（一）统一的社会福利和服务保障

在香港，每一个具有香港籍的居民，年满65岁后，都在社会福利保障的范围之内，无论有无工作，无论贫穷富有，也无论是否对香港有所贡献，均享受基本统一的社会福利和服务保障。

（二）养老服务一开始由民间社会提供

这里有慈善组织、私人企业及各种社会组织。但20世纪70和80年代，香港社会的经济结构产生了极大的变化，大量的老人无法由有血缘关系的家庭来关照，政府因此成立了专门的工作小组，检讨在养老服务方面理念和政策的不足。此后，政府推出一系列养老服务，不仅是在财政上支持社区养老，还培养了大量的养老服务团队和民间团体。

以香港基督教信义会社会服务部屯门地区安老中心为例，该机构是由教会的慈善组织和政府的财力共同支持的社会养老机构。他们承担的功能是整合地区内有效社会资源，给长者提供及时的帮助和关怀。该中心联络当地所有养老服务单位、医疗机构及其他地区宗教或文化团体，以便在他们之间建立互动关系，齐心协力为养老服务，并对虐老、老人抑郁和自杀等个案进行长期跟踪。这里收住的老人有200多人。同时他们利用这个中心的资源还开办了一家老人日托中心，为地区内的老人提供日托服务，即早晚接送，白天集中照顾，晚上回家，有专门雇员为老人提供做饭、陪打牌、看相册、插花、聊天等，让老人回归家庭，不再孤独。对于无法或者不愿意自己做饭的老人，他们还可以提供送餐上门服务。

（三）政府负责提供大量的财政资金投入养老服务

比如2010至2011财政年度，香港政府拨给养老服务的金额高达40亿元，其中38亿多元是拨给民间机构的。这种划拨方式也是用市场化的手段实现的，即政府通过严格检查和评审，再用购买床位的方式实现对企业的支持。据接待我的负责人介绍，他的一个养老院如果有50%的床位是由政府购买了的，那么这个养老院就可以维持运行。他们有一个理念，即靠赚老人的钱来维持企业的利益或者发大财是不应该也不现实的。事实上，所有为老人服务的机构都是以老人为本，为社会解忧。

（四）政府提供养老人力资源方面的支持

香港政府资助的公立大学大多开办有社会工作专业，这些专业的学生在读期间学费就已经受到政府资助。政府还通过各种方式促进民众对社会工作的认识和尊重。因此，许多香港的年轻人愿意加入社会工作这一行业。这也为可持续的养老服务奠定了良好基础。

总的说来，香港社会的老龄化程度比内地严重许多，他们在养老服务方面先行一步。“港式养老服务”的一个重要经验在于，养老要发动民间力量，但也需要政府投入大量的财政资金。如果只提养老服务“社会化”，而不提养老服务的政府义务，将会走入另一个误区。

二、我们可以从香港养老模式学习什么：

（一）建立科学的福利经费预算、拨付体系

我们要改革目前主要是基于人头费的大锅饭式的福利机构预算拨款体制，逐步建立基于服务的激励性的福利机构预算拨款体制，加大财政资金投入，要以为老年人提供服务的机构所提供的服务项目以及服务的层次来决定对他们的支持，应该以住在养老院的老年人的满意度为补贴依据，而不是现在的以床位数来补贴，而对服务的质量和过程没有实质性的监管。政府的财力应该以激励福利机构由单纯追求粗放式的规模，转向主动拓展服务项目、提高服务质量方面。

（二）坚持以人为本，引导养老服务特别是民间社会服务跨越发展

在全国15个副省级城市中，武汉市人口老龄化程度为15.96%，排在第9位；2011年企业退休人员养老金平均每月1448元，排在第11位。养老服务组织发展不平衡，服务功能薄弱，供给总量不足与结构性矛盾并存。发达国家每千名老年人拥有养老床位数为50－70张，按其下限来测算，我市目前的养老床位数应为6.6万张，缺口约2.6万张。近三年来，政府主办的机构养老已有较好发展，但社区养老服务网络建设总体上处于起步阶段，服务功能发挥得还不充分，而且区域、城乡之间发展不平衡，尤其是农村养老服务基础差、水准低，留守老人的社会化养老服务处于空缺，面临问题更为突出。我们必须根据当前经济发展水平，突出对困难老人的社会救助和基本生活保障，建立低水平、广覆盖的社会保障和社会福利体系。在市场经济条件下，必须强化政府公共政策和管理的主体责任。香港的实践表明，在市场经济条件下，政府应当从直接介入生产领域和生产环节中退出来，为社会福利事业的发展提供足够的空间，把主要精力放在制定规划和搞好服务上，努力提供有效的公共产品和公共服务，为市场主体创造良好的社会发展环境，积极打造服务性政府。

（三）提升服务功能，完善养老服务体系建设

在“十二五”期间，全市要发展为居家养老提供服务的社会组织不少于100个，政府对社会组织提供居家养老服务应给予适当补贴，鼓励各类服务实体进入居家养老服务领域。发挥社区养老的依托作用，切实加强社区养老服务。我们要学习香港经验，通过社区，向家庭日间暂时无人或者无力照护的老年人提供社区服务。要把社区养老服务工作与我市城乡“幸福社区”建设紧密结合起来，充分整合资源，加快建设和完善社区养老服务功能。切实增强养老机构的支撑作用，积极发展机构养老服务。机构养老服务以设施建设为重点，通过设施建设，实现其基本养老服务功能。根据老年人口增长对养老床位的需求，今后四年要完成4万余张床位建设任务，以实现“十二五”末我市养老床位总数8万张、每千名老年人

拥有养老床位50张以上的目标。

（四）加强队伍建设，提高养老服务专业化水平

将社区居家养老服务中心（站）纳入政府的公益性岗位开发，按照服务老年人数量的一定比例配备工作人员。提高养老机构护理人员工资标准，将通过资格认证的护理人员纳入特殊工作岗位范畴，落实特岗津贴和有关社会保险补贴，增强岗位吸引力。提高养老服务专业化水平，推行养老服务机构工作人员和居家养老服务护理员持证上岗、定期培训制度，严格执行《养老护理员国家职业标准》，支持社会力量兴办养老护理人员培训基地，规模化培训护理人员。加强各类养老服务机构管理人员、护理人员职业技能培训，将其纳入城乡就业培训体系，以提高养老服务专业化水平。大力发展各类志愿者服务组织，建立健全志愿者服务活动长效机制，开展志愿者与被服务老人的结对服务和有针对性的专业服务，探索建立在养老服务中引入专业社会工作人才的机制，并推动养老机构开发社工岗位。

中国老年问题的重点和难点:妇女的老有所终

中国老年问题的重点和难点是什么?越来越多的现象和问题证实了这样一个结论:老年妇女问题是中国养老的重点和难点,从一定意义上讲,老年问题的实质是妇女问题,其根据源于以下几个方面:

首先,从经济收入看,老年妇女低于男性老人,其经济地位脆弱。就女性老人的总体情况而言,在20世纪80年代以前进入老年行列的女性中,绝大部分是没有固定离退休收入的,她们一生从事家务劳动,日常生活主要依赖丈夫和子女。尤其是丈夫去世后,老有所养的问题成了她们的首要难题。近10年来,在因社会结构转型而引发的下岗和就业问题中,女性面临的困境也重于男性。当这部分人进入老年时,也成了低收入的老年群体。据统计,全国老年妇女中有离退休金的占总数的52.15%,而男性老人占总数的72.95%。老年妇女经济收入水平低导致的直接后果是她们老有所养的保障水平低,对家庭和子女的依赖程度高,她们在经济上的自助、自救能力弱。

其次,从婚姻状况看,她们处于丧偶寡居的时期长于男性,因而婚姻提供的保障期也短于男性。白头到老的婚姻大多能在男性老人身上实现,女性老人中有一半的人处于丧偶状态。她们如果不再次结婚,就以独居状态走向终点。因此寡居的老年女性如何走完人生的后一段是老年问题中的重点和难点。

在笔者调查的老年人家庭中有这样一个案,这家中的老父亲在1970年就中风卧床不起,直到1992年才去世,22年中前后中风三次,由老伴专职侍候和五个子女安慰照料,走完了人生。至今,老母亲已76岁了,年弱体衰,疾病增多,儿女们也都逐渐进入中老年了,正在为孙子女这代人忙碌,顾不上她。因此老母亲生病后没有像当年老父亲那样得到精心照料,这种状况可能会延续下去。因此,如何对老年寡居的女性提供更多的服务和保障,应成为老年问题的重点。

再次,女性的寿命普遍长于男性,孤独漫长的晚年生活对她们是极大的威胁。据武汉市最近公布的数据,女性人口的平均预期寿命已已达 78.8 岁,而男性只有 74 岁多。在我国高龄老人中,女性占 70% 以上。

从以上几点看,老年妇女是老年人中最脆弱的群体。她们退休早、寿命长、寡居期长、家庭负担重、再婚难、经济收入水平低、医疗保险不足,越到晚年境况越糟。她们比男性老人有更多的难题。因此,重视老年妇女问题,尽可能创造条件满足高龄寡居老年妇女的需求,应成为解决我国老年问题的重点。

建议:

第一,要将老年妇女列为社会最弱势群体给予极大关注,满足老年妇女老有所养的基本需求。

第二,要为老年妇女参与社会创造更多机会。社会各方应鼓励和支持老年妇女走出家庭,参与各种活动,从场所环境、内容等方面都给予重点规划和扶持,尤其是社会兴办的不同层次的养老机构,要为女性老人提供方便,关注她们的生存状态和心理需求。

第三,鼓励和支持老年女性再建家庭,通过家庭养老和婚姻保障来减缓社会的压力。但是老年妇女对此有极大的戒备,她们担忧再婚说不定比独居更苦,因此不能只讲鼓励和支持,而应从尊重老人的婚姻自由和保护老人的合法权益方面给予更多关注,从而引导老人更新观念和强化自主意识。

武汉市居家和社区养老需求调查及对策研究

2017年10月18日，党的十九大报告做出了“积极应对人口老龄化，构建养老、孝老、敬老政策体系和社会环境，推进医养结合，加快老龄事业和产业发展”的战略部署，表明养老问题已经成为党和政府高度关切、社会各界广泛关注、人民群众迫切需求的重大民生问题。根据国务院新闻办公室最新发布的《中国健康事业的发展与人权进步》白皮书，中国人均预期寿命从1981年的67.9岁提高到了2016年的76.5岁。人口预期寿命的延长和老龄化的加快给中国社会和经济带来深远影响，建立和完善社会保障制度和服务体系日益成为政府的重要职责。伴随着人口老龄化过程中出现的高龄、失能和空巢化等特点，应对人口老龄化的任务更加严峻和复杂。建立符合中国基本国情的居家养老服务体系是我国当前所面临的重要任务。

为此，武汉市民政局、武汉市社会科学院联合开展了“居家和社区养老需求调查及对策研究”课题调研。本课题立足于武汉市人口老龄化的现状，从需求侧出发，利用问卷调查和实地访谈等方式，了解老龄群体的养老需求。在全市13个城区抽样1000名老人参加问卷调查，还随机选取28位85－97岁的高龄老人进行入户调查。同时对政策供给侧——武汉市24个社区的居家养老服务中心和40多名养老专员和社区书记采取实地考察和现场座谈方式，了解社区养老服务功能现状。通过对比供给和需求矛盾，提出“推进养老服务供给侧改革，平衡供需矛盾；提高社区养老服务功能，实现居家养老上门服务；加快养老人才建设，发展中国特色养老服务产业”的对策建议。

一、调查对象的选择及研究方法

本次调查对象选择的是武汉市13个城区内24个社区居住的1000名老年人群。调查时间为2017年5至6月，历时一个月。调查采取整群抽样方式，武昌区、黄陂区各抽取100个样本，江岸区、新洲区各抽取90个样本，江汉区、硚口区和青山区各抽取80个样本，汉阳区、洪山区、江夏区、蔡甸区各抽取70个样本，东西湖区和汉南区各抽取50个样本。样本数量的选取比例与武汉市现有老年人口数量的分布比例基本保持一致。调查共完成调研问卷1000份，回收率100%，其中有效问卷955份，有效率为95.5%，运用SPSS20.0系统进行数据录入和统计分析。

调查问卷从老人现状、养老观念、养老行为、健康水平四个维度设计，共26个调查题目、152个选项变量。

二、调查的基本情况和特点

在955份有效问卷中，男性363人，占38%；女性592人，占62%。中心城区583人，占61%；远城区372人，占39%。80岁以上的国际标准高龄老人171人，占18%；70－79岁中龄老人346人，占36.3%；60－69岁低龄老人435人，占45.7%。调查女性数量超过男性，中低龄老人超过高龄老人，与武汉市老年人群现状相似。

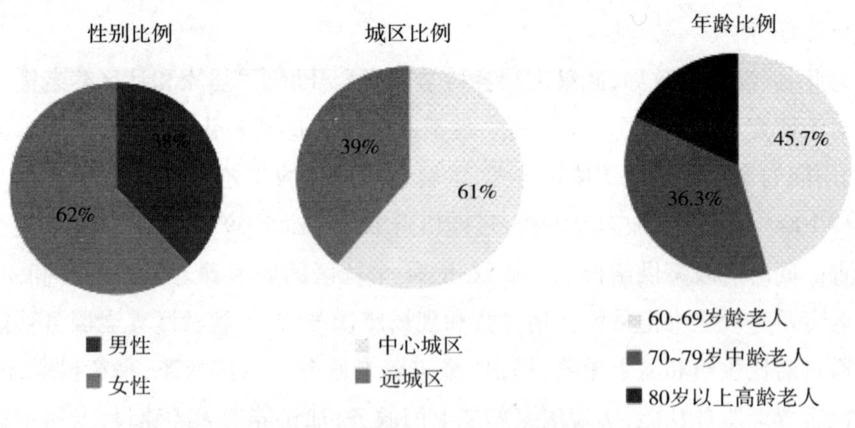

下图39　调研老人的结构比例图

（一）高、低龄老人的养老需求有显著性差异

调查显示，老人对养老需求的显著性差异主要体现在高龄（80岁以上）和低

龄(80岁以下)之间、城区与乡村之间,与收入水平、居住状态和男女性别无显著性相关。老人自理能力水平决定其养老方式的选择。

(1)老人年龄与子女数量、独居空巢、养老收入成正相关

高龄老人子女多。问卷显示,有37.7%的高龄老人(80岁以上)拥有3个子女,35.9%的拥有4个及以上子女。老人拥有更多的子女,表明将获得更多的亲情支持和经济补贴;相反,受计划生育影响,69.8%的低龄老人(80岁以下)只拥有1—2个子女,拥有4个及以上子女的低龄老人比例仅占8.4%。未来低龄老人的家庭养老功能会持续弱化,更多需要依靠社会化养老。

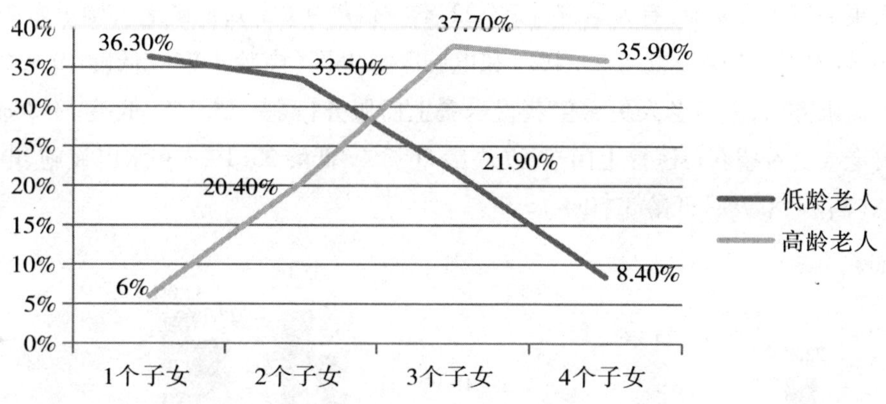

下图40　高低龄老人的子女数量对比图

高龄老人独居空巢多。相对于低龄老人40.1%与子女同住,46.7%与配偶居住,10.8%独居的比例,26.3%的高龄老人处于独居状态,3.1%是与雇佣的住家保姆同住,只有26.3%与配偶同住,36.9%与子女同住。高龄老人虽然拥有子女多,但是独居、空巢的数量也多。

高龄老人收入高。在月收入选项,31.8%的低龄老人月收入在1000-2000元之间,40.3%的在2000-3000元之间,16.5%的在3000—5000元之间,而高龄老人的月收入在1000-2000元之间只有18.3%;46.7%的高龄老人月收入在2000-3000元之间,19.5%的高龄老人月收入在3000-5000元之间,月收入在5000元以上的高龄占3.6%,比低龄(1.4%)高出两倍多。然而在养老支出方面,高龄老人和低龄老人每月消费大多都在2500元以下,并无显著性差异。可见,在老龄阶段,高收入并不代表一定会高消费。

(2)老人养老需求呈现出明显的年龄差异和城乡差异

本次调查数据显示武汉老人最需要的生活需求依次是：医疗上门巡诊(33.6%)、水电设施和电器维修(31.3%)、家政服务(29.9%)、康复训练(16.2%)、送餐上门服务(14.0%)、日常代购(9.4%)、对外联络(7.7%)。最需要的精神需求排序是：子女探望(51.4%)、社会关怀(33%)、聚会娱乐(27.6%)、社区上门探访(27.4%)、外出旅游(23.9%)、单位组织的慰问(17.4%)、陪聊(11.4%)、电脑手机上网(9.7%)。

通过对80岁以上的171名高龄老人和80岁以下的781名低龄老人的统计数据作交互对比，我们发现高龄和低龄老人的需求差异主要表现在精神方面：高龄老人更期待语言交流，有人陪聊(高龄22.8%/低龄9.0%)，低龄老人则更希望外出旅游(高龄17.0%/低龄25.4%)和电脑手机上网(高龄4.7%/低龄10.9%)。生活需求方面，高龄老人更希望获得送餐上门服务(高龄18.1%/低龄13.2%)，低龄老人更希望获得医疗上门巡诊(高龄26.3%/低龄35.1%)和水电设施、电器维修(高龄28.7%/低龄32.0%)。

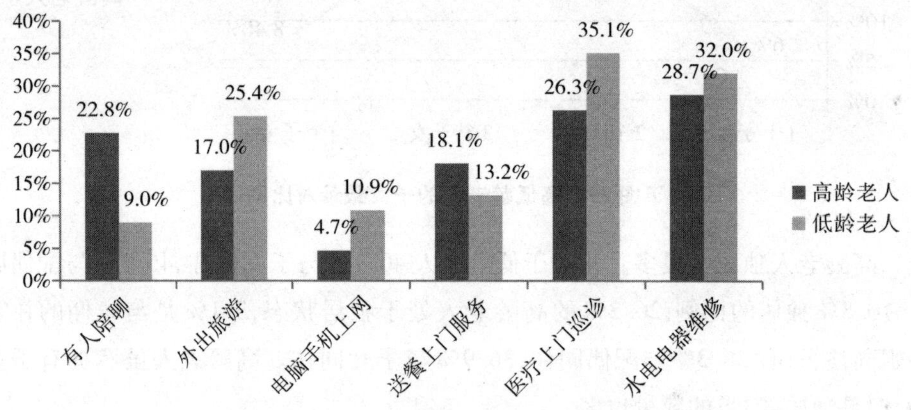

下图41 高低龄老人养老需求比例图(%)

将7个中心城区583名老人和6个远城区372名老人进行数据交互对比，结果显示中心城区老人对家政服务(城35.2%/乡21.8%)和上门送餐服务(城18.0%/乡7.8%)需求比例大幅高于远城区老人。远城区的老人对子女探望(城48.7%/乡55.6%)、医疗上门巡诊(城31.4%/乡37.1%)和康复训练(城13.0%/乡21.2%)的需求比例高于中心城区老人。

概括起来，弱势群体(高龄、远城区)对子女的依赖性高，更期望理解和交流。

(3)老人自理能力水平决定其养老方式的选择

在调查的955名老人中,最受老人推崇的养老方式还是“自我养老”(59.0%),其次分别是与儿女同住型养老(22.8%)、入住养老院或社区白天托管(13.0%)、结伴互助养老(6.6%)、聘请保姆照顾养老(2.5%)和其他方式养老(1.7%)。在“何种情况会选择入住养老院”选项中,排名前五的原因分别是“不能自理”(44.5%)、“社区附近”(16.2%)、“严重老龄化”(15.6%)、经济条件允许(14.0%)、子女要求(10.3%)。

这些调查数据表明,武汉市发展以居家为基础、社区为依托、机构为支撑的养老服务体系建设是顺应民心,符合老人养老需求的。

(二)老年人慢性病患病率高,药费支出占比高

本次调查显示,老年人患慢性疾病比例较高,半数以上老人患有高血压。心脑血管疾病(高血压、心脏病、冠心病)、关节炎(颈、腰椎、类风湿)、糖尿病、眼病(青光眼、白内障)是武汉老人患病率最高的五大慢性疾病。其比例排序依次是:高血压、心脏病/冠心病、颈/腰椎病、关节炎/类风湿、糖尿病、青光眼/白内障、骨质疏松、胃肠炎/消化系统疾病、脑血管病(含中风)、慢性支气管炎、耳聋、前列腺疾病、肾脏疾病、肝脏疾病、神经系统疾病、癌症/肿瘤、老年痴呆症、帕金森氏症、结核病。

下表39　高发慢性疾病的老人年龄、城乡数据比例(%)

	疾病类型	中心城区	远城区	低龄	高龄	均值
1	高血压	55.4	51.6	53.5	56.1	53.9
2	心脏病、冠心病	30.2	25.0	27.4	32.2	28.2
3	颈、腰椎疾病	25.2	26.6	26.4	22.2	25.8
4	关节炎、类风湿	23.3	25.8	24.7	22.2	24.3
5	糖尿病	15.6	21.0	17.5	18.1	17.7
6	青光眼、白内障	12.7	23.9	18.1	12.9	17.1
7	骨质疏松	18.4	12.9	16.9	13.5	16.2
8	胃肠炎、消化系统	12.7	18.3	16.0	9.4	14.9

续表

	疾病类型	中心城区	远城区	低龄	高龄	均值
9	脑血管病(含中风)	8.2	12.4	10.0	9.4	9.8
	慢性支气管炎	8.6	11.8	10.6	5.8	9.8
10	耳聋	8.7	8.9	7.9	12.3	8.8

参加问卷调查的955名老人中有37.9%的老人患有3种以上慢性疾病,25.4%的患有2种以上慢性疾病,32.5%的只患1种慢性疾病,仅2.8%的老人表示没有慢性疾病。对于疾病的排查,62.1%的老人是通过医院看病诊断的,43%的老人是体检时发现的,8.6%是自我诊断,1.8%是药店推断,1.5%是亲友判断,2.9%是其他途径。老人平时看病主要是到市级三甲医保医院(73.0%),其次是社区卫生服务中心(21.4%),也会选择到同济、协和等自费大医院(11.3%),较少选择私人诊所(4.2%),还有少数老人会用其他方式看病(4.9%)。40.4%的老人看病是由老伴陪同一起去,33.5%的老人是自己单独去,31.6%的老人是子女陪同一起去,1.0%是保姆护工陪同去,6.0%是其他方式去。调查中,老人对看病的频率没有固定时间,都是有病就看,没病不看。没有定期保健、按时复查的说法。

在家庭人均月收入的选项,81.3%的老人月收入在3000元以下,54.4%的老人每月平均养老支出不足1500元。大部分老人的退休金,除去"吃饭",就是"吃药"。受访老人表示:钱多的吃好药、进口药,钱少的吃便宜药;宁可不吃饭,不能不吃药,年纪大了保命还是最重要的。

关于社保,城乡老人基本实现了全覆盖,但是享有商业医疗保险的只占6.8%,5.9%的老人有重大疾病险,3.2%的有意外险,享有长期护理保险的仅占0.2%。

(三)社区居家养老服务效果良好

本次调查发现,武汉市养老服务体系和社区居家养老服务功能的运行状态基本良好。从老年人参与的积极性看,45.9%的老人经常享受社区提供的居家养老服务,41.6%的老人偶尔享受,12.5%的老人从未体验过居家养老服务;从社区养老服务的供需满意度看,68.5%的老年人觉得社区的养老服务能基本满足自己的养老需求,22.8%的老人觉得完全能够满足需求,只有8.7%的老人表示社区不能满足养老需求;从社区服务内容满意度来看(多选),68.2%的老人对免费体检项目非常满意,其次是健康讲座(42.7%)、证件年审(40.5%)和高龄补贴

(36.8%);从养老机构的设置上看,有72.6%的老人希望能够在居住的社区内建立老年人日间照料中心或养老院,方便自己在熟悉的环境里养老。从老人获得居家养老服务的信息渠道可以发现,宣传养老服务还是要从社区和传统媒体入手。调查中有66.0%的老人是从社区工作员或宣传栏了解的居家养老服务,通过电视了解的是48.1%、报纸31.9%、家人朋友14.3%、网络(手机、电脑)9.3%、收音机6.8%。

另一方面,在调查的955名老人中,表示健康能自理的占88.6%,半自理的占10.4%,不能自理的1%;75.9%的老人认为现在的生活不需要人照料,12.8%的觉得偶尔需要照料,11.3%的明确表示需要人照料。这与调查对象选择的是社区自住老人密切相关,若是将抽样对象选择在养老院代养的老人,不能自理的比例将大幅增加。

(四)调查新发现:老人对购买社会化养老服务的认同度极低

参加本次问卷调查的千名老人,明确表示愿意购买社会化养老服务(即愿意花钱请人照顾)的人数比例只有14.5%,愿意补贴购买的17.4%,明确表示不愿意的占57.0%,还有11.2%的缺失值,即老人选择放弃答题。在各社区现场发放问卷的时候,调查人员发现此题的空置率较高,询问原因,许多老人表示:“花钱请人照顾费用太高,每月两三千元的退休工资根本无法承受。但是社区邀请大家来答题,如果明确表示不愿意似乎不太合适,所以选择弃权。假如有一天真的不能动了,老伴肯定也照顾不了,更不能给子女添麻烦,能住在社区办的养老院是最好的选择。”如此看来,政府如果下一步大力发展社会化的养老服务,老人并不会买单,还有可能造成新的供需失衡。随着年龄的增长,老人的自理能力逐渐退化,他们一方面希望自我养老,另一方面又不愿掏钱请人照顾,这除了经济收入低,还涉及社会保障和公共服务的适度普惠问题。要想老人转变养老观念,花钱享受社会化养老服务,除了提高服务水平和政府补贴比例外,还必须加强宣传,提高老年群体对社会化养老服务的认知。

社区老年人爱心食堂是近两年来武汉市居家养老工作中非常重要的服务项目。由政府出资补贴,社区承办监管,公建民营方式,只针对本社区老人提供的平价食堂服务,一经推出就广受群众好评。各社区的口号是:一天15元,吃好吃饱。具体标准是早餐3元,中餐7元(二荤二素一汤)晚餐5元(一荤二素一汤)。调查发现,长寿、古南社区食堂开张初期生意红火,办理就餐卡的老人有290人,每天就餐达到上百人次，但经营两个月以后，就餐人数就剩减半，变化明显。目前每天早餐人数大约二十余人。中餐人数较多，五十人左右；晚餐人数最少，不足十人。究其原因，不是饭菜口味问题，而是老人习惯节约。访谈中许多老人表示："每天15元，老两口如果都吃就是30元，一个月得千把块钱，还是贵啊""我们早上在家吃稀饭馒头、晚餐下点面条挺方面的，不用天天去食堂""中餐如果在食堂多打一些，留到晚上吃，也够了""家里来客人、有时自己出去玩，肯定不能保证天天都在食堂吃饭"，各方面原因致使食堂的就餐人数骤减，承包食堂的企业和负责人为了留住老人用餐，想了许多办法，从菜式品类到口味分量尽可能地满足老人需求，但是每天就餐人数始终只能固定在50人左右。这种情况还是老年人数量超过1500人的老旧社区，如果是在高档楼盘集中的新社区开办爱心食堂，老人的就餐人数就更少了。丽岛社区应辖区老人要求租房开办爱心食堂，开张时就餐人数有30余人，经营六个月后只剩下一对夫妻2人用餐，社区书记说到此处也是无可奈何，难以为继。分析原因，爱心食堂的就餐人数与社区老年人数量密切相关的同时，80岁以上高龄老人的数量才是决定社区食堂固定就餐人群数量的主要因素。即社区内健康自理的高龄老人会成为爱心食堂的固定客源。低龄老人只能算作流动就餐人群。所以在建立食堂的时候，必须考虑高龄老人的数量，不可盲目上马，否则时间久了，入不敷出。

三、现阶段的主要矛盾和原因分析

目前武汉市已进入人口老龄化增速期，截至2016年末，全市60岁以上老龄人口172.75万人，占833.85万总人口的20.72%；80岁以上高龄人口24.49万人，占总人口的2.94%，老龄化速度明显高于全国和全省。养老产业在供需平衡、服务能力、产业规模上呈现出市场大、起步晚、需求高、消费低的主要矛盾。

（一）养老需求与供给失衡

本次调查发现武汉老人最需要的生活需求排名第一的是医疗上门巡诊，其次是水电设施和电器维修，接下来家政服务和康复训练分列三、四名，最后才是送餐上门服务、日常代购和对外联络等，这与当前政府重点解决"老人吃饭问题"的政策思路不尽相同。

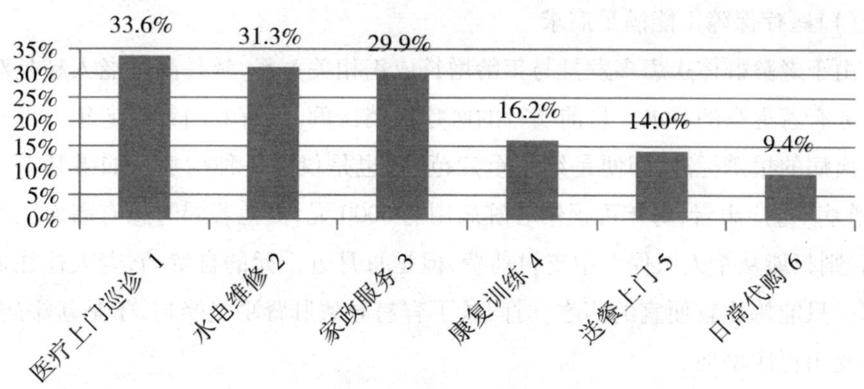

下图42　生活需求比例表

老人最需要的精神需求的排序是:子女探望、社会关怀、聚会娱乐、社区上门探访、外出旅游、单位组织的慰问、陪聊、电脑手机上网。"常回家看看"是老人对子女的亲情需求,老年群体的社会认同和归属感则希望通过社会关怀和社区上门探访来实现。社区作为基层组织,代表的不仅是政府机构,也是邻里守望代表,由社区提供养老服务比较容易获得老人信任,也能充分满足老年人的心理需求。

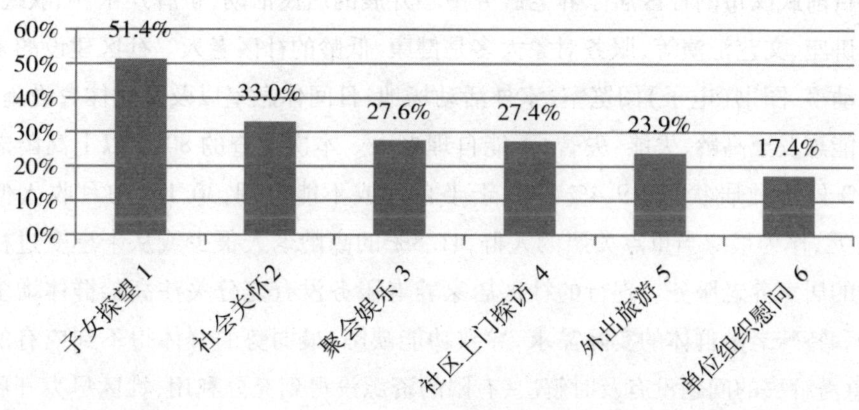

下图43　精神需求比例表

然而现行的养老供给服务和政策,与老人最迫切需求的医疗保障、居家养老、长期照护之间产生矛盾。形成现阶段政府提供的服务老人用不上,老人需要的政府提供不了的尴尬局面。

(1)医疗保障不能满足需求

由于老龄群体疾患多发且与年龄增长成正相关关系,越是高龄老人越是对医疗服务有着更高的需求。目前实行的医疗报销比例,没有专门针对老年人患多种慢性疾病的报销标准,即便是纳入重症范畴,也是仅限一种病症。如果某老人是“心脏病”重症患者,每年可报销心脏病用药6000元,但他若同时患有高血压和糖尿病,则只能从个人医保卡中支付药费,但是每月近千元的自费药,老人往往负担不起。只能拣比较便宜的药吃,时间久了容易导致肝肾功能受损,于是新添病症,药费支出再次增加。

调查中73%的老人会选择到市级三甲医保医院看病,21.4%的选择在社区诊疗。老人均表示对大医院有着更高的信任度,但是对看病过程却非常恐惧。一方面是三甲医院人满为患,耗时费力;另一方面是看病程序异常繁琐,一楼挂号、二楼拿药、三楼看病、四楼检验,看一次病往返收费窗口四五趟,不停排队,还找不到治疗科室的位置。“如果子女有空陪同就好些,否则即便是老伴陪着一起去医院,同样也是晕头转向,连来回乘车都很困难,手机软件不会用,公汽不好转乘,出租车老人很难叫到。”许多老年人抱怨看病难,不仅是看病贵。

(2)弱势老人较少获得社区养老服务

目前武汉市的社区居家养老服务中心开展的居民活动,棋牌娱乐、唱歌跳舞、养生讲座、文艺汇演等,服务对象大多是健康、低龄的社区老人。社区建设的多功能活动室、图书(电子)阅览室、室外活动场地、日间休息室以及文化体育设施,也很少能惠及至高龄、失能、失智、不能自理老人。本次调查的80岁以上高龄老人58.2%处于独居状态,19.4%的属于半自理或不能自理,30.1%的月收入低于2000元,作为最应当重点关照的人群,41.8%的高龄老人很少或从未享受过社区提供的居家养老服务。现行的社区居家养老服务没有充分关注高龄群体增多的趋势和特殊老龄群体的实际需求,导致功能缺陷,最弱势的群体得不到应有的关照,急需解决的问题没有及时解决,有限的资源没得到充分利用,社区尽力开展的活动和服务,困难人群并没有受惠。为弥补社区自身功能的缺陷,政府采取购买服务的方式来满足特殊老龄群体的需要。但一些项目也没有通过社区居家养老服务中心来实施,有时提供的上门家政服务并不被高龄独居老人接受。

(3)长期照护制度缺乏政策支撑

越来越多不能自理的高龄独居老人,需要长期照护服务。根据《第四次中国老年人生活状况调查》显示,全国城乡失能、半失能老人超过4000万,占全国老人数量的18.3%。2016年我国人均预期寿命是76.5岁,65岁男性老人平均预期照料时间为4-5年,女性老人平均为7-8年。这些需要照料的高龄、独居、不能自理老人多倾向于家庭养老,一方面是个人意愿,另一方面也是经济能力决定的。他们的生存主要依赖家庭成员长期照顾,家庭负担沉重,照护矛盾突出。目前武汉市没有建立老年人的长期照护制度,缺乏老年人照护分级分类管理体系。

(二)社区养老服务能力薄弱

首先是居民型老旧社区多。武汉市居民型社区占78.9%,老旧社区占73.5%,老旧社区结构制约了养老服务功能的发展。76.5%的社区要加强硬件设施。信息平台不完善的占43.9%,缺乏合适场地的占49.5%。其次是工作人员少。在调查的社区中,3000-12000人的大中型社区达到87.5%,人口规模庞大,而绝大部分社区工作人员在15人以下,75.4%的社区仅有1-2名从事养老服务的工作人员,13.3%的社区没有专职养老服务工作人员。第三养老经费少。一般社区年度包干经费不足20万元,而养老服务仅是社区工作中一小部分,“巧妇难为无米之炊”。有93.6%的社区要求根据社区高龄老人数量按年度划拨相应的工作经费。第四专业化程度低。截至2016年底,教育部批准开设养老服务管理专业的院校已有150所,但其中一大半招生规模不到30人,还有三分之一院校招不到学生。一方面是毕业生供不应求,市场热盼;一方面是招生遇冷。武汉市84.7%的社区缺乏专业工作人员。社区养老服务人员中,83.2%的社区没有职业学校毕业生,75.1%的社区没有经专业培训合格并具备执业资质的人员。按照国家养老护理标准,武汉市专业养老护理人员缺口至少6000人。最后是服务内容缺位。直接关系老龄群体养老生活质量的服务项目,半数左右的社区没有开展。其中呼声最高的是医疗上门巡诊、水电维修和家政服务。

(三)养老服务产业发展滞后

截至2016年底,我国60岁以上老年人口达到2.31亿,占总人口比重的16.7%,但消费额比重不到10%,老年人的消费水平远远低于社会平均消费水平。养老服务产业市场大、起步晚、需求高、消费低,发展速度大幅落后于老龄化速度。老年保健品、老年旅游业、老年金融理财产品逐渐增多,但是尚未形成产业规模和产业链。比如“旅行养老”只适合高收入的低龄老人,并不能被广泛接受,另一种参观养生基地或健康产品的购物游,专门吸引老人“健康消费”,这种低价陷阱团,屡屡造成老人经济损失；银行推出的“养老”名目的理财产品缺乏专业权威的宣传推广，老年人并不买账，大多数依然选择定期存款或购买国债来储蓄养老金。

武汉的养老地产发展迅速，但多以房产销售为目的，缺乏后续的养老服务。比如我们调研的中华孝庄项目，这是侨亚置业集团在武汉的第二个养老地产项目，定位的是高端市场，入住的多为高校老教授或是退休公务员类型的高收入老人，人均月养老费用都在3000元以上，武汉市能承受这种收费标准的老人并不多。中华孝庄属于单体住宅式养老机构，只能提供300多间房源，现已入住的老人不足500人，之所以能保持正常运营。其中“会员制模式”起到重要作用。即入住老人交纳一定的费用后便能成为会员，然后可以购买侨亚集团提供的收益率在10%左右的理财产品。购买理财产品的金额数量直接决定入住收费的折扣。存10万可以享受孝庄养老收费标准的8折优惠，存20万享受7折，存30万享受6折。因此大多数的入住老人都购买了10－30万金额不等的高收益理财产品。然而这种民间融资的途径是否合理合法；在目前降准降息的背景下，老人对购买高收益理财产品伴随的风险是否足够知情并且能够承受；此项目有无专业的风险评估机构进行评估管理；资金的使用渠道是否安全，国家在这个方面没有明确的法律规定，开发商一旦资金链断裂，老人的养命钱将血本无归。

四、对策建议

作为全国基本养老服务体系建设的首批试点城市，武汉市在发展居家养老服务方面取得了很好的成绩。现已建成城乡居家和社区养老服务设施988个，完成了100个老年宜居社区的创建，2323处社区适老化改造。启动了“社区老年人配餐中心”“社区扶一把工程”等700项社区惠老助老项目。今年市区财政将投入1亿元创建200个老年宜居社区，预计到2018年在全市建立600个老年宜居社区。

然而在新常态下，老人的数量和质量发生了新的变化，诉求也不尽相同。此次调研过程中，我们发现老人对医疗上门巡诊、水电维修和家政服务的需求明显高于送餐上门和康复训练。特别是弱势群体（高龄、远城区老人）对子女的依赖性高，更期望理解和交流。高龄老人渴望精神慰藉，有人陪聊，缓解寂寞；低龄老人则希望增加经济收入。针对这种需求侧的差异，我们从建议从供给侧进行改革。

（一）推进养老服务供给侧改革，平衡供需矛盾

(1)构建医养结合的医疗保障体系

针对本次调研最突出的“医疗上门巡诊”需求,可将下一步的老龄工作重点向医养结合方面调整。完善老年人群健康档案,将排序最高的高血压、心脑血管疾病、关节炎、糖尿病、眼病五大老年慢性疾病纳入武汉医保报销单列,扩大可报销药品的品类范围,增加报销比例。

特别为患多种慢性疾病的高龄老年提供定期医疗上门巡诊服务;为养老院代养的老人办理长期护理保险;帮助民办养老院与社区卫生服务中心建立医养联合服务模式;推进社区卫生服务机构与医院技术协作关系,监督三甲医院中高级技术人员定期到社区卫生服务机构坐诊,逐步实现“小病在社区、大病到医院、康复回社区”的医疗护理格局,缓解老年人看病难、看病贵的问题。

(2)保证“高失无”老人的养老服务供给

根据此次调研的结果分析,年龄因素对养老需求的影响最大。男女性别、职业收入、城乡差异对老年人养老需求的影响因子都不及年龄因素的关联度高。高龄化通常都伴随着空巢、失能失智、贫困、疾病的增加。政府应当把养老服务的供给方向和重点放在高龄、三失(失能、失智、失独)三无(无劳动能力、无生活来源、无赡养人和扶养人或其赡养人和扶养人确无赡养或扶养能力)(简称“高失无”)等特殊老龄群体上,保基本,保急需,保底线,解决他们的生活照料、医疗护理、精神慰藉、紧急救助等问题,提高“高失无”老龄群体生活质量。

在政府投资兴办的养老机构,应优先保障孤寡老年人以及低收入的失能、高龄老人的服务需求,再根据失能、失智程度,发放养老服务补贴或者护理补贴。对“三无”老龄人,依照有关规定予以供养或者其他救助。建立城市“三无”老人供养标准自然增长机制。将农村“三无”老人全部纳入五保供养范围。

(3)建立特困老人的长期照护制度

完善老年人照护分级分类管理体系,建立武汉市特困老人长期照护制度。针对特困老人不同的困难形式,开展分类施保工作。研究制定失能老人等级标准和评估机制。对纳入范围的失能老人,通过本人或监护人向所在社区提出申请,由专业的第三方评估机构按规定程序进行失能等级评估、公示、审查、审批,再依照相应政策发放护理补贴或报销护理费用。同时进一步对社区放权,让了解辖区居住老人现状的网格员、养老专员,适时、及时申报需要补贴的养老对象名单。对社区突发困难(疾病、丧亲)的老人提供临时救助、关怀。

(二)提高社区养老服务能力,实现居家养老上门服务

按照国务院《关于加快发展养老服务业的若干意见》提出的"到2020年,全面建成以居家为基础、社区为依托、机构为支撑的,功能完善、规模适度、覆盖城乡的养老服务体系"的要求,必须把社区养老服务能力建设作为重中之重,明确方向,集中力量,完善功能,创新服务,不断满足老龄群体持续增长的需求,提升居民幸福指数。

在本次调查中,84.3%的老人选择家庭养老,老龄群体居家养老服务需求的最高选项都属于上门服务,如医疗上门巡诊、水电维修服务、家政服务、送餐上门服务。充分说明开展"居家养老,上门服务"的养老模式,是最符合武汉老年人养老需求的服务模式。今后我们的养老服务方式应当由老人适应社区(社会),转变为社区(社会)适应老人,由老人到社区(社会)获取服务,转变为社区(社会)到家庭为老人送上服务。以老人为主体的居家养老上门服务模式,实现了以人为本的主旨,沿袭了中国居家传统的优良传统,反映了社会进步的趋向,普惠面最大,适用效率最高。许多国家乃至发达国家的民众最为期盼与推崇的也是这种模式。

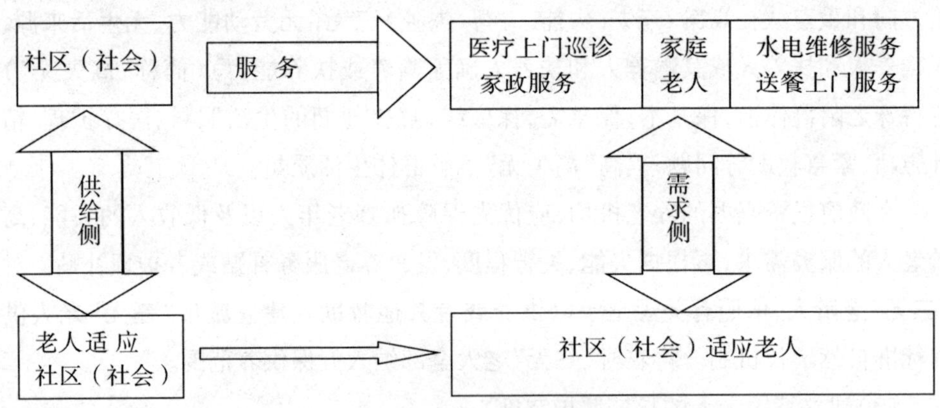

下图44 养老服务供需转变图

(三)加快养老人才建设,发展中国特色养老服务产业

(1)建设居家养老服务专业化队伍

人才是养老产业最关键的核心要素,随着老龄化的深度发展,养老人才的培养越来越紧迫。养老服务队伍专业化职业化是增强养老服务能力的关键。社区可以把社区居家养老服务机构,作为大学生和中学生德育教育及社会实践基地,引导学生从事社区养老服务工作,提高专业认知。同时改善社区养老人员工作条

件，提高工资福利待遇，解决大学生落户问题，吸引更多专业毕业生投身养老服务事业。

(2)调动居民积极性，建立志愿者服务机制

鼓励社区内的下岗失业人员从事居家养老服务工作。政府免费提供养老护理、家政服务等相关职业技能培训，并对考核合格持证上岗的就业人员给予公益性岗位补贴和低保补贴待遇。鼓励健康老人参与社区互助服务，培育居民自治组织，开展高低龄老人的结对帮扶、网格式联系、爱心储蓄等邻里守望的志愿者服务。在农村可以按照村级主导、政府支持，建设老年人互助照料活动中心、养老服务互助协会，开展互助养老服务。

(3)发展具有中国特色的养老服务产业

根据我国老年人的特点，创新养老服务产业，推进具有中国特色的养老服务。积极探索以政府主导与支持、社区监管与协助、市场实施与运作、有偿服务与低偿服务相结合的社区居家养老服务模式。

尊重老年人“养老不离家”的意愿，在老年人聚居的老城区，按照靠近原居址和医疗机构的原则，建立合适规模的社区居家养老服务中心和社区养老院。可以采取公建民营、民办公助的方式，引进规模化企业，市场化运作。将公益性和市场动作相结合，尊重市场规律，允许服务企业合理化收益。

扩大政府购买公共服务的项目和内容，并加强监管力度。既能促进养老服务事业健康发展，又能监督服务企业在政策、法规范围内合理运营，保障老年人的合法权益不受侵害。

附件1:

2017武汉市居家与社区养老需求调查表

________区________街________社区　　　　　　问卷编号:________

尊敬的老人家:

您好!

为充分了解老年人养老需求,更好地发挥居家与社区养老服务,武汉市民政局、武汉市社会科学院联合开展此次"武汉市居家与社区养老需求调查"。此问卷采取不记名方式,务请实事求是,逐一填答。请您认真阅题后,在选中答案前的小方框(□)内打钩(√)。

为表示感谢,我们会在你答完问卷的同时赠送一份小礼物,谢谢支持!

1. 性别:

1□男　　2□女

2. 年龄:

1□65——69　　2□70——79　　3□80——89　　4□90岁以上

3. 退休前职业:

1□企业职工　　2□公务员男　　3□事业单位

4□农民或农民工　　5□自由职业　　6□其他______

3. 子女数量:

1□1个　　2□2个　　3□3个　　4□4个及以上

4. 身体状况:(说明:半自理老人指可借助拐杖、器械行走,但生活需介助的老人)

1□健康能自理　　2□半自理□　　3□不能自理

5. 目前的居住状况:(说明:空巢老人指子女不在身边;独居老人指已丧偶的空巢老人)

1□与晚辈同住　　2□只与配偶居住　　3□独居

4□与雇佣的住家保姆同住　　5□与其他老人同住　　6□其他

6. 家庭老人平均月收入(人/月):(说明:以家庭为单位,每位老人平均下来的实际月收入情况)

1□1000元以下□　　2□1000元—2000元

3□2000元-3000元□　　4□3000—5000元

5□5000元以上

7. 目前养老的基本支出费用(人/月):

1□670元以下　　2□670元—1500元

3□1500元-2500元　　4□2500—3500元

5□3500元以上

8. 养老模式的意向及选择:

1□自我养老　　2□与儿女同住型照顾养老　　3□入住养老院

4□聘请保姆日常照料　　5□入住社区养老院或白天托管

6□与同龄人联合养老　　7□其他________

9. 养老的生活需求(多项选择):

1□家政服务(做清洁、做饭)　　2□水电设施和电器的维修

3□医疗上门巡诊　　4□日常代购(缴费、充值)

5□送餐上门服务　　6□对外联络、打电话

7□康复训练　　8□其他________

10. 养老的精神需求(多项选择):

1□子女探望　　2□电脑、手机上网　　3□聚会娱乐

4□陪聊　　5□外出旅游　　6□单位组织的慰问

7□社区上门探访　　8□社会关怀　　9□其他________

11. 最需要解决的迫切困难(多项选择):

1□增加经济收入　　2□提高医疗补助　　3□预订养老床位

4□社区服务中心白天托管　　5□社区食堂或送餐　　6□邻里互助

6□有人陪诊看病、开药　　7□上门家政服务　　8□安装电梯

9□专人助浴洗澡　　10□法律援助或维权　　11□其他________

12. 目前社区提供的养老服务是否能满足您的养老需求:

1□完全满足　　2□基本满足　　3□不能满足

13. 是否享受过您所在社区提供的居家养老服务:

1□经常　　2□偶尔　　3□从未

14. 对社区养老服务最满意的项目(多项选择):

1□没有　　2□高龄补贴　　3□棋牌娱乐

4□证件年审　　5□免费体检　　6□食堂就餐或送餐

7□老年大学　　8□健康讲座　　9□其他________

15. 何种情况会选择入住养老院:

1□不能自理　　2□严重老龄化　　3□子女要求

4□同伴邀约　　5□社区附近　　6□经济条件允许

7□空虚寂寞　　8□无住房　　9 其他________

16. 是否购买了以下保险:

1□没有任何保险　　2□社保　　3□商业医疗保险

4□意外险　　5□重大疾病险　　6□长期护理保险

17. 是否愿意购买社会化的养老服务:

1□不愿意　　2□愿意

18. 是否希望社区建立老年人日间照料中心或养老院:

1□希望　　2□不希望　　3□无所谓

19. 从何处知道居家养老服务(多项选择):

1□报纸　　2□电视　　3□收音机

4□网络(手机、电脑)　　5□社区工作人员/宣传栏

6□家人朋友

20. 对社区养老服务的意见和建议:

附件2：

“武汉市居家与社区养老需求调查”调研计划表

序号	城区	总数	社区	地址	人数	调查时间	负责人
1	武昌	100	粤汉里社区	杨园街杨园村93号	50	6.6.	杨莉
			小东门社区	粮道街小东门民主二村14号	50	6.13	
2	江岸	90	袁家社区	江岸区四唯街袁家墩130号一楼	45	5.31	卢伟
			六合社区	江岸区四唯街胜利街232号附4号	45	5.31	
3	江汉	80	和平社区	民族街和平里附19号	40	5.26.	刘翔
			老甫社区	花楼水塔街长健里13号	40	5.26.	
4	硚口	80	古南社区	古田街古田南村178号	40	5.27.	刘远霞
			长寿社区	中山大道226号万安国际公寓5楼	40	5.27.	
5	青山	80	119社区	青山区钢花村街119社区	40	6.6.	卢伟
			悦达社区	青山区冶金街悦达社区	40	6.6.	
6	汉阳	70	七里一村社区	琴断口街七里一村116号	70	6.7.	刘翔
7	洪山	70	丽岛花园社区	珞狮路丽岛花园497号居委会 王倩18607178443	35	6.7.	刘远霞
			狮城名居社区	洪山区珞狮路451号	35	6.7.	
8	黄陂	100	杨园社区	前川街板桥大道336号	50	6.12	卢伟
			东寺社区	前川街东川二里42号	50	6.12.	
9	新洲	90	红旗社区	邾城街红旗社区解放路9号	45	6.7.	刘翔
			蔡潆社区	邾城街江夏街100号	45+5	6.7.	

续表

序号	城区	总数	社区	地址	人数	调查时间	负责人
10	江夏	70	中建三局二公司社区	纸坊大街 701 号中建龙城 13 号楼	35	6. 7.	杨莉
			复江道社区	纸坊大街 432 号政和花园南区 3 栋	35	6. 7.	
11	蔡甸	70	正街社区	蔡甸街义勇路 135 号	35	6. 13.	刘远霞
			工农社区	蔡甸街工农路 25 号	35	6. 13.	
12	东西湖	50	杏园社区	东西湖区吴家山街七雄路警官学院旁	25	6. 8	杨莉
			望丰社区	东西湖区吴家山街吴祁街 56 号	25	6. 8	
13	汉南	50	微湖路社区	纱帽街微湖路居委会	50	6. 7.	刘翔

后 记

本书作为武汉“黄鹤英才”入选人才的资助项目，在构思和成形过程中，得到了领导和朋友们的支持，在此，向他们致以诚挚的谢意。我特别要感谢中共武汉市委常委、宣传部李述永部长，潘堂林副部长及武汉市社会科学院李立华院长等领导对这个项目的全力支持。没有他们的鼓励和支持，我可能会放弃这个研究多年的最终成果。在我对老年人问题研究的30多年中，感谢武汉市老龄办已经退休的江克松处长多年来的合作和支持。武汉市社会科学院的刘崇顺研究员、杨莉副研究员及其他同事和朋友也对我有很多支持和帮助，在本书中，也凝聚了他们的心血和智慧，对此，我表示深深的谢意。

最后，特别鸣谢中联华文（北京）社科图书咨询中心和光明日报出版社。